2019年俄罗斯财经研究报告

2019NIAN E'LUOSI CAIJING YANJIU BAOGAO

中央财经大学 俄罗斯东欧中亚研究中心 财经研究院 文库

2019年俄罗斯财经研究报告

2019NIAN E'LUOSI CAIJING YANJIU BAOGAO

童伟 等著

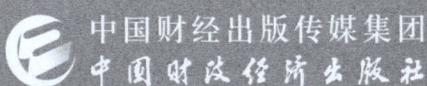

中国财经出版传媒集团
中国财政经济出版社

2019年俄罗斯财经研究报告

童 伟 等著

中国财经出版传媒集团
中国财政经济出版社

图书在版编目（CIP）数据

2019 年俄罗斯财经研究报告 / 童伟等著. -- 北京：中国财政经济出版社，2019.10
ISBN 978 - 7 - 5095 - 9218 - 2

Ⅰ. ①2… Ⅱ. ①童… Ⅲ. ①财政 - 研究报告 - 俄罗斯 - 2019 Ⅳ. ①F815.12

中国版本图书馆 CIP 数据核字（2019）第 192532 号

责任编辑：胡　博　　　责任校对：胡永立

中国财政经济出版社 出版

URL：http://www.cfeph.cn
E - mail：cfeph @ cfeph.cn

（版权所有　翻印必究）

社址：北京市海淀区阜成路甲 28 号　邮政编码：100142
营销中心电话：010 - 88191537
北京财经印刷厂印刷　各地新华书店经销
710×1000 毫米　16 开　17 印张　298 000 字
2019 年 10 月第 1 版　2019 年 10 月北京第 1 次印刷
定价：79.00 元
ISBN 978 - 7 - 5095 - 9218 - 2
（图书出现印装问题，本社负责调换）
本社质量投诉电话：010 - 88190744
打击盗版举报热线：010 - 88191661　QQ：2242791300

序

2019年是中华人民共和国成立70周年的华诞盛典，也是中央财经大学建校70周年的喜庆节日，同时还是中央财经大学与俄罗斯圣彼得堡国立经济大学建立友好合作关系30周年的庆典之时。在这特殊的日子里，中央财经大学以两国学者密切合作的方式出版专辑《2019年俄罗斯财经研究报告》，以示诚挚的祝贺。

俄罗斯东欧中亚政治经济研究一直是中央财经大学优势学科方向。自20世纪60年代起，在姜维壮教授、魏振雄教授等一批知名留苏学者的带领下，中央财经大学在苏联政治经济领域开展了大量的教学与科学研究工作，为新中国培育了大批专门人才，向有关部门提交了许多关于苏联政治经济研究方面的研究报告，为中国外交战略的确定、本国政治经济方针的制定作出了卓越贡献，获得了政府有关部门及学术界的高度好评。

为延续和发挥这一教学与科研优势，中央财经大学于1988年成立苏联东欧研究中心（后改名为俄罗斯东欧中亚研究中心）。该中心以服务国家战略和外交大局为目标，以俄罗斯东欧中亚国家政治经济理论研究和人才培养为核心，以扩大国际影响和对外交流为方向，凭借自身在政治、经济、财政、金融等领域拥有的雄厚科研实力和独特的学科优势，开展了多方位的工作，发布了一大批在国内具有领先水平的高质量研究成果，为国家培养了一批高素质人才，同时，也为我国的各级立法机构、各级政府部门、银行、企事业单位和各类投资者提供了具有针对性的政策咨询与技术保障服务，为我国政治经济社会发展和对外开放作出了应有的贡献。

在多年积累和几代人努力的基础上，中央财经大学俄罗斯东欧中亚研究中心已成为一个以多学科为依托，由校内外、国内外高水准专家组成的开放、流动的研究基地。2017年成功入选为教育部国别与区域备案研究中心。

目前，中央财经大学俄罗斯东欧中亚研究中心已与多所俄罗斯东欧中亚国家高校，例如俄罗斯联邦政府直属财经大学、圣彼得堡国立经济大学、圣彼得堡国立大学、人民友谊大学、西伯利亚联邦大学、贝加尔经济法律大学、普列汉诺夫经济大学、乌克兰基辅国立经济大学等开展了紧密合作，而其中与圣彼得堡国立经济大学的合作时间最久远、合作范围最广泛、合作成果最显著。

俄罗斯圣彼得堡国立经济大学创建于1930年，是俄罗斯排名第一的经济类院校。学校设有多门学科及专业，如财政与金融、会计、数理分析和统计、审计、世界经济、劳动经济学、人力资源管理、经济学、国民经济、电子商务（商业）、物流与供应链管理、市场营销、社会文化服务和旅游、经济学中的数学方法、应用计算机科学的经济学、法学等，是俄罗斯最知名的经济科研与教育中心，为俄罗斯经济发展提供理论支撑。

1989年，中央财经大学与圣彼得堡国立经济大学签署战略合作协议。圣彼得堡国立经济大学成为与中央财经大学签署合作协议的第一个俄罗斯高校，也成为与中央财经大学合作最为紧密的俄罗斯高校。在30年的合作过程中，两校开展了密切合作，通过科研合作、联合培养、举办学术会议等形式，建立了两校合作的交流平台，营造了良好的学术氛围，并取得了一系列国际科研合作成果。与圣彼得堡国立经济大学合作的科研课题"中俄政府反危机作用机制研究"，其成果即为中央财经大学俄罗斯经济研究系列丛书——俄罗斯财经研究报告——的第一部专著，该书随后在俄罗斯以俄文的形式出版。

2019年是中央财经大学潜心打造与出版的系列研究成果——俄罗斯财经研究报告——的第9个年头。自2011年出版第一本俄罗斯财经研究报告以来，中央财经大学俄罗斯东欧中亚研究中心对每一期俄罗斯财经年度报告的研究内容都进行了精心编排，已分别对俄罗斯的公共财政、政府预算、税收制度、银行与资本市场、金融保险、对外贸易、企业管理、社会保障、农地制度、住房改革等领域进行了系统深入的专题研究。在本次推出的《2019年俄罗斯财经研究报告》中，两国学者从国家治理与现代财政制度建设、经济发展与结构调整、行业与区域经济发展等各方面，对相关问题进行了全面、深入的探讨。

自20世纪90年代剧变以来，俄罗斯一直处于不断的变革之中，其财政经济制度也发生了根本性转变，基本完成了由计划经济向市场经济的转轨与过渡。经过20余年的努力，俄罗斯已逐步构建起现代财政制度：建立了以《预算法典》《税法典》为代表的财政经济法律体系；构筑了以所得税和流转税为主体的现代税收制度；实施了以结果为导向的中期预算制度改革；建立健全了国家财政经济风险防范机制；建立了相对完善的社会福利和社会保障系统；金融投资体系不断完善；国际贸易结构不断优化；能源安全及对国家的贡献不断增强……一系列财政制度改革为俄罗斯平稳发展提供了坚实的物质基础和制度保障。

俄罗斯在财政税收、投资贸易、结构转型等领域取得的一系列改革成果得到广泛认可和高度评价，同时也吸引了各国学者的关注和重视。相比之下，针对这些领域的研究在我国依然较为薄弱。特别是在我国现代财政制度构建的过程中，与中国有着相似历史背景、相同改革起点和相近改革条件的俄罗斯，其在财经领域进行的一系列改革与制度建设，对于我们来说有着更为现实和直接的借鉴意义和参考价值。由此，对俄罗斯财政经济制度改革进行系统研究，从中揭示中俄财政经济制度发展中的异同与得失、经验与教训、借鉴与启示，不仅极为必要，更有着良好的应用前景。此亦是中央财经大学俄罗斯东欧中亚研究中心坚持不懈开展研究并出版相关研究成果的推动力量。

2019年6月5日，中华人民共和国主席习近平与俄罗斯总统普京签署并发表《中华人民共和国和俄罗斯联邦关于加强当代全球战略稳定的联合声明》，对两国关系整体发展和各领域合作作出规划部署，对于推动两国关系提质升级，共同开启两国关系高水平大发展新时代具有里程碑意义。

在两国元首的战略指引下，中俄全面战略协作伙伴关系将在高水平上持续深入向前发展。中央财经大学也将持续加大与俄罗斯高校的合作，通过优势互补、强强联合，汇集两国顶尖的专家学者的智慧，凝聚双方扩大交流合作的共识，对加强中俄关系的财经合作与研究、传播两国的传统文化、联合培养人才发挥更加积极的促进作用。

30年前，两校以前瞻性的眼光，开启了合作的大门，致力于增加中俄学生的相互了解，传播中华文化，推动两国的教育、文化与经济沟通，为促进中美的交流与合作作出了重要贡献。今后，双方还应在总结合作经验的基础上，细致规划未来发展，使两国师生都能从合作中获益。希望两校携手前进，深化共识，扩大合作，为提升我国高等教育质量，为加深中俄两国友谊贡献力量。

让我们以庆祝中央财经大学建校70周年、中央财经大学和圣彼得堡国立经济大学合作30周年为新起点，携手努力，并肩前行，共同开创新时代中俄高校合作的美好未来！

马海涛
2019年10月6日

目　　录

第一篇
国家治理与现代财政

全球治理背景下的大国财政研究 …………………… 马海涛　陈　宇（3）
俄罗斯政府间财政关系：法律框架与制度构建 ………………… 童　伟（15）
俄罗斯联邦地方预算收入中的联邦税和地区税
　　……………………［俄］恩·弗·波克罗弗斯卡娅（著）　丁超（译）（41）
增值税的税收豁免及其在俄罗斯次级联邦支出融资中作用
　　………………………………［俄］斯捷潘·布科夫（著）　丁超（译）（48）
俄罗斯能源税与财政可持续发展 ……………………………………… 雷　婕（63）

第二篇
经济发展与结构调整

俄罗斯的经济结构问题与经济增长前景 …………………………… 徐坡岭（79）
西方制裁五年：影响、对策及俄罗斯经济发展前景 ……………… 李建民（95）
激活欧亚经济联盟科技发展的经济潜力
　　……［俄］德·尤·米罗波利斯基　［俄］伊·布·洛玛基娜（著）
　　　　　　　　　　　　　　　　　　　　　　　　　丁超（译）（112）
俄罗斯再工业化问题探析 ………………………………………… 郭晓琼（116）
经济一体化对中俄竞争力的影响
　　………………………………… ［俄］奥·德·科利（著）　丁超（译）（138）

"一带一路"倡议下中亚国家面临的外部风险分析 …………… 张居营（144）

第三篇

行业与区域经济发展

中国汽车企业国际化成长路径与能力演进——以吉利并购沃尔沃为例
………………………………………… 马智辉 李斯好 张晓涛（165）
美国对俄罗斯能源领域制裁及对中俄能源合作的影响分析
……………………………………………………… 毕 明 王海燕（179）
欧亚一体化中的俄罗斯西伯利亚和远东跨境地区
……… ［俄］谢利采娃·塔·阿   ［俄］谢利采夫·阿·斯（著）
丁 超（译）（192）
国家规划视角下的俄罗斯住房政策发展评析 ……………… 丁 超（198）
俄罗斯养老基金改革：启示与借鉴 ………………………… 田雅琼（213）
俄罗斯医疗卫生资金筹集：问题、改革与启示 …………… 宁小花（236）

后 记 ………………………………………………………………（263）

第一篇
国家治理与现代财政

全球治理背景下的大国财政研究

马海涛　陈宇

摘要： 当前，世界经济处于深度调整中，全球性挑战增多，正处于新旧增长动能转换的关键时期。作为世界上唯一的超级大国，美国在特朗普上台后采取了一系列反全球化、反对全球多边机制的行动，试图打破现有的全球经济和贸易格局，使美国能在全球市场中获得更多利益。作为全球第二大经济体，中国是名副其实的"大国"，要想获得进一步的发展，在国际经济舞台上占据一席之地，"大国财政"的治理思维必不可少。我国十八届三中全会把财政定位为国家治理的基础和重要支柱，意味着财政职能上升到国家的长治久安的治理层面。构建大国财政是我国财税改革的重要思路，同时也是中国顺应世界发展潮流的必然选择。习近平同志在党的十九大报告中指出："倡导构建人类命运共同体，促进全球治理体系变革。""加强全球税收合作，打击国际逃避税，帮助发展中国家和低收入国家提高税收征管能力。"在全球经济治理背景下，在人类命运共同体理念、中国梦与各国梦

[作者简介] 马海涛，中央财经大学副校长，经济学博士，教授，博士生导师；陈宇，中央财经大学财税学院副教授，经济学博士。

共同实现的愿景下,大国财政的建立具有重要的战略意义。中国作为一个"大国",怎样在全球化背景下通过"大国财政"解决当前我国经济社会的矛盾,实现持续快速发展,提高国际地位和影响力,是值得深入研究的一个命题。

关键词:全球治理;大国财政;政府预算

文献综述

(一) 大国财政相关理论研究

多数学者认为,大国财政的构建,首先体现为现代财政制度的构建。杨志勇(2014)把现代财政制度的特征归结为与国家现代化建设相适应、体现民主财政和法治化财政理念、有专门财政管理机构、以专门的治理技术为依托和适应动态财政治理需要等五个方面。楼继伟、李成威(2016)的研究认为,当前我国的经济和社会发展面临着诸多挑战,全球和国内利益主体多元化以及风险社会的来临,迫切需要国家治理的理念,通过形成全球和国家治理结构,为人类社会抵御和防范公共风险。白彦锋(2015)结合我国经济基本面的分析,认为我国进入"大国财政"格局已是不争的事实,并进一步提出了大国财政的首要特征是"强国财政"的观点。刘尚希(2015)指出,随着国际化、全球化进程的不断加快,各国财政政策的联系越来越紧密,大国财政需要不断应对财政主权和税收主权的挑战,在全球治理中提升水平。吕冰(2015)认为大国财政应该更关注社会治理,大国财政需要保护社会秩序和市场经济稳定,同时也要激发社会的活力。以上学者对大国财政的内涵和范围,进行了初步说明和界定。

从已有的研究来看,当前关于大国财政的研究,多数停留在理念和特征、必要性、总体要求等方面,但对于大国财政总体框架的构建和具体实施路径,尚缺乏明确的思路,国内关于大国财政的研究,可以说还处于相对早期的起步阶段。而且,即使在特征和要求层面,多数研究并未形成统一的共识,难以真正指导实践。

（二）全球治理相关理论研究

研究全球治理的著名学者安东尼·麦克格鲁强调联合国体系、世界贸易组织以及各国政府活动是全球治理的核心因素，而社会运动、非政府组织、区域性的政治组织等同样应包括在全球治理的框架当中。近年来我国学者对全球治理也进行了相关研究。俞可平（2014）将全球治理定义为：通过具有约束力的国际规制（Regimes）解决全球性的冲突、生态、人权、移民、毒品、走私、传染病等问题，以维持正常的国际政治经济秩序。杨雪冬（2015）认为在人员、资本、信息等资源在全球范围内快速流动的过程中，国内治理与全球治理形成了紧密的联系，国内问题的国际化与国际问题的国内化成为常态。

（三）全球治理与大国财政关系的理论研究

随着我国国际交往的加深，越来越多的学者分析国际公共品的供应模式、供应现状，以及在当前国际环境中我国的供给策略。当前，国内对国际公共品的研究，主要集中在国际公共品供给模式研究、供应现状研究以及中国参与提供国际公共品的动因分析等。吴志成和李金潼（2014）对中国参与供给的利益进行分析，主要是中国国家能力和国家意愿构成了参与供给的坚实基础，以及维护国家利益和树立良好国家形象的供给收益。席艳乐和李新（2011）对于中国参与供给的战略选择进行了研究，分别从国际机制、综合国力提升以及量力而行的原则方面提出了建议。

综上所述，尽管不少国内外学者对于大国财政、全球治理的相关问题进行过深邃的思考，但是学术界专题对全球治理视角下的大国财政的研究较少，特别是对大国财政的国际重大战略决策问题还没有明确而深入的研究。想要做好"大国财政"，就需要我们有意识地审视在全球化和区域经济一体化中大国财政的作用，突破"国内"的界限，从区域化、全球化的角度来思考问题，从更加宏观的视野去看待财政的职能和政策。本文就是对大国治理之大国财政的重大发展战略问题进行研究，以期为大国治理提供良好的理论与政策基础。

大国财政战略

大国财政是大国治理的基础。中国大国财政建设应服从和服务于国家崛起的总体战略,夯实财政硬实力,提升财政软实力。建立大国财政是我国面对外部新环境的重要战略选择,要树立大国理念和全球意识、安全意识。把财经政策设计放在全球治理框架下统筹考虑;加快推进由我国主导的国际多边机构的组建,处理好与主要发达国家和新兴市场国家的财经关系;积极参与国际经贸规则制定,积极推动世行、亚行、国际农发基金、国际财务报告准则基金会等国际经济金融组织改革进程。

(一)大国财政和强国财政的关系

财政应当配合我国由大到强的经济发展战略,做好大国财政,实现强国财政,走现代财政之路。现代财政是现代化战略在财政领域的落脚点,强国财政是现代财政的目标与要求。欧阳峣等认为经济大国主要是数量和总量的概念,经济强国则是数量和质量、总量和人均相统一的概念。财政规模做大之后,大国财政更应着眼于向"强国财政"迈进。强国财政的目标是适应国家治理体系和治理能力的现代化需要,向现代财政制度的构建努力(白彦锋,2015)。现代财政制度体现民主财政和法治化财政理念,是一套由专门部门主导,多部门制衡,与国家现代化建设目标一致的财政制度。我国要建立中国特色社会主义的现代财政制度,在借鉴西方公共财政制度经验的同时,重视我国的具体国情:一是针对大量国有企业、国有土地、国有资源,做好国家财富管理。二是在全面深化改革背景下,适应经济社会转型,做好提供公共服务的财政制度安排。三要服务于国家治理能力现代化建设的要求,协调经济、政治、文化、社会、生态文明建设。

(二)大国财政需要完善预算制度

近年来,随着经济的快速发展和财政体制改革的推进,我国的预算管理改革取得了巨大的成绩。随着2014年8月《预算法》修正案通过,我国预算管理改革又跨出了重要一步,这次修订坚持现代国家治理的理念,从我国国情出发,并借鉴国际上预算制度发展的经验,实现了向预算管理科学、民主、法制方向迈进的重要跨越,是推进我国预算体系整体建设具有里程碑意义的重要一步。《预算法》的主旨思想体现了国际上预算管理发展的基本趋势,是我们在下一步改革中要持续加强的重点。

1. 推动实现预算各组成部分的一致性。《预算法》明确规定,预算包括一般公共预算、政府性基金预算、国有资本经营预算、社会保险基金预算，并对四本预算的功能定位、编制原则及相互关系作出规定，使四本预算成为有机衔接的整体。但实际上，时至今日，我国虽然在形式上实现了预算对全部政府收支的覆盖，将所有的政府收支都关进了预算"笼子"，但对于不同预算的政府收支使用的是不同的管理标准和管理规范，因而本属同一性质、名义上都"姓公"的政府收支被分割为若干块儿分属于不同政府部门安排的"私房钱"便具有了可能性（高培勇，2014）。在这样的基础上建立起来的政府预算，即便是全口径的，也难以做到全面规范和公开透明。在下一步的改革中，在完善四本预算的同时，还要进一步探索它们之间的相互衔接机制，逐渐将它们纳入统一的标准和制度框架中。

2. 推动实现中期滚动预算。中期滚动预算指在"中期"的时间跨度内准备年度预算的制度安排，在国外通常称为"中期支出框架"（MTEF）。中期预算主要着眼于宏观经济和财政发展趋势以及周期性财政收支平衡目标的实现。年度预算是中期预算的起点和基础，而中期预算则使年度预算变得更加明智和有效率，二者之间的结合，使预算的编制更加符合社会经济的发展趋势，能够为推动社会经济的发展作出更大的贡献。我国预算制度至今一直采用传统的年度预算，受限于年度预算固有的制度缺陷，推行中期滚动预算制度，能以此为基础加强预算对各项收支的约束监管，提高透明度，有利于推进全口径预算的实现和发展。

3. 加强预算的绩效管理。从国际上预算管理变革的历程看，对绩效和效率的追求是一以贯之的，在任何社会体制下都是一项重要的原则和标准。在下一步的改革中，从项目编制到执行再到结果检验，都要引入绩效管理，从"一拨了之"转为重视资金的使用效率，这有助于消除拨款性财政的弊端，带动整个预算管理模式的转变。

全球治理与大国财政

全球化使得世界各国紧密地联系在一起，任何国家不能孤立于国际社会而存在，以往属于一国内部的政治、经济、社会和环境问题已经开始跨越一国边界，成为与整个国际社会利益攸关的全球议题。这就要求中国必须积极投身于国际事务之中，更加广阔地在各领域与其他国家开展国际合作。与此同时，中国也在参与区域性合作和区域组织的过程中，开始获得越来越多的利益，例如中国—东盟自由贸易区的建立、中日韩三国为成立自由贸易区而进行的谈判等，都有力地推动了中国经济社会各领域的发展。

（一）大国财政与国际公共产品供给

中国正在发展强大，在国际舞台上发挥自身作用的需要增大，要想成为国际秩序新的倡导者和维护者，就必须在联合国争取拥有更多话语权。近年来，随着中国自身的崛起，在国际社会中开始兴起一种"中国责任论"，主张应当由中国在国际事务中承担更多责任，尤其是应当在国际公共产品的供给方面作出积极贡献，诸如加强国际合作打击反恐的力度，在反核扩散问题上对朝鲜施加更多压力，更多地承担联合国会费摊派、减少温室气体排放，制定针对气候变化的战略框架并加大节能减排政策实施力度等。

国际公共产品供给增加以及会费大国的地位为中国实现具有中国特色的大国外交提供了重要物质基础和必要条件，有利于中国加强同世界各国的沟通，增强交流与互信，有利于中国为世界各国共同发展谋福利，让世界各国共享中国改革开放的成果。然而联合国会费大幅增长将不可避免地增加中国的财政负担。同时联合国会费不断攀升，并不代表中国的国际事务参与度提高，也不代表中国一定拥有更多的话语权和其他权利。会费增长对参与联合国管理和财政等中国籍工作人员的需求上升，也对中国这些人员的专业素质等方面有了更高要求。在国际重大事务决策方面，中国的表现与所期望的还有较大的差距，中国还有很长一段时间才能缩小差距。

（二）大国财政与政府采购市场开放

政府市场开放，是大国财政的体现，更是建设大国财政的重要内容之一。从全球范围看，世界贸易组织（WTO）框架下《政府采购协议》（GPA）是大国财政开放政府采购市场的最重要的国际规则，也是覆盖范围最广的实体性的国际政府采购市场开放规则。我国于2007年开始申请加入GPA，并积极推进政府采购领域的全球化，彰显了大国财政担当。

2013年习近平主席提出"一带一路"伟大构想，2017年十九大报告中他又提出，"要以'一带一路'建设为重点，坚持引进来和走出去并重，遵循共商共建共享原则，加强创新能力开放合作，形成陆海内外联动、东西双向互济的开放格局"。当前在"一带一路"沿线国家开放政府采购市场已经具备了经济基础、外交基础、共同愿景基础、货币基础和文化基础,可以在借鉴其他区域政府采购共同体(如欧盟)经验的基础上,考虑构建"一带一路"沿线国家政府采购命运共同体。这既为推动经济全球化、促进区域经济发展提供了平台,更为构建区域政府采购命运共同体提供了良机。

(三) 大国财政与国家税收治理

伴随全球经济一体化的进程,国际税收领域也出现了一些新特点,如国际避税和跨境税源管理问题越发突出,互联网技术和数字经济的兴起对国际税收管理提出了前所未有的挑战等。BEPS 行动计划的提出,标志着国际税收规则正进入近百年来最大规模的重塑时期。随着"一带一路"倡议的推进,我国在世界经济舞台中发挥更为重要的作用,国际经贸活动背后的税收利益分享问题不容忽视。中国作为第二大经济体、发展中大国,在国际税收规则重塑过程中应当拥有重大话语权,重视国际税收治理的建设性作用。因此,在大国财政的视角下,以 BEPS 行动计划和"一带一路"战略作为切入点,深入研究国际税收协调与合作问题,具有重要的现实意义。

从大国财政建设和国际税收治理的角度来看,我国的国内税制改革应侧重于加强国际反避税与促进企业"走出去"这两个战略层面。加强国际反避税的改革,主要体现为完善、制定国内反避税法规等举措,积极参与 BEPS 行动计划合作。促进企业"走出去"的改革,则是从财税支持的角度给予国内企业一定的政策支持,以促进国内过剩产能输出、扶持企业参与国际经济竞争等。

与发达国家的国际反避税治理思路有所不同的是,大国财政框架下我国的国际反避税治理行动,具有一定的特殊性。第一,我国的国际反避税治理受限于发展中国家的税收法制水平和征管水平,在制定具体措施时,应充分考虑我国的现实情况。第二,我国的国际反避税治理,应与我国当前的跨境资本流动变化密切相关。我国刚实现了由资本输入国向资本输出国的转变,处于特殊的国际资本流动变化期,由此带来的跨境税收划分问题也具有一定的特殊性。第三,国际反避税治理行动与我国的财政规模之间的关系有待关注。国际反避税治理通常需要耗费大量的人力、财力,成本收益比有可能较高也可能较低,国际反避税工作面临的财政预算约束不容忽视。

四

国际经验与借鉴

纵观世界上大国的财政治理经验,推行大国财政战略除了财政政策本身需要发力外,还需要充分发挥财政的引领作用,在货币、投资、贸易和产业政策中一以贯之。除此之外,还需要加强国际财经交流合作,提升国际话语权。

(一) 财政建设

1. 经济发展模式。以大国财政的发展形态作为分析标准,对世界主要大国的财政建设经验进行提炼,不难发现,全球的大国财政建设一般分为两种模式。第一种模式是以瑞士(雀巢公司)、比利时(巧克力)、瑞典(宜家公司)为典型代表的"一枝独秀"型。这些国家的经济总量不大,但是国内的某些企业在该行业和产品领域做到了极致和垄断,实现了小国经济之下的大国财政"单项冠军",在全球经济一体化当中占据了一席之地。第二种模式是美国、日本等大国经济之下的"全能型"。美国不仅拥有美元的世界霸权,而且还拥有可口可乐、通用等耳熟能详的全球品牌,日本则拥有本田、丰田等广为世人所认可的全球品牌。因此,美日等老牌资本主义国家的大国财政是羽翼丰满的"全能型"高级类型。

2. 财政政策。一是财政集中。大国建设要求国家在经济与社会中发挥更加突出的作用,因而需要进一步的财政集中。一方面,国家需要从经济中汲取更多的资源;另一方面,国家必须合理地利用这些资源,以促进经济资源配置效率的提升,重建和稳定社会秩序。纵观各国,主要发达国家中央或联邦政府税收收入比重通常都保持在50%以上,英法等国甚至在70%—80%。

二是合理划分中央与地方财政关系。在各个国家,中央与地方政府之间的财政关系都是大家关注的重点,合理划分中央与地方之间的财权与事权也是解决二者之间矛盾的关键。

三是提高财政透明度。我国的财政透明度与发达国家相比较,处于比较低的水平。国际上的发达国家,例如美国、英国等国很早就有了与财政透明度相关的法律,例如美国在1966年颁布的《信息自由法》,1974年颁布的《国会预算法》,同时美国规定联邦政府每个月的预算执行都会在第二个月公布出来。这些都是我国政府所欠缺的,也是我们应该努力的方向。

(二) 国际财经交流合作

国际财经的交流与合作主要是指各国之间在涉及经济发展方面的交流与合作。世界各国在国际的财经交流合作中都为我国提供了很多的经验与教训。

1. 积极建立和参与国际经济组织。国际经济组织是为了解决各国以及世界的经济问题而成立的组织，而在国际经济组织中各国可以就双边以至于多边的经济问题进行协商和解决。可以看到的是，世界上的经济大国都在这些重要的经济组织中占有一席之地。比如美国，在第二次世界大战之后主导建立了世界银行和国际货币基金组织，德国和法国在欧盟中占据着主导的地位，而在OECD、WTO之中也能看到这些大国活跃的身影。由此可见，这些大国都把积极参与国际经济组织放在了很重要的位置上。

2. 积极参与国际公共物品的提供。随着近年来国际交流的加深，国际公共物品的提供也越来越引人注意，在这方面国际合作也越来越多，而各个世界经济大国也在这些方面作出了自己的贡献。国际公共物品的提供在给世界发展带来好处的同时，也使得本国的国际声望得以提高，由此可见要在国际公共物品的提供上加大国际交流与合作。

3. 积极参与国际税收新规则的制定。国际税收协定旨在解决涉及不同国家之间的税收征管的问题，随着国际贸易以及跨国公司的发展，在这方面的国际合作也日益加深。发达国家为我们提供了宝贵的经验。例如，美国、加拿大在1947年推动建立OECD组织，这一组织后来在国际税收协定上发挥了重要的作用；1983年北欧五国，就所得及财产征税问题成功缔结了多边贸易协定。积极参与国际税收协定的建立，可以解决我国与其他国家税收方面可能会产生的冲突，促进我国与其他国家的财经交流。

政策建议

随着经济总量达到世界第二，我国在国际上的影响力也越来越大。在世界政治、经济和文化舞台上，中国不断展示着大国形象。大国不仅体现在体量上，更多地体现在国力、软实力和影响力等方面，而大国财政是其中重要的内容。建设大国财政，一方面，要立足国内治理能力的提升，构建完善的现代财政制度体系，根据制度演进的次序有效地推动现代财政制度建设，提升国家财政治理水平；另一方面，立足我们的发展和转型阶段，以积极的姿态参与国际事务，承担相应的国际责任，对外积极参与国际财经治理体系的构建，进一步扩大中国的影响力和话语权。

（一）构建完善财政制度体系，强化财政职能

1. 明确财政转型的目标。构建大国财政，要充分考虑我国发展的历史节点，立足于我国特有的大国国情，明确新阶段大国财政转型的主要目标。当前，我国经济增长仍然处在一个继续换挡减速的长周期，长期存在的不合理经济结构的调整转型还只是处于艰难攻坚阶段，为了应对国内外经济运行中出现的新问题、新挑战，要进一步改善财政宏观调控，依靠改革创新来稳增长、调结构、防风险，在区间调控基础上，加强定向调控、相机调控。我国要建立中国特色社会主义的现代财政制度，在借鉴西方公共财政制度经验的同时，要重视我国的具体国情：一是针对大量国有企业、国有土地、国有资源，做好国家财富管理。二是在全面深化改革背景下，适应经济社会转型，做好提供公共服务的财政制度安排。三是服务于国家治理能力现代化建设的要求，协调经济、政治、文化、社会、生态文明建设。

2. 处理好政企、央地以及国内国际公共品供应的关系。构建大国财政，还需要审时度势，注意处理好中央与地方的关系、政府与市场的关系、国内公共服务与参与国际公共品供给的关系等。首先，实现政府职能从经济干预型到经济服务型的转变。其次，实现政府职能从投资主导型到公共服务型的转变。改革政府投资倾向，需要多角度、系统化的改革，不仅需要转变政府职能，更需要改革行政管理体制，减少政府对经济的干预行为；改革财政收入模式，从重GDP总量到重经济发展质量、重科学发展。再次，转变经济发展方式，扭转收入分配差距，实施以农民工市民化为主体的新型城镇化，治理环境污染等问题，是当前和未来一段时期中国全面发展过程中面临的突出问题和挑战，也是公共服务型政府建设的方向。最后，合理地确定中央财政与地方财政的支出范围。健全财权财力与事权相匹配的财政体制，进一步完善中央财政职能，优化中央财政的支出结构。统筹政府"大口径"财力，在此基础上合理界定各级政府间的财力。

3. 提高财政的可持续性。大国财政的可持续性，不能忽略地方财政的可持续性。当前我国的财政可持续性，尤其体现在地方政府的财政可持续性上。摸清地方政府债务的产生根源。当前对于地方财政，尤为关键的是应当找到地

方财政债务的产生根源,以此实现地方财政债务规模的有效治理。经济发展过程中地方政府对基础设施建设的自然诉求和不彻底的财政分权体制下地方建设资金不足的矛盾,是地方政府面临的财政激励和财政体制中地方债务管理的缺失带来的。因此解决地方债务问题、化解地方政府债务风险的对策应主要是构建遏制地方过度投资的决策机制。

(二)加强全球经济治理,提升我国财经话语权

虽然"大国财政"早已经在我国实际政治经济生活中发挥作用,但如何在全球化的视角下全方位构建大国财政尚处于探索阶段。我国大国财政体系建构,应重点围绕进一步经济治理体系改革展开,推进国家治理的现代化、国际化。在国内根据制度演进的次序有效地推动现代财政制度建设,提升国家财政治理水平;对外积极参与国际财经治理体系的构建,进一步扩大中国的影响力和话语权。

1. 积极开展对外交流合作。构建国际经济新秩序。对现存的国际组织,要积极推动其改革,构建与中国大国地位相匹配的国际经济新秩序,发挥大国市场和经济优势,为国内企业争取有利的国际环境。更为重要的是要主动作为,构建多边开发机构。推动组建中国主导的多边开发机构,实施我国对外政策主张,体现大国政治意图,如积极推进"一带一路"建设,推动组建亚洲基础设施投资银行、金砖国家开发银行、上海合作组织银行等。通过多边与双边对话,展示中国理念。要积极参与多边和双边对话机制,主动设置议题,体现大国理念。

2. 讲好中国财政故事,让更多国家从中国模式和经验中受益。大国财政不仅要有雄厚的基础,还要有内外协调的能力。我国财政在实践大国财政理念方面已经取得了重要的阶段性成果,既坚持了大国财政构建的中国特色,又与时俱进地体现了新时期大国财政构建的时代特征。正是在国内财政作用发挥的支撑下,涉外财政才能更有效地服务于国家的大国战略。近年来,作为财政的重要组成部分,税收也提出了"大国税务"口号。努力把握总体发展趋势,树立大国税收理念。同样,金融部门已经在事实上实践着"大国金融"理念,站在国家战略的高度来谋划"与大国经济相匹配的大国金融"之发展。通过总结并宣传这些年的经验,讲好中国财政故事,我们可以让更多的国家从中国模式和中国经验中受益,从而承担起一个大国应有的义务和责任。

3. 推进供给侧结构性改革,做全球财经治理的引领者。推进供给侧改革,

树立当今财政改革的新模式。面对经济增长从高速换挡为中高速的新常态,我国经济发展进入了调整结构、转型升级的关键期和阵痛期。积极参与国际税收规则制定,做国际税收治理的引领者。随着"一带一路"倡议的实施,越来越多的中国企业"走出去",中国逐渐成为净资本输出国,这要求有与此相适应的国际税收规则,过去国际税收管理定位需要作出适当的调整。参与国际金融规则的制定,做金融新秩序的制定者。为了满足亚洲基础设施建设的巨大融资需求,以及推动亚洲的共同发展,中国倡议并建立了亚洲基础设施投资银行(AIIB)。财政部作为我国在亚投行的实际出资人,通过发行特种国债购买外汇储备来筹集所需资金,财政积极地参与国际金融机构的建立。参与全球规则制定,提升中国的世界话语权。

参考文献

[1] 白彦锋:《"大国财政"让企业"大胆走出去"》,《经济与管理评论》2016 年第 9 期。

[2] 高培勇:《论国家治理现代化框架下的财政基础理论建设》,《中国社会科学》2014 年第 12 期。

[3] 楼继伟:《主动适应经济发展新常态不断开创财政事业新局面》,《中国财政》2015 年第 4 期。

[4] 刘尚希:《大国财政的路径和建议》,《经济研究参考》2016 年第 2 期。

[5] 吕冰洋:《大国财政与社会治理》,《财政监督》2015 年第 10 期。

[6] 吕炜:《国家治理现代化视域下的大国财政》,《人民日报》,2017 - 1 - 17。

[7] 席艳乐、李新:《国际公共产品供给的政治经济——兼论中国参与国际公共产品供给的战略选择》,《宏观经济研究》2011 年第 10 期。

[8] 杨志勇、樊慧霞:《新财政治理理论:大国财政与全球经济新秩序》,《地方财政研究》2016 年第 1 期。

[9] 杨雪冬、王浩:《全球治理》,中央编译出版社 2015 年版。

[10] 俞可平:《论国家治理现代化》,社会科学文献出版社 2014 年版。

俄罗斯政府间财政关系：
法律框架与制度构建

童伟

摘要：俄罗斯是一个多民族大国，民族分裂、地区分离、经济分立一直是困扰国家统一和稳定的大问题。长期以来，俄罗斯政府试图过一系列财税体制改革，完善国家治理，规范政府间财政关系，实现联邦对地方①的有效控制。但这样的改革尝试并非一帆风顺，经过与地方政府的多轮博弈，俄联邦政府最终通过归集税收权限、明晰政府间支出责任、完善转移支付制度，实现了联邦对地方的有效控制，促进了国家的统一、稳定与和谐。

关键词：俄罗斯；财政联邦制；政府预算

民族矛盾一直是困扰俄罗斯国家统一和稳定的大问题。苏联解体后，苏联在处理民族问题、中央和地方间关系时留下的众多隐患，使俄罗斯国内民族分裂主义倾向进一步加剧。地区分离主

[作者简介] 童伟，中央财经大学俄罗斯东欧中亚研究中心主任，经济学博士，财经研究院研究员，北京市财经研究基地研究员，博士生导师。

① 俄罗斯是联邦制国家，由联邦政府、联邦主体政府和区县政府三级组成，其中，联邦主体政府和区县政府统称为地方性政府。

义、经济分立主义,以及民族分裂主义猖獗一时,各联邦主体纷纷发表"独立宣言",自主晋升为共和国,制订自己的法律,选举自己的总统,联邦政府派驻各地的分支机构,如警察、法院、税务部门乃至军队,都不断被地方同化。

在这种情况下,如何通过法律制度的构建规范联邦与联邦主体间的财政关系,如何通过财政集权与分权的适度结合实现联邦对联邦主体的有效控制,就成为独立后的俄罗斯必须予以解决的核心问题。

俄罗斯财政联邦制的构建与发展

政府间财政关系改革是俄罗斯独立后最早开展的财政经济改革,通过法律体系的构建,俄罗斯在政府间财政关系领域展开了以先分权、后集权、不断完善调整为特征的一系列改革。

(一) 1991—1998 年:过度分权导致联邦政府权力失控

支出责任极大地向地方倾斜,财政资金高度集中于联邦,是俄罗斯政府间财政关系改革最初时期的主要特征。

1991 年 10 月 10 日,俄罗斯颁布了独立后的第一个预算法令《预算制度和预算过程基本法》,将独立管辖地方经济和社会发展的权限正式赋予了联邦主体政府。根据该法令,俄罗斯联邦主体政府有权独立制订本地区的经济和社会发展规划;有权兴办新的企业和增设新的经济管理部门;有权独立开展对外经济活动;有权自行决定本级财政资金的支出方向。同时,联邦政府还将大量联邦以及联邦与联邦以下政府共同承担的支出责任转移给了联邦主体和地方政府,例如,将原由联邦政府承担的教育、医疗、住房、体育、文化等公共支出责任划归联邦主体和地方;授权联邦主体和地方保证工资增长;将大批联邦财产和联邦企业的管理和经营补贴责任下放给联邦主体和地方。

这些委托授权极大地加重了联邦主体和地方政府的支出责任,同时也导致联邦主体和地方财政支出规模膨胀,但联邦主体和地方政府却没有因此得到联邦政府的财政补助。1991 年 12 月 27 日颁布的《俄罗斯联邦税收制度基本法》(下简称《税收基本法》),还进一步削弱了联邦主体和地方政府的税收权限。《税收基本法》按税种将税收划分为联邦税、地区税和地方税,但地区税和地方税仅包含一些税基窄、税源小的税种，税收收入极其有限，使俄罗斯联邦主体和地方财政收入出现大幅度下降，远远无法保障其扩张后的财政支出。

支出责任的不断扩大和财政收入的大幅度减少，加剧了俄罗斯联邦主体和地方政府的财政收支矛盾，使联邦主体和地方政府扩大税收权限的要求日益增强。迫于联邦主体和地方政府的压力，1992年，俄罗斯联邦政府将部分主体税种由联邦税转化为共享税，与联邦主体和地方政府分享。其中，增值税收入的20%—50%被划归联邦主体；利润税按税率三七分成，三成归联邦，七成归联邦主体和地方；消费税的50%以及全部的个人所得税都划归联邦主体和地方。

虽然联邦政府在税收收入分配上对联邦主体和地方作出了一定的让步，但由于没有从根本上建立起有效的联邦主体和地方税收入体系，俄联邦主体和地方政府依然无法获得充足的财政资金，使联邦主体和地方政府越权截留中央税收的现象不断发生。

1993年4月15日，俄罗斯联邦法律《关于加入俄罗斯联邦的共和国、自治州、自治地区、边疆区、州、莫斯科市和圣彼得堡市政府，以及地方自治政府的代表和执行机构的预算基本权力及其预算外基金的组织和使用基本权力》（以下简称"预算基本权力法"）获得通过，该法律的实施进一步加剧了俄联邦政府和联邦主体政府之间的财政紧张状况。《预算基本权力法》在俄罗斯财政史上首次提出了组织地方预算的最重要原则——最低预算核算法，即各级地方预算应在上级预算的保障下，以最低社会标准和财力标准为基础，为本地居民提供大致均等的基本居住、社会文化和其他公用事业服务，满足本地区最低限度的社会必要支出。

《预算基本权力法》是俄罗斯财政联邦制发展过程中一项极其重要的法律，使保障各个地方享有大致均等的基本公共服务成为联邦政府的强制性义务和责任。但也正是因为此法，当联邦政府没有依据法律规定向联邦主体政府提供充足的财政援助，联邦主体政府因缺乏必要的财政资金无法满足本地最低社会必要支出时，联邦主体政府拒绝向联邦政府纳贡的理由就显得更为充分和理直气壮了。1993年，在当时的89个联邦主体中，有30多个联邦主体截留联邦税款，个别联邦主体政府甚至将90%的税款留为己用。

联邦主体政府停止上缴税收，使联邦政府失去了极为重要的收入来源。没有财力支撑的联邦政府也同时失去了对联邦主体政府的掌控能力。为了改变这种状况，俄罗斯联邦政府着手整顿政府间财政关系，为此采取的措施主要有：以宪法的形式明确联邦政府与联邦主体政府在支出责任与收入权限方面的划分边界；统一联邦税在联邦政府与联邦主体政府之间的分成标准；建立联邦地区财政支持基金（即联邦按因素法对联邦主体实施转移支付）；废除联邦政府和一些势力较大的联邦主体之间不规范的双边协议。这些办法对消除联邦政府与联邦主体政府在财政资金分配上的主观随意性，规范政府间财政关系起了一定的积极作用。

与此同时，俄罗斯联邦政府还扩大了联邦主体和地方的税收管理权限，联邦主体和地方代表机构有权确定地区和地方税种的税率，有权开征新的地区和地方税，确定地区和地方税的税收优惠政策。

在联邦主体和地方财政支出规模急剧增长，自有收入来源明显不足的情况下，俄罗斯各级地方政府为了快速摆脱财政困境，借新法的颁布大肆开征各种税费，使各级地方税费种类骤增，一度地区税费达到70余种、地方税费达到140余种，再加上联邦税费，三级税费总计超过了250余种。过多过滥的税费加剧了税收秩序的混乱，加重了企业和居民的负担，企业利润的80%—90%被征入预算，个别情况下甚至超过了100%。过高的税收负担不仅加剧了偷漏税现象，过度征收的地区和地方税费还严重侵蚀了联邦税基，使联邦政府税收收入不断减少，联邦政府财政收入占国家财政收入的比重由1992年的56.0%降低至1998年的47.4%，下降了15.4%[1]。

（二）1999—2001年：以立法确立联邦政府的财政权威

税收收入向联邦主体和地方政府的倾斜削弱了联邦政府的宏观调控能力，使地方分离主义重新抬头。为维护俄罗斯国家经济安全，保障国家领土完整，俄联邦政府紧急颁布了一系列法律、法令，以完善税收制度，限制联邦主体和地方政府税收权限。首先，俄罗斯以总统令的形式取消了全国范围内200多种地区及地方税费，并明确强调今后不再下放税收立法权。其次，加紧制订新的税收法规。1999年，阐述俄罗斯联邦税收制度基本原则的《税法典》（第一部分）获得议会通过。2001年，涵盖增值税、消费税、个人所得税、社会保障税等多个税种具体法规的《税法典》（第二部分）也通过了议会的批准。

《税法典》的颁布使俄罗斯联邦和各级地方政府间的财政关系发生了新的变化。首先，《税法典》赋予了联邦政府广泛的税收立法权，除联邦税的税收立法权归联邦议会外，地区税和地方税的设立也要依照联邦法律确定，只有地区税和地方税的税率可由联邦主体或地方立法机关调节。同时，《税法典》还强调指出，法典所列税种清单详尽无遗、不可增补，税收的立法权（包括征收的税种、

---

[1] Г. Б. Поляк. Межбюджетные отношения в России. , 2006, стр. 38.

税率、征税条件和税收分配等）统一归联邦议会所有，具体的税收条例、法令由财政部和税务总局确定。其次，《税法典》对联邦主体和地方政府的税收权限予以了严格限定：各级地方政府不得自行新增《税法典》之外的税种，各级地方政府必须服从联邦政府的税收政策和法令，只有划入联邦主体和地方预算的那部分税种的税率，可由联邦主体和地方政府在联邦政府规定的范围内调节。

1998年，俄罗斯颁布《1999—2001年俄罗斯联邦各级政府间财政关系改革构想》，为俄罗斯政府间财政关系改革提出了新的任务：（1）采用新的、更加客观和透明的地区财政支持基金分配方法；（2）逐步削减没有资金保证的联邦指令；（3）理顺各级财政间的支出和收入划分；（4）联邦与联邦主体之间不再签订单独的财税协议；（5）在各级政府和部门相互协调的基础上建立完善政府间财政关系三方工作小组。该构想的实施使俄罗斯联邦与联邦主体间财政关系逐步稳定。

2000年1月1日，俄罗斯《预算法典》正式生效。《预算法典》对俄罗斯各级政府间的财政预算关系予以了明确规范：俄罗斯预算体系中的各级预算①各自独立，互不包容，预算体系的统一是在统一的预算原则、统一的预算程序、统一的预算分类，以及统一的社会经济政策、统一的税收制度、统一的货币制度和统一的法律的基础上实现的。

（三）2002—2008年：以法律体系构建促进财政联邦制不断规范

2002年，俄罗斯开始实施《2005年以前俄罗斯联邦财政联邦制发展纲要》。该纲要的主旨是保证联邦主体财政和地方财政有稳定的收入来源，明确划分各级财政的收入和支出权限，按新的分配办法实施联邦政府对各联邦主体和地方的财政转移支付，促进联邦主体和地方政府提高财政独立性和责任感。俄罗斯政府间财政关系开始从"划分资金"转变为"划分财权"，这是俄罗斯政府间财政关系改革中最为重要的阶段。自此，俄罗斯政府间财政关系开始步入良性发展轨道。

2003年，《俄罗斯联邦主体立法（代表）和执行权力机关基本原则法》《俄罗斯联邦地方自治机构基本原则法》《预算科目》等几部法律的重新修订，为俄政府间财政关系的完善提供了更多的法律依据。正如俄罗斯总统普京2006年在《2005年预算政策总结和2007年预算政策》报告中所指出的那样，

---

① 俄罗斯联邦预算体系包括：联邦预算；83个联邦主体预算（21个俄罗斯联邦加盟共和国预算、55个边疆区和州预算、莫斯科市和圣彼得堡市预算、1个自治州和4个自治区预算）；23000个地方预算（区、镇、居民点预算）。

2005年，俄罗斯第一次在依法划分支出责任和收入来源的基础上完成了联邦和联邦主体预算，联邦主体预算平衡状况好转，联邦地区预算支持基金的透明度和客观性得到提高，联邦主体的自有收入权限以及具有财政资金保障的联邦政府委托授权都在不断扩大。

此时，经过十多年改革，俄罗斯已基本完成财政联邦制的建设，形成了与独立之初完全不同的政府间财政关系。但此时的俄罗斯政府间财政关系并不完善，依然存在若干严重问题：一是财力集中于联邦政府，各级地方政府自有收入不足，对联邦依赖严重；二是预算调节措施不力，难以实现地区间横向均衡；三是联邦主体以下财政关系尚未建立。

为此，俄罗斯联邦政府提出新的改革目标：在长期稳定的基础上明确划分各级财政的支出责任和收入来源；全面禁止强行摊派给地方的无资金保障支出责任；取消非正式财政援助的提供渠道——预算贷款的发放；增强联邦主体和地方财政的独立性，财政援助的提供以有助于鼓励联邦主体和地方政府壮大自有财源、节约财政资金使用为方向；对于没有支付能力的联邦主体和地方，计划通过强制性财务健全措施（建立临时性财务托管管理部门）以及依法扩大预算主体预算自治权限等方法，实现各级预算由"软约束"向"硬约束"的过渡。

俄罗斯政府间财政关系改革的目标如图1所示。

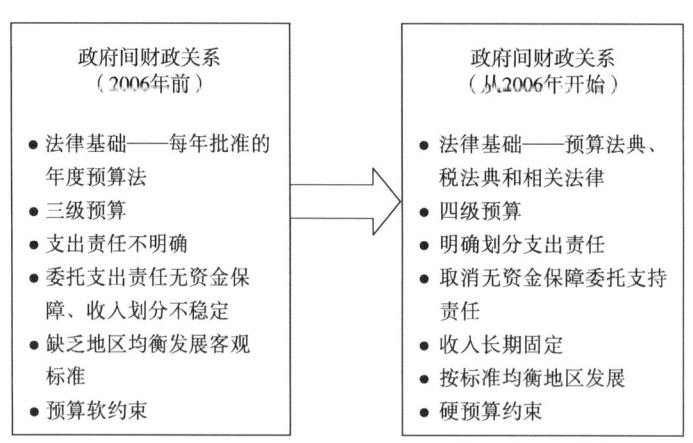

图1　俄罗斯政府间财政关系改革目标

俄罗斯将2006年后政府间财政关系改革的重点集中于以下几个方面：

1. 顺应地方政府改革，将地方预算划分为两个层级，即俄罗斯预算体系由三级预算分化为四级预算。1995年《俄罗斯联邦地方自治基本组织原则法》通过后，俄罗斯由四级行政区划：联邦、联邦主体、市、区，转化为三级行政区划：联邦政府、联邦主体政府、地方自治政府（区政府），取消了市级政府，使区政府成为管理地方的主要机构。预算级次也相应地由四级预算：联邦预算、联邦主体预算、市预算和区预算，转变为三级预算：联邦预算、联邦主体预算和区预算。

基于基层政府更贴近民众，更了解本地居民的偏好，增加基层预算层级、扩大基层预算权限，能为居民提供更好、更实际的公用事业服务，提高预算资金的使用效率。2005 年，《俄罗斯联邦地方自治基本组织原则（修订法）》重新将地方自治政府划分为两级：区政府和居民区政府，并规定，每一级地方政府都拥有各自独立的预算。由此，俄罗斯形成了由联邦预算、联邦主体预算、区预算和居民区预算组成的四级预算，其中，区预算和居民区预算统称为地方预算。

2. 明确支出责任的划分规则。根据《预算法典》规定，俄罗斯每一级政府的支出责任应能完全由纳入本级预算的收入予以保障，高层级政府在下放支出责任时应同时提供充足的预算补助资金。由此，俄罗斯规定，自 2006 年后全面禁止下放无资金保障的委托责任（2005 年前类资金多达俄联邦预算支出的 30%—35%），联邦主体和地方预算支出应得到全面保障。

俄罗斯各级政府的支出责任具体见表 1。

表 1　　　　　　　　俄罗斯各级政府支出责任划分表

政府级次	在下列事务上的权限			
	依法调节支出责任		对支出责任予以资金保障	履行责任（实现支出）
	提出	批准		
1. 属于本级的支出责任				
联邦政府	联邦	联邦	联邦	联邦
联邦主体政府	联邦主体	联邦主体	联邦主体	联邦主体
地方政府	地方政府	地方政府	地方政府	地方政府
2. 联邦政府调节框架下的支出责任				
联邦主体	联邦	联邦主体	联邦主体	联邦主体
地方政府	联邦	地方政府	地方政府	地方政府
3. 联邦政府委托的支出责任				
联邦主体	联邦	联邦	联邦	联邦主体
地方政府	联邦	联邦	联邦	地方政府
4. 联邦主体政府委托的支出责任				
地方政府	联邦主体	联邦主体	联邦主体	地方政府

资料来源：А. М. Лавров："Бюджетная реформа：от управления затратами к управлению результатами"，Москва，2010.

为配合支出责任划分规则的改变,俄罗斯对于财政支出责任在政府间的划分进行了重新核定,其主要方式有三种。

(1) 集中支出责任的财政保障权,即将部分支出责任上移给提出该项支出决策的政府层级(见表2)。

表2　　　　　　　　　俄罗斯部分上移的支出责任

指数	联邦	联邦主体	地方政府
联邦法律"老战士"(战争中的老战士),"残疾人的社会保障"支出	←		
征兵支出	←		
军人和国家公务员优惠补贴	←		
地质勘探、大型水利设施支出	←		
寄宿学校、幼儿园、托儿所补贴		←	

资料来源:А. М. Лавров:"Бюджетная реформа: от управления затратами к управлению результатами", Москва, 2010.

(2) 支出责任决定权下移,即由联邦主体和地方政府承担财政保障义务,由联邦主体和地方政府决定其规模和数量(见表3)。

表3　　　　　　　　　俄罗斯部分下移的支出义务

指数	联邦	联邦主体	地方政府
儿童补贴		→	
老年劳动者社会补贴		→	
职业技术教育		→	
环境监控支出			→
寄宿学校、幼儿园、托儿所补贴			→

资料来源:А. М. Лавров:"Бюджетная реформа: от управления затратами к управлению результатами", Москва, 2010.

(3) 合并支出义务。在此之前,俄罗斯有大量的支出责任不明晰,其中大部分由联邦法律调节,一小部分由联邦主体法律调节,但具体的支出责任却由地方政府在联邦主体给予一定财政补助的情况下完成。改革后这些支出责任的决定权和财政保障权全部移交给联邦主体政府(见表4)。

表 4　　　　　　　　　　俄罗斯部分合并的支出义务

指数	联邦	联邦主体	地方政府
定向住房补贴		▶ ◀	
学校教学过程的财政保障		▶ ◀	
农业生产补贴		▶ ◀	
消防安全补贴		▶ ◀	

资料来源：А. М. Лавров："Бюджетная реформа: от управления затратами к управлению результатами"，Москва，2010.

上述改革大大缩小了地方政府承担的无资金保障委托责任，其中大部分公共支出责任被赋予联邦主体政府。

3. 扩大联邦主体政府的税收自主权。在支出责任不断向联邦主体倾斜的情况下，俄罗斯联邦主体的税收权限和税收收入也得到相应提高。《2005 年以前俄罗斯联邦财政联邦制发展纲要》将三大地区税赋予联邦主体政府：企业财产税、交通税和赌博税。除此之外，企业利润税、个人所得税中划归联邦主体税率的那一部分也可视为地区税，从而确保了联邦主体政府享有较为充足的收入来源。

4. 《预算法典》确定联邦税提成标准。联邦税划入联邦主体预算的提成标准不再由每年的预算法确定，改由《预算法典》在长期稳定的基础上确定。这种资金划拨方式以长期稳定的收入取代了地方每年被"调节"的税收收入，使联邦主体政府的财政自主权得到实质性扩大。

（四）2009 年至今：转向联邦主体以下财政关系改革

基于政府间财政关系的主体大多集中于联邦主体以下层级，各联邦主体经济发展水平和财政税收潜力分化严重，大部分联邦主体预算独立能力极其有限，联邦预算没有充足的财政均等化资源等问题的广泛存在，2009 年，俄罗斯发布《2013 年前俄罗斯联邦主体和地方政府间财政关系构想》，将俄罗斯政府间财政关系改革的重点转移至地方层面，开始了联邦主体以下政府间财政关系的构建与完善。

《2013 年前俄罗斯联邦主体和地方政府间财政关系构想》将联邦主体以下政府间财政关系改革的主要方向确定为：（1）规范各级地方政府间税收分成比例以及各项联邦基金转移给地方政府的财政援助。（2）努力扩大预算收入基数，优化支出责任。根据这一构想,俄罗斯联邦主体各部门的职能都需要经过财政部职能评估委员会的评估鉴定,这一举措大大提高了联邦主体政府的财政支出绩效水平。2009 年,俄罗斯联邦主体预算收入因经济危机略有下降,但社会领域支出却同比大幅度提升,部门支出绩效明显提高。(3) 鼓励地方政府间合作,在权力平等的基础上鼓励区镇合并与合作,以节约行政成本,提高公共服务质量。

经过上述四个阶段的改革,俄罗斯基本完成了财政联邦制法律体系的构建,并通过法律体系的不断完善促进了政府间财政关系的规范与优化。俄罗斯政府间财政关系改革各阶段的法律文件见表 5。

表 5　　俄罗斯政府间财政关系改革各阶段的法律文件

时间	相关法律文件
1991—1998 年	《预算制度和预算过程基本法》 《俄罗斯联邦共和国税收制度基本法》 《关于加入俄罗斯联邦的共和国、自治州、自治地区、边疆区、州、莫斯科市和圣彼得堡市政府,以及地方自治政府的代表和执行机构的预算基本权力及其预算外基金的组织和使用的基本权力》 《1999—2001 年俄罗斯联邦各级政府间财政关系改革构想》
1999—2001 年	《2005 年以前俄罗斯联邦财政联邦制发展纲要》 《俄罗斯联邦主体立法(代表)和执行权力机关基本原则法》 《俄罗斯联邦地方自治机构基本原则法》 《税收法典》 《预算法典》
2002—2008 年	《2006—2008 年提高政府间财政关系效率和财政管理质量构想》 《俄罗斯联邦和联邦主体 2006 年和中期政府间财政关系构建的方法》 《俄罗斯联邦和联邦主体 2007 年和中期政府间财政关系构建的方法》
2009—2013 年	《2013 年前俄罗斯联邦主体和地方政府间财政关系构想》

俄罗斯财政联邦制的内涵与结构

对于何为财政联邦制,俄罗斯《预算法典》有着明确的界定:俄罗斯联邦国家政权机关、联邦主体国家政权机关和地方自治机关间,在各级预算以及预算外基金预算的收入形成、支出实现、国家和地方政府举债、国家和地方债务调节过程中,以及在俄罗斯联邦各级预算编制、审查、批准、执行及其监督过程中产生的一系列关系。

据此，俄罗斯财政联邦制涵盖了各级政府间公共服务范围界定、财政支出责任划分、财政收入权限划分，以及联邦对联邦主体和地方、联邦主体对地方财政转移支付等方面的内容。

（一）合理界定各级政府的公共服务范围及支出责任

俄罗斯依据各级政府需要履行的公共服务范围，为各级政府确定了应承担的财政支出责任，以及应享有的财政收益权限，这是俄罗斯财政联邦制构建的基础，也是俄罗斯政府间财政关系形成的基石。

1. 联邦政府支出责任的界定与划分。俄罗斯《宪法》第71条和72条，《预算法典》第11章都对俄罗斯联邦政府的支出职责予以了明确界定。

俄罗斯联邦政府主要负责全国性公共服务事业运行，如维护联邦宪法、联邦法律、联邦制度和联邦国家政权机关系统；国防、外交和对外经济联系；国家经济、社会、文化、生态和民族发展等方面的联邦政策；国家统一市场的法律基础，财政、金融和海关调节；联邦财产和联邦预算，以及联邦的主要经济部门，如能源、原子能、交通运输、宇航领域等全国范围内的事务。

根据联邦政府承担的主要职责，俄罗斯联邦预算的主要支出范围被确定为：（1）保障俄罗斯联邦总统、联邦议会、联邦审计院、联邦中央选举委员会、联邦执行权力机关及其地区派出机构活动的支出，对下年度联邦预算法批准时所规定的、实施全国性管理事项的其他支出；（2）保障联邦法院系统；（3）为保障联邦利益开展的国际事务（从财政上保障履行国际条约和国际金融机构协议，保障联邦政府机构履行国际文化、科学及信息合作，俄罗斯联邦向国际组织缴纳会费，联邦年度预算法批准时所确定的国际合作方面的其他支出）；（4）国防和保障国家安全，实施国防工业军转民；（5）基础科研和促进科技进步；（6）国家对铁路、航空及海洋运输的支持；（7）国家对原子能的支持；（8）消除全联邦性紧急状况后果及自然灾害后果；（9）宇宙空间的研究和利用；（10）归联邦所有或联邦国家机关所辖机构的经费；（11）形成联邦财产的支出；（12）联邦国债还本付息；（13）补偿国家预算外基金用于支付国家养老金、津贴等社保方面其他支出，依据联邦法律，这些支出应当由联邦预算资金拨款；（14）补充国家贵金属和宝石储备以及国家物资储备；（15）举行俄罗斯联邦选举和全民公决；（16）联邦投资计划；（17）保障落实联邦国家机关所作出的、造成其他级次预算增支或减收的决定；（18）保障履行某些转交其他级次政府的国家职能；(19) 对联邦主体的财政支持；(20) 其他支出，例如预算内专项基金支出，如道路基金、生态基金，以及某些部门性基金。

2. 跨地区公共服务及支出责任的划分。依照俄罗斯相关法律规定，与联邦主体政府密切相关，但联邦主体政府无力独自承担或跨地区的一些支出责任，也被划归联邦和联邦主体共同管辖。这类归属于联邦和联邦主体共同管辖的事务有：保证联邦主体的法律与联邦法律一致；保障公民的权利和自由，保障法制和社会秩序；保障自然资源的占有、使用和支配；负责国家财产的划分；解决教育、科学、文化和体育等方面的共性问题；就医疗卫生和社会保障方面的问题进行协调；确定组建国家和地方自治机构的共同原则；协调联邦主体的对外关系和对外经济联系等。

与此相对应，由联邦预算、联邦主体预算和地方预算共同负责的支出有：(1) 国家对工业部门、建设和建筑工业、煤气和供水、农业、公路和河道运输、通信和道路、地铁等领域的支持；(2) 保障法律执行；(3) 保障消防安全；(4) 保障科学研究、试验设计、工程勘测；(5) 对居民实行社会保障；(6) 环境保护，自然资源的保护和再生产，水文气象业务；(7) 预防和消除跨区域性紧急状况及自然灾害后果；(8) 发展市场基础设施；(9) 保障联邦关系和民族关系的发展；(10) 依据俄罗斯联邦法律保障联邦主体选举委员会的活动；(11) 保障大众传媒活动；(12) 保障公共教育；(13) 联邦、联邦主体及地方共同管辖的其他支出。

3. 联邦主体政府支出责任的界定与划分。在向市场经济转变的情况下，俄罗斯联邦主体的管辖权限和管辖范围大大扩展。联邦宪法规定："在俄罗斯联邦的管辖范围之外，以及俄罗斯联邦对俄罗斯联邦和俄罗斯联邦主体共同管辖权限范围之外，俄罗斯联邦主体享有充分的完全的国家权力。"

俄罗斯联邦主体所承担的支出责任通常包括：保障俄罗斯联邦主体立法（代表）和执行机构履行其职能；俄罗斯联邦主体债务的发行与偿还；举行俄罗斯联邦主体的选举和全民公决；保障地区专项规划的实现；俄罗斯联邦主体所有的资产的运营；俄罗斯联邦主体的国际交往和对外经济活动；促进由俄罗斯联邦主体政府管理的企业、机构和组织的发展，推动基础科学研究和科学技术进步；保障俄罗斯联邦主体大众信息工具的运作；对地方预算提供援助；保障某些转由地方履行的国家职能的完成；对因俄罗斯联邦主体政府决策，导致地方收入减少或支出扩大予以补偿。

根据联邦主体政府承担的上述职责，俄罗斯联邦主体的财政支出范围被确定为：(1) 保障联邦主体立法（代表）机构和执行权力机关履行职能；

(2) 联邦主体债务还本付息；(3) 组织联邦主体选举和全民公决；(4) 保障实施地区性专项规划；(5) 形成联邦主体的国有财产；(6) 实施联邦主体的国际及对外经济联系；(7) 联邦主体所辖企业、机构、单位的运转和发展；(8) 保障联邦主体大众传媒业务；(9) 给地方预算提供财政援助；(10) 保障某些转移给地方政府的国家职能的履行；(11) 补偿由于联邦主体国家机关决策而招致地方增支或减收所产生的额外费用；(12) 与联邦主体履行职权有关的其他支出。

4. 地方政府支出责任的界定与划分。根据《预算法典》规定，俄罗斯地方政府的主要支出责任为：维护地方自治政府运行；对地方财产进行组织和管理；对教育、卫生、文化、体育、大众传媒和其他属于地方所有或由地方自治政府管理的机构予以组织、保护和发展；维护社会秩序；组织、维护和发展住房公用事业；地方公路的建设和养护；完善公共事业和土地绿化；生活废弃物的回收和再利用（放射性物质除外）；对属于地方所有的墓地进行维护；对居民和属于地方所有或由地方自治政府管理的机构提供交通服务；保障消防安全；保护地方政府辖区内的自然环境；实施由地方自治政府制定的专项规划；地方债务的发行与偿还；为居民提供专项补贴；维护地方档案馆；举行地方的选举和全民公决。

根据地方政府承担的上述职责，俄罗斯地方财政的主要支出范围为：(1) 地方自治机构运行经费；(2) 地方财产的形成及其管理；(3) 地方所有或地方机构所辖的教育、卫生、文化、体育、传媒等企业、机构和单位运转与发展；(4) 地方公共秩序机构的经费；(5) 地方住宅公用事业的组织、运转和发展；(6) 地方道路建设和地方性道路的维护；(7) 地方公用事业和绿化；(8) 废物利用与加工（放射性废物除外）；(9) 地方所管的墓地经费；(10) 为居民及地方所有或地方所属机构提供交通服务；(11) 保障消防安全；(12) 地方区域内的自然环境保护；(13) 实施地方自治机构通过的专项计划；(14) 地方债务还本付息；(15) 对居民的专项补贴；(16) 地方档案经费；(17) 进行地方选举和地方全民公决经费；(18) 履行地方自治机构其他决议的支出，以及地方自治代表机构依据俄罗斯联邦预算分类确定的、用于解决地方性问题的其他支出。

（二）清晰划分各级政府的收入权限和范围

根据划分明晰的各级政府间支出责任，通过对税收权限和税收收入的合理配置，使各级政府都能得到与其支出责任相对应的资金保障，是俄罗斯财政联邦制实现的基本运行框架。为此，俄罗斯对各级政府的税收权限和收入范围进行了明确划分。

为保障各级政府支出责任的实现，《税法典》将全部税种划分为联邦税、地区税和地方税。但需要指出的是，联邦税、地区税和地方税并不表示该税种的全部收入都划归该级次预算，有部分联邦税和地区税实际上是联邦、联邦主体和地方分享的共享税，例如，企业利润税按税率在联邦政府和联邦主体政府间分享，2%税率的收入归联邦政府，18%税率的收入归联邦主体政府，联邦主体立法机构有权降低这部分税率，但最低不得低于13.5%；消费税在联邦政府和联邦主体政府间5:5分成；矿产开采税（石油）按40%和60%在联邦政府和联邦主体政府间分配；个人所得税按85%和15%在联邦主体政府和地方政府间分享。

1. 联邦政府的收入权限和范围。根据《预算法典》第53条规定，俄罗斯联邦立法和执行权力机构在财政收入形成方面的权限为：通过立法的方式开征新的税种，或是取消、修订某一税种。

根据俄罗斯联邦《税法典》第7章规定，俄罗斯联邦政府财政收入由联邦税收、非税收入以及无偿转移支付收入组成。属于联邦政府的税收收入有企业利润税、增值税、消费税、矿物开采税、资源利用税、水税等。其中，征收范围广泛、税收收入丰富、对国民经济影响较大的一些税种，如企业利润税、消费税、矿物开采税为联邦与联邦主体和地方的共享税。税收收入构成了联邦政府财政收入的主要来源（超过80%）。

属于联邦政府的非税收入有：（1）国有资产经营所得，联邦政府机关提供的有偿服务所得；（2）含有关税的其他对外经济活动所得；（3）俄罗斯联邦国有企业税后上缴的部分利润；（4）俄罗斯银行上缴的利润；（5）其他海关收费所得；（6）颁发酒精、烟草销售、流通许可证收费所得；（7）对环境产生消极影响收费所得；（8）水资源利用收费所得。非税收入约占到联邦预算总收入的10%。

此外，属于联邦收入的还有联邦预算专项基金收入，约占联邦预算总收入的0.5%—1%。该基金收入按俄罗斯联邦税收法律确定的税率纳入联邦预算，按联邦预算法确定的比例在联邦预算专项基金和联邦主体预算专项基金间进行分配，主要包括联邦道路基金、联邦生态基金、海关制度发展基金等。

除了上述税收和非税收入，为了弥补财政赤字，联邦政府还可以发行外债和内债。

2. 联邦主体的收入权限和范围。联邦主体是联邦以下财政管理的中心环节。近十余年来，在俄罗斯的经济社会发展过程中出现了地区化的发展趋势，即调节社会和经济发展的职能越来越多地由联邦政府转移到了联邦主体政府。由此，联邦主体财政的作用在不断增强，管理的范围也不断扩大。

根据《预算法典》第59条规定，俄罗斯联邦主体立法和执行权力机构在联邦主体财政收入形成中的权限为：在俄罗斯联邦税法规定的范围之内，决定地区税的税率及税收优惠政策。

根据《预算法典》第8章规定，俄罗斯联邦主体的财政收入由税收收入和非税收入组成。纳入俄罗斯联邦主体财政收入的地区税有企业财产税、博彩税；纳入俄罗斯联邦主体财政收入的联邦税收（即联邦和地区共享税）有企业利润税、消费税、矿物开采税、水税和资源利用税。个人所得税由联邦主体和地方政府共享。

属于联邦主体的非税收入有：（1）俄罗斯联邦主体拥有的国有资产经营所得，俄罗斯联邦主体政府提供的有偿服务所得；（2）对环境产生消极影响收费所得；（3）森林资源利用收费；（4）联邦主体政府颁发酒精、烟草销售、流通许可证收费所得等。

3. 地方政府的收入权限和范围。根据《预算法典》第64条规定，俄罗斯地方代表机构在地方预算收入形成中的权限为：在俄罗斯联邦税法给定的范围内，决定地方税的税率及税收优惠政策。

根据《预算法典》第9章规定，俄罗斯地方自治政府的主要收入来源为税收收入和非税收入。纳入俄罗斯地方政府财政收入的地方税有土地税和个人财产税；纳入俄罗斯地方政府财政收入的联邦税收（即联邦和地区、地方共享税）有企业利润税、个人所得税、消费税、矿物开采税、水税和资源利用税。

俄罗斯地方财政的非税收入包括地方所有财产经营所得、地方自治机构提供有偿服务所得、专项基金收入。

在俄罗斯地方财政收入中还有大量地方政府因履行国家职能、执行联邦法律和联邦主体法律，因高层级政府的决定导致地方财政支出增加或地方财政收入减少的转移支付，以及按联邦法律、联邦主体法律和地方自治法规纳入地方财政的其他税收收入和非税收入。

三

俄罗斯各级政府间的财政转移支付

俄罗斯《预算法典》第132条规定,俄罗斯各联邦主体预算与联邦预算享有平等地位,各联邦主体提供公共服务的财政耗费标准以及最低预算保障标准,是联邦预算向联邦主体提供财政援助的基础。据此,对那些财力相对较弱、不足以提供全国统一的基本公共服务的联邦主体予以适当的财政援助,保障这些联邦主体预算平衡,维持其财政预算地位成为俄罗斯实施财政转移支付的主要任务。

(一) 俄罗斯财政转移支付的基本方式

俄罗斯联邦政府实现财政转移支付的方式主要有:(1)一般性补助,以实现联邦主体基本公共服务保障水平均等化;(2)对某些专门支出提供专项补助和特别补助;(3)其他补助(见表6)。

表6　　　　　　　　俄罗斯转移支付主要类型

类型	定义	实现方式
一般性补助 (дотации)	无偿地、不需返还提供给联邦主体预算,没有指定方向和限制条件,弥补经常性财政支出不足,拉平联邦主体间财政保障水平	联邦对联邦主体财政支持基金
专项补助 (субвенция)	无偿、不需返还提供给联邦主体和地方预算,用于保障按法律规定转移给联邦主体和地方预算的联邦支出责任的完成	联邦补偿基金
特殊补助 (субсидия)	在联邦主体国家机关、地方自治政府履行本级或与联邦政府共同的支出责任时,联邦预算对联邦主体预算、地方预算的配套拨款	联邦共同支出基金

在向联邦主体和地方预算提供财政援助时,俄罗斯联邦国家权力机关享有如下权力:(1)对获得财政援助的联邦主体和地方预算预算进行检查;(2)如果联邦主体和地方获得财政援助的金额超过其汇总预算支出的50%,则需对该联邦主体和地方预算进行强制性检查;(3)财政部的监督机关、联邦审计署可以对联邦主体和地方预算进行检查。

在联邦预算向联邦主体预算提供最低预算保障水平均等化财政援助时,必须签订由联邦国库执行联邦主体预算的协议。获得最低预算保障水平均等化财政援助的联邦主体：（1）使依靠联邦主体预算资金拨款的公务员待遇条件（工资、差旅费和其他支出）高于联邦机关公务员（考虑工资的地区系数以后）；（2）向法人提供预算贷款规模超过联邦主体预算支出的3%；（3）提供联邦主体国家担保规模超过其预算支出的5%。

1. 一般性补助（дотации）。一般性补助是指无偿地、不需返还地提供给联邦主体预算，以弥补其经常性支出不足的财政资金。一般性补助以联邦对联邦主体财政支持基金的方式实现转移支付。对各联邦主体实施一般性补助的具体规模依据联邦主体预算保障水平确定，即在综合考虑居民人数、社会经济、地理气候等会对联邦主体提供基本公共服务水平产生影响的客观因素，对各联邦主体居民人均享有的税收基数进行测算的基础上确定。

一般性补助作为联邦政府预算草案的一部分提交国家杜马审查，在国家杜马二读时获得批准。

俄罗斯用于均衡最低预算保障水平的转移支付属于一般性补助，主要指联邦对联邦主体财政支持基金。该基金形成于1994年，以全国财力均等化为目标，按政府制定的统一方法和公式计算，使转移支付的透明度和可预测性有了一定程度的提高。

在计算某联邦主体是否可以获得一般性补助时，对该联邦主体的预算保障水平进行评估是前提，即首先需要对该联邦主体的税收能力系数和预算支出系数进行测算。也就是说，每一联邦主体的预算保障水平取决于该辖区居民人均拥有的税收资源（税收能力）以及该联邦主体的预算支出系数。但该联邦主体的预算保障水平高于全国平均预算保障水平时，该联邦主体不可获得一般性转移支付，当该联邦主体的预算保障水平低于全国平均预算保障水平时，则可获得一般性转移支付。所谓全国平均预算保障水平是依照除去10个最高预算保障水平联邦主体、10个最低预算保障水平联邦主体，以其余联邦主体预算保障水平平均值的方法确定。

对于联邦主体预算保障水平的测算实际上反映了各联邦主体以自有收入弥补最低必要支出的程度。

俄罗斯将联邦对联邦主体财政支持基金分配方案的步骤确定为：

（1）明确联邦主体基本预算保障水平。

$$БО_i = \frac{ИНП_i}{ИБР_i}$$ （$БО_i \geq 1$ 的联邦主体不享受一般性转移支付）

其中：

БО$_i$——联邦主体得到基金补贴前的预算保障水平；

ИНП$_i$——俄罗斯联邦主体人均税收潜力指数；

ИБР$_i$——俄罗斯联邦主体预算支出指数，即俄罗斯联邦主体为居民提供单位预算服务的人均支出与全国平均水平相比的指数。

（2）确定各联邦主体应得自基金的资金数额。联邦对联邦主体财政支持基金仅对预算保障水平低于全国平均预算保障平衡的联邦主体发放。基金分两阶段按不同的预算保障标准划拨，БО$_i$≥0.8 的联邦主体不参与第一阶段一般性转移支付，即第一阶段仅对预算保障水平不高于平均水平 60% 的联邦主体提供，其公式为：

$$T1_i = П × A × (K_1 - БО_i) × ИБР_i × H_i$$

其中：

T1$_i$——第一阶段基金补贴；

П——0.85，即将联邦主体预算保障水平与预算保障平衡标准差距缩小 85%；

A——联邦主体人均税收收入；

K$_1$——60%，第一预算保障标准；

H$_i$——联邦主体常住居民人数。

第二阶段基金补贴的对象是第一阶段补贴后预算保障水平依然不到全国平均水平的联邦主体，其计算公式为：

$$T2_i = A × \left[K2 - \left(\frac{T1_i}{ИБР_i × H_i × A} + БО_i \right) \right] × ИБР_i × H_i$$

其中：

T2$_i$——第二阶段基金补贴；

K2——100%，第二预算保障标准。

在确定预算支出指数后，在计算转移支付额时，还要参照由俄罗斯联邦政府确定的住房公用事业以及社会生活的支出标准。这类定额标准由俄罗斯国家建设委员会、财政部、经济发展部共同制定。

以 2016 年对住房公用事业的补贴资金需求的计算为例，各联邦主体的补贴金额为：俄罗斯联邦政府确定的 2016 年每月提供 1 平方米的住房公用事业服务的联邦定额标准，乘以预算支出标准（1－0.9），乘以人均住房面积保障标准，乘以联邦主体的居民人数，再乘以 12 个月。计算公式如下：

$$Д_{ЖКХ} = Ф_С × (1 - 0.9) × Н_{ИЛ} × Ч_П × 12$$

其中：

Дж к х — 年住房公用事业补贴额;

Фс — 俄罗斯联邦政府确定的 2014 年每月提供 1 平方米的住房公用事业服务的联邦标准;

(1 - 0.9) 或 0.1 — 预算支出占住房公用事业建设支出总额的比重;

Нил — 住房面积人均社会标准;

Чп — 联邦主体的居民人数。

2. 专项补助（субвенция）。专项补助是指提供给联邦主体预算和地方预算，用于补偿其履行联邦政府授权支出责任的财政资金。

提供给联邦主体的专项补助的方法由联邦法律、联邦政府相关法规和总统令确定。专项补助作为联邦政府预算草案的一部分提交国家杜马审查，在国家杜马二读时获得批准。

俄罗斯联邦预算通过联邦共同支出基金对联邦主体和地方预算进行专项转移支付。联邦共同支出基金建于 2002 年，主要用来对重大的社会性优先支出项目，如教育、卫生、文化、社会保障、对居民的社会救助等进行拨款，每一联邦主体在遵守一定规则的情况下，都可从该基金中得到资助。

专项补助是按照统一的方法，依据联邦主体居民人数、相应公共服务需求人数，履行相应支出责任的预算拨款标准，以及影响联邦主体和地方政府提供该公共服务成本的客观条件等因素确定的。

3. 特殊补助（субсидия）。特殊补助是指由联邦预算转移支付给联邦主体预算和地方预算，用于补偿联邦主体国家机关履行本级支出责任，以及与联邦共同管辖事务的支出责任，以及地方自治机构解决本地问题的预算资金。

获得特殊补助的联邦主体和地方政府的遴选标准和程序，特殊补助的支出目的和条件，由联邦法律和联邦政府相关法规确定，政策期限不得低于 3 年。

特殊补助在联邦主体和地方政府间的划分由联邦预算法和联邦政府相关法规确定。

俄罗斯联邦转移支付主要类型见表 6。

俄罗斯联邦预算通过联邦补偿基金对联邦主体和地方政府进行特殊转移支付。联邦补偿基金建于 2001 年，基金来源于增值税收入的 15%，即以前划归联邦主体预算的共享税收入部分。补偿基金以专项补贴的方式划拨给联邦主体，用于联邦委托项目支出，以保障各地区居民都能享有基本同质的社会公共服务。补偿基金主要用于以下联邦法律在联邦主体和地方的实施："有子女公民国家补贴""俄罗斯联邦残疾人社会保障""政治迫害平反补贴""受核辐射影响公民社会保障"等。

(二) 转移支付对俄罗斯各级财政的影响

转移支付使俄罗斯各级财政收支结构发生了显著变化。转移支付前,俄罗斯联邦政府财政收入占到联邦汇总财政收入的 60% 以上,联邦主体汇总财政收入不到联邦汇总财政收入的 40%。转移支付使俄罗斯联邦政府的财政支出占比出现了明显下降,降到了 60% 以下,平均下降了 10%;联邦主体汇总财政支出占比出现了一定程度提升,平均升高了 20%。

对于地方政府来说,转移支付更是最为重要的收入来源,通过联邦政府特殊补助和专项补助、地区对居民区财政支持基金、地区对区财政支持基金、地区补偿基金等,地方政府得到上级财政的转移支付约占到地方财政收入的 60% 以上。

四

启示与借鉴

(一) 过度分权导致俄罗斯联邦权力失控

苏联解体后,俄罗斯各地方纷纷发表"独立宣言",要求以主权国家身份加入俄罗斯,并宣称地方法律效力高于联邦。此时,俄联邦政府不仅未予及时制止,为了在政治博弈中取得地方势力的支持,甚至纵容地方侵占联邦主权。叶利钦的名言"你们能拿走多少主权就拿走多少",使地方扩大主权的欲望无限膨胀。地方自由立法,地方法规与国家宪法和联邦法律相违背,使俄罗斯的统一与稳定受到极大威胁。

在政治放权的同时,俄罗斯还将独立管辖地方经济与社会发展的权限赋予了地方:地方政府有权独立开展对外经济活动,有权建立新的经济管理部门,地方预算独立,享有与联邦同等权力。全面开放财权,将涉及地方税费的所有权限全部赋予地方,地方税费的立法权、征收管理权、政策调整权等均被划归地方。

在市场机制缺失、监督机制乏力的情况下,这一举措的后果是极其严重并具有灾难性的。不受任何约束与制约的地方政府开始疯狂敛财,一时间俄罗斯各级地方税费暴增。过多过滥的税费加剧了税收秩序的混乱,加重了企业和居民的负担,成为真正的"死亡税率",严重侵蚀了联邦税基,使联邦税费收入进一步减少。

"所有中央集权的瓦解一定始自中央税收来源的枯竭。"[①] 在俄罗斯这样的前车之鉴并不鲜见,苏联解体很重要的一个原因就在于中央财政收入占比逐年下降,国库空虚,中央政府对国家政治经济的控制力被严重削弱。而在此时,俄罗斯联邦政府也面临着同样的威胁:失去财力支撑与财权制约的联邦政府,也随之失去了对地方政府的掌控与约束,地方分离主义、民族分裂主义和经济分立主义重新抬头,国家的统一与稳定受到严重威胁,使俄罗斯"面临沦为世界二三流国家的危险"[②]。

(二) 以立法确立联邦政府财政权威

要在俄罗斯这样一个民族众多、幅员辽阔的国家实现政治稳定、经济增长,就必须加强联邦权威,建立一套完整的国家宏观调控体系,加大国家对经济和社会总体进程的影响。然而,国家宏观调控体系的建立需要以强大的财力为依托,这就使保障国家财力的税收成为俄罗斯强国梦实现的关键。为此,普京一上台就将税制改革作为维护俄罗斯国家经济安全、保护国家领土完整的任务提上议事日程。

首先,加紧制订新的税收法规,《税法典》赋予了俄联邦广泛的税收立法权,除拥有联邦税的税收立法权外,其他各级税收的设立也要遵循联邦法律。同时,《税法典》还强调指出,法典所列税种详尽无遗、不可增补,税收的立法权(包括征收的税种、税率、征税条件和税收分配等)统一收归联邦议会。同时,《税法典》还对地方政府的税收权限予以了严格限定:各级地方政府必须服从联邦政府的税收政策和法令,只有地方税种的税率,可由地方在联邦规定的范围内进行调节。

税收权限及税收收入向联邦的归集,使俄联邦财政收入迅速提高,由低于50%逐步提高到60%,进而长期稳定在65%左右。财力的快速提升使俄联邦对地方政府的掌控能力有效增强。

---

① 约翰·希克斯:《经济史理论》,商务印书馆2010年版。
② 引自普京就职演说《世纪之交的俄罗斯》。

(三) 明确事权划分，完善转移支付，保障各级政府有效运行

财力的集聚虽然有助于联邦控制力的提升，但其负面影响也随之显现：地方财政自主能力大幅下降；地方经济发展动力欠缺；地区间经济社会发展差异进一步加剧，最高及最低公共服务保障水平差距高达45倍。

财政收入能力的有限促使俄地方政府寻找一些非正式手段增加本级收入，如建立预算外基金、拖欠支出、不按规定比例上缴税收、希望通过谈判单边提高联邦财政援助、从地方银行大量举债等。这一系列状况不仅扭曲了平等竞争条件，恶化了税收环境，破坏了财经纪律，纵容了贪污腐败，还极大地降低了预算的可预见性及透明度，加大了联邦对地方财政的监控难度，危害了国家财政体系的健全。贫富差距过大的地方财政状况进一步激发了地区分裂主义和地方恐怖主义行为。为此，俄联邦政府一方面加紧完善政府间支出责任的划分，另一方面紧急修订对地方政府的转移支付制度。

(四) 配合财权集聚上收部分支出责任

为配合财政收入向联邦的集聚，俄罗斯将负责全国性公共服务的支出责任划归联邦。与地方密切相关，但地方政府无力独自承担或需要跨地区解决的一些支出责任，也归属于联邦或由联邦政府担负起主要的支出责任，如对工业、建筑、煤水电、农业、通讯运输等领域的支持；对居民的社会保障；环境与生态保护；发展基础设施；保障联邦关系和民族关系正常发展；开展公共教育等。

除此之外，俄罗斯还将部分原属于地方政府的支出责任上收到联邦政府，如对老战士和残疾人的社会保障支出，征兵支出，军人和国家公务员补贴，地质勘探、大型水利设施建设支出等。

通过明晰事权，上收部分支出责任，俄罗斯基本构建起各级政府财权与事权大致相当的财政体制。

(五) 构建客观均衡的转移支付体系

为实现联邦对地方的掌控以及地方间的横向均衡，俄罗斯以多种方式实施对地方的转移支付。例如，以一般性转移支付促进各地区公共服务均等化；以

专项转移支付补助地方政府完成联邦授权事务;以特殊转移支付补偿地方与联邦共同管辖事务支出。

俄罗斯转移支付因按政府统一制定的方法和公式计算,使转移支付的透明度、确定性以及可预测性得到极大提高,也使转移支付在强化联邦政府的宏观调控能力,贯彻国家宏观调控政策意图,抑制日趋扩大的区域发展差距,缓解公平与效率之间的矛盾,增强财政资金边际使用效益,促进资源有效配置等方面发挥了十分重要的作用。

借鉴

(一) 统一税收权限

中国与俄罗斯一样,疆域辽阔、民族众多、地区间资源禀赋差异较大,为保障国家的统一、社会的稳定和地区间的融合,税收立法权不宜分散。但可给予地方适当的税收调节权,以调动地方政府组织经济与地方税收的积极性。

(二) 上收部分支出责任,增强中央政府直接控制能力

当前,我国中央政府财政收入约为全部财政收入的45%,这一比重从世界各国来看并不高,约为俄罗斯联邦政府财政收入占比的70%。但与俄罗斯不同的是,我国中央政府的直接支出比重偏低,不到全部财政支出的15%,仅为俄联邦政府财政支出占比的1/4。数额庞大的转移支付不仅挤占了中央本级财政支出,使中央政府的直接控制能力受到影响与制约,同时,设计不尽规范合理的转移支付还带来一定规模的经济损失和效率损失。

为此,应压缩转移支付规模,提高中央财政支出比重,增强中央政府直接控制能力。同时,上收部分支出责任,除影响国家全局、保证国家长治久安、维护国家统一的事权归属中央外,养老、医疗、教育等事关全国民众的基本公共服务,以及有较强外部性的司法、环保监管、食品和药物安全、跨区域基础设施的支出责任,也应上收中央。

(三) 建立科学、规范的转移支付体系

我国中央对地方转移支付种类繁多，但均衡性转移支付占比仅为18%，"一项政策、一项转移支付"的实际操作方法导致转移支付管理混乱、可预见性差、透明度低。为此，应较快构建科学、规范的转移支付体系，明确转移支付确立原则、设立程序及支付标准，清理归并转移支付类型，扩大公开透明范围，提升转移支付管理效率。

参考文献

［1］ Закон РФ от 27.12.1991 《Об основах налоговой системы в Российской Федерации》 № 2118 – 1.

［2］ Бюджетный кодекс Российской Федерации (по состоянию на 4 февраля 2016г.). Федеральный закон от 31 июля 1998 г. № 145 – ФЗ, Бюджетный кодекс РФ 2019, https://vladrieltor.ru/budgetkodeks.

［3］ Постановление Правительства РФ от 30.07.1998 《О Концепции реформирования межбюджетных отношений в Российской Федерации в 1999 – 2001 годах》 № 862.

［4］ Постановление Правительства РФ от 15.08.2001 《Программа развития бюджетного федерализма в Российской Федерации на период до 2005 года》 № 584.

Федеральный закон от 06.10.2003 《Об общих принципах организации местного самоуправления в Российской Федерации》 №131 – ФЗ.

［5］ Федеральные законы от 20.08.2004 《О внесении изменений в Бюджетный кодекс в части регулирования межбюджетных отношений》 №120 – Ф.

［6］ Федеральные законы от 26.04.2007 《О внесении изменений в Бюджетный кодекс Российской Федерации в части регулирования бюджетного процесса и приведении в соответствии с бюджетным законодательством Российской Федерации отдельных законодательных актов Российской Федерации》 №63 – ФЗ.

［7］ Постановление Правительства РФ от 08.08.2009 《Концепция

межбюджетных отношений и организации бюджетного процесса в субъектах РФ и муниципальных образований до 2013 г. 》№1123.

［8］ Информация о результатах мониторинга местных бюджетов Российской Федерации по состоянию на 1 января 2016года（период мониторинга － 2015год）.

［9］ Информация о результатах мониторинга местных бюджетов Российской Федерации по состоянию на 1 января 2017 года（период мониторинга － 2016од）.

［10］ Информация о результатах мониторинга местных бюджетов Российской Федерации по состоянию на 1 января 2018года（период мониторинга － 2017год）.

［11］ Информация о результатах мониторинга местных бюджетов Российской Федерации по состоянию на 1 января 2019года（период мониторинга － 2018 год）.

［12］ Бежаев О. Г., Зарубин А. В. Резервы повышения эффективности межбюджетных отношений в РФ // Финансы － 2013. － №10. － 11с.

［13］ Бочаров В. В., Леонтьев В. Е., Радковская Н. П. Финансы. Общие вопросы: Учебник для вузов / под ред. Бочаров В. В., Леонтьев В. Е., Радковская Н. П. － М.: 2012. － 400 с.

［14］ Вахрин П. И. Бюджетная система Российской федерации: Учебник / Под ред. П. И Вахрина. － М.: Дашков и К, 2012. － 344 с.

［15］ Врублевская О. В. Бюджетная система Российской Федерации: Учебник / Под ред. О. В. Врубленской, М. В. Романовского. － М.: Питер, 2012. － 534 с.

［16］ Годин А. М. Бюджет и бюджетная система Российской Федерации: Учебник / Под ред. А. М. Година, И. В. Подпорина. － М.: Прогресс － Академия, 2013. － 439 с.

［17］ Дробозина Л. А. Финансы: Учебник / Под ред. Л. А. Дробозиной. － М.: ЮНИТИ － ДАНА, 2013. － 527с.

［18］ Лавров. А. М. Бюджетная реформа: от управления затратами к управлению результатами, Москва, 2016

［19］ Лавров А., Литвак Дж., Сазерленд Д. Реформа межбюджетных отношений в России: "федерализм, создающий рынок" // Вопросы экономики 2012. №4. – 15с.

[20] Мокрый В. С. Межбюджетные отношения и финансовые основы местного самоуправления // Финансы 2012. №6. – с. 9.

[21] Никулина Е. В. Бюджетная система Российской федерации: Учебник / Под ред. Е. В Никулиной. – Белгород. : БелГУ, 2013. – 112 с.

[22] Ниязметов А. К. Тенденция развития межбюджетных отношений в Российской Федерации // Финансы и кредит, № 11 (348) 2013. – 36 –39с.

[23] Парыгина В. А. , Тедеев А. А. , Мельников С. И. Бюджетная система РФ. – Ростов н/Д: Феникс, 2012. – 544 с.

[24] Райзберг Б. А. , Лозовский Л. Ш. , Стародубцева Е. Б. Современный экономический словарь. 5 – е изд. , перераб. и доп. – М. : ИНФРА – М, 2013. – 495 с.

[25] Редакция журнала. Межбюджетные отношения в новой экономической ситуации // Финансы – 2013. № 9. – 3с.

[26] Поляк Г. Б. Бюджетная система России. М. : ЮНИТИ, 2012. – 531 с.

[27] Преображенский Б. Г. Межбюджетные отношения в мировой и российской практике. – Воронеж. : Изд – во Воронежского гос ун – та, 2012. – 160 с.

[28] Семенко Г. В. Государственное субсидирование и выравнивание местных бюджетов во Франции // Финансы – 2013. – № 4. – 52с.

[29] Фаттиева А. Р. Межбюджетные отношения в условиях федерализма: Учебник / Под ред. А. Р. Фаттиевой, Д. М. Гаджикурбанова. – Ижевск. : ИжГТУ, 2012. – 144 с.

[30] Фетисов В. Д. Бюджетная система Российской федерации: Учебник / Под ред. В. Д. Фетисова. – М. : ЮНИТИ – ДАНА, 2012. – 368 с.

[31] Хиви Дж. Финансы местных органов власти в США // Финансы 2013. №10. – с. 5.

[32] Бюджетные ассигнования по расходам федерального бюджета на 2018 год и на плановый период 2019 и 2020 годов, https: //www. minfin. ru/ru/document.

俄罗斯联邦地方预算收入中的联邦税和地区税

[俄] 恩·弗·波克罗弗斯卡娅（著）　丁超（译）

摘要：俄罗斯地方预算的税收收入在很大程度上受联邦和地区政府监管，并不主要来自于地方税。研究联邦一级税收收入转移的比率，以及地区政府对地方自治政府收入的监管，联邦主体监管工具选择的原因和结果，使我们有可能正确评估俄罗斯地方财政经济发展的前景。

关键词：俄罗斯；联邦税；地区税

赋予地方政府广泛的税收权力、在上级政府规定的范围内授予权力、税务机关不参与的情况下分享税收、无偿转移税收收入是规范地方预算收入的工具。前三种情况下产生的收入根据地方政府、联邦政府和地区政府的决议计入市政预算。从高层级预算获得的无偿转移也是税收收入的重新分配，但其不一定来源于上

[作者简介] 恩·弗·波克罗弗斯卡娅，经济学博士，俄罗斯圣彼得堡国立经济大学教授。丁超，中国社会科学院俄罗斯东欧中亚研究所助理研究员。

缴预算的地方，因此公共服务利益原则可能会在地方一级受到破坏①。在大多数国家，规范预算间关系的优先权属于中央，其决定了地区和地方各级的税收来源②。地区政府为各市政当局分配财权，使得在各地平行存在不同的监管方式和工具。联邦和地区政府在地方预算收入监管中的相互关系，以及为此选择的工具，预先确定了地方自治政府的资金来源和职权（见表1）。

表1　　　　　　　　俄罗斯地方预算汇总收入的结构

	2007年	2008年	2009年	2010年	2011年	2012年	2013年	2014年	2015年	2016年	2017年
无偿转移	60	59	61	59	61	62	61	64	64	64	64
税收收入	29	30	30	31	29	30	31	27	28	29	29
1. 地方税	6	5.5	7	7	6	7	7	7	7	7	7
2. 联邦政府决议转移的收入	14	15	15	16	15	11	11	8	9	9	9
3. 地区政府决议转移的收入	9	9.5	8	8	8	12	13	12	12	13	13
3.1 联邦税	7.9	7.9	6.7	6.4	6.3	11	11.5	10.5	10.5	10.9	10.7
3.1.1 个人所得税	6.1	5.9	5.9	5.7	5.5	10.7	11.1	9.5	9.4	9.6	9.6
3.1.2 利润税	1.7	1.6	0.5	0.7	0.7	0.3	0.3	0.3	0.3	0.2	0.2
3.2 地区税	1.1	1.6	1.3	1.6	1.7	1	1.5	1.2	1.4	1.5	1.8
3.2.1 简化税制收入	0.6	0.7	0.6	0.7	0.7	0.7	1.2	0.9	1.0	1.1	1.4
3.2.2 企业财产税	0.3	0.4	0.5	0.5	0.5	0.1	0.2	0.1	0.1	0.1	0.1

注：不包括莫斯科和圣彼得堡市的预算，其财政独立核算。
资料来源：根据俄联邦国库网站公布的2007—2017年俄联邦主体和地方预算执行情况核算。

目前，俄罗斯地方预算的税收收入在很大程度上受联邦和地区政府监管，

---

① Салина Н. В. Принцип эквивалентности услуг в местных финансах // Вестник СПбГУ. Сер. 5. Экономика. 2011. Вып. 4. С. 99 – 106.
② Покровская Н. В. Налоги в доходах местных бюджетов стран ОЭСР // Экономика. Налоги. Право. 2014. №3. С. 33 – 37.

并不主要来自于地方税（见表1）。研究联邦一级税收收入转移的比率，以及地区政府对地方自治政府收入的监管，联邦主体监管工具选择的原因和结果，使我们有可能正确评估俄罗斯地方财政经济发展的前景。

俄联邦政府对地方预算税收收入的监管

联邦一级首先是通过税收权力的划分对所有层级的预算收入进行监管。从这个角度来看，地方税也是市政预算根据联邦决议创收的一个来源。目前，不仅俄罗斯联邦税法中直接提及的土地税和个人财产税可以归为地方税，2011年起对收入征收的单一税也全部计入地方预算（自2005年起单一税收入的90%计入地方税，其余10%纳入预算外基金），地方政府有权确定该税的税基。地方税对市政收入没有重要作用，它们占地方预算汇总收入的6%—7%，占税收收入的20%—26%（见表1）。在俄罗斯集中税制的框架内，各级政府税收利益的协调不仅包括税收权限的划分，也包括税收收入的划分[1]。

在俄罗斯财政联邦制形成的过程中，优先考虑到联邦中央和地区预算间关系的协调。在20世纪90年代前半期，联邦主体自主确定权力和职权，并在其与联邦中央的具体协议中体现出来[2]。地方政府获得了俄罗斯现代史上最大的税收权力，其收入主要在地区一级进行监管。1992年税收立法提议形成非公开的地方税收清单。然而，从1994年开始，地区和地方政府在其范围内获得了无限的税收权力。自1997年起，在地区一级废除了这项规定，并要求市政机关作出类似的决定。这是俄罗斯联邦税收制度发展最复杂的时期之一。税收数据的缺失也使得分析变得更为复杂。各个市政机关不断尝试编制地方税。考虑到并不是所有情况下都能够正式遵循法定的税收程序，即使是形成该时期地方税的清单也是一项难以实现的任务。20世纪90年代中期地方政府税收自主权最大的情况，在地方预算收入中体现得并不明显，因为其中包括的影子经济规模非常庞大[3]。根据地区和联邦政府决议转移的税收占市政预算税收收入的一半以上。至1997年，各地区将其部分收入用于市政机关的政策不受联邦一

---

[1] Пинская. М. Р. Сочетание налоговых интересов всех уровней власти // Финансы. 2010. № 6. С. 34 – 38.

[2] Иванов В. В. Развитие бюджетно – налогового федерализма в России // Вестник СПбГУ. Сер. 5. Экономика. 2001. Вып. 1. С. 3 – 9.

[3] Теневая экономика и уклонение от уплаты налогов: монография / под ред. А. П. Киреенко. Д. Ю. Федотова. Иркутск : ИрГУПС. 2017. 202 с.

级的监管，而地方预算收入的大部分恰好是由地区政府转移的税收（包括所得税、利润税、增值税、消费税、自然资源使用费）所形成的①。

联邦政府对地区向市政转移税收收入的监管政策始于1997年。21世纪初俄罗斯开始扩大地区政府的预算税收自主权，而不是地方政府②。由于20世纪90年代后期至21世纪初的一系列税收和预算改革，地方政府税收权力极大降低，无偿转移成为监管市政收入的基础。1998年地区政府被赋予确定销售税的权力，60%的该税收入纳入市政预算。同时，23种地方税中废除了16种。总体而言，20世纪90年代末的税制改革对俄罗斯税收制度产生了积极影响，大大降低了地方政府的税收权力。1998年通过的税法第一章确定了五种地方税——个人财产税、土地税、遗产税或赠与税、广告税、地方许可费。

自2005年以来，法律规定了地方预算收入形成的现代程序。税法中的地方税减少到两项——土地税和企业财产税；地方政府单一收入税的特殊税费制度权力得到扩大，部分企业利润税不再强制纳入地方预算。预算法典确保了市政机关30%的个人所得税和60%的统一农业税。

为评估这些改革在地方预算收入中的反映，根据俄联邦国库网站公布的数据，分析了2007—2017年联邦主体和地区汇总预算收入、联邦主体地方汇总预算收入。在联邦主体地方汇总预算中，加入了城区、市政及城乡定居点预算，以及2016年以来的区预算。由于莫斯科和圣彼得堡城市地方预算收入形成的特殊性，它们被排除在考虑范围之外；为了可比性，2014年克里米亚共和国和塞瓦斯托波尔市的数据也没有列入分析。因此，考虑了俄联邦81个地区次级联邦预算的税收收入。

根据俄联邦国库数据（见图1），2007—2011年联邦主体地方汇总预算税收收入的主要部分是在联邦一级税收的基础上形成的，首先（90%以上）是个人所得税。在此期间，联邦政府转移的税收收入在70个联邦主体的地方汇总预算税收收入中占优势。

自2012年起，个人所得税在地方预算中的占比下降，税收转移的比率发生了变化。2012—2017年无论是在整个国家的地方汇总预算中，还是在50个联邦主体的汇总预算中，地区政府分配的税收收入占比更高。

---

① Фискальный федерализм. Проблемы и перспективы развития: монография / Под ред. И. А. Майбурова. Ю. Б. Иванова. М.: ЮНИТИ – ДАНА. 2015. 415 с.

② Иванов В. В. Эволюция межбюджетных отношений в современной России // Вестник СПбГУ. Сер. 5. Экономика. 2010. Вып. 2. С. 66 – 78.

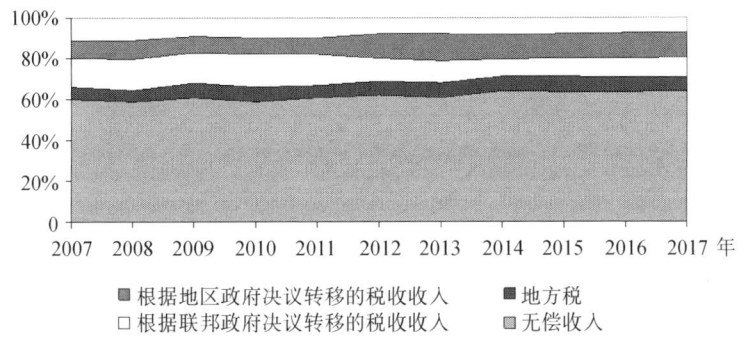

图1 2007—2017年俄联邦地方预算收入

资料来源：根据俄联邦国库网站公布的2007—2017年俄联邦主体和地方预算执行情况核算。

地区经济发展不平衡，导致经济和税收潜力失衡，使得无法在全国范围内通过引入统一的某些税种的转移标准对市政收入进行监管，这意味着需要在地区（联邦主体）层面重新分配税收收入。

二

地区政府对地方预算收入的监管政策

2005—2010年联邦政府对地方预算税收收入的管理制度保持不变，但监管市政收入的地区政策定期变更。在金融危机中不断变化的经济条件下，通过反复试验和失误，选择更为有效的地方预算形成工具。

市政收入中无偿收入的稳定流入雄辩地表明，税收转移并未成为地方一级预算的主要监管方式。地方预算中，联邦税占主导地位，在俄罗斯税收制度中更为重要。自从部分企业利润税强制性贷记到地方预算的政策被取消，反映在相应层级地方预算中的地区政府该项税收转移极大缩减（不仅向市政转移部分该项税收的联邦主体数量从2005年的40个减少到2013年的4个，该税所占的份额也有所降低），见表2。个人所得税在根据地区和联邦政府决议重新分配的预算收入中占最大份额。

2017年，分析中所包括的所有地区（莫斯科、圣彼得堡、塞瓦斯托波尔和克里米亚共和国除外），个人所得税和单一农业税超过联邦一级规定的份额，可计入市政预算。根据俄联邦预算法典第56章，地方预算中个人所得税占比不得低于15%，实际转移的份额平均为32%（根据地区政府决议相应份额平均占该主体汇总预算收入的17%），见表2。23个地区转移到地方的个人所得税占比为25%—30%，44个地区为30%—35%，10个地区为35%—

40%，4个地区超过40%。

表 2　　　　2017 年联邦主体地方汇总预算中的税收收入份额

	联邦主体数量	转移的收入份额（均值）	联邦主体地方汇总预算中的税收收入份额（均值）
个人所得税	81	17%	9.8%
消费税	81	7%	0.1%
单一农业税	81	29%	0.1%
简化税制收入	40	51%	2.3%
矿产资源开采税	15	62%	0.3%
企业财产税	11	27%	2%
赌博税	5	90%	0.004%
运输税	6	43%	1%
利润税	4	7%	0.2%
野生动物资源使用费	4	88%	0.001%

注：不包括莫斯科和圣彼得堡市预算，其财政独立核算。
资料来源：根据俄联邦国库网站公布的 2013 年俄联邦主体和地方预算执行情况核算。

简化税制相关的收入在地方政府收入形成（地区政府的税收转移）中排名第二。这表明该项税收规模实质上超过了企业利润税。

值得注意的是，虽然在财政联邦制理论中，财产税被认为最适合地方一级，仅在 11 个联邦主体（在阿尔泰共和国和卡拉恰伊－切尔克西亚共和国占 50% 的最大份额）企业财产税计入地方预算，在 6 个联邦主体中运输税纳入地方地算。有必要认识到地区财产税转移的相对较高的财政意义。

尽管在 15 个拥有矿产资源开采税的联邦主体中，有 7 个联邦主体的 90% 以上的该税收入转移到了市政机关，但并未在其收入中发挥重要作用。

分析地区政策在保障地方预算的部分税收收入中的作用表明，积极地对税收收入进行重新分配（见表 3），并不总是伴随着地方预算中无偿收入占比的降低。在地方预算中税收收入更为重要（其中包括涅涅茨自治区、滨海边疆区和鞑靼斯坦共和国）的地区，恰恰是那些没有向地方一级转移超额税收的地区。相反，在阿尔泰共和国，尽管全部简化税制收入、矿产资源开采税、野生动物制品使用费和一半的财产税均纳入到市政预算，无偿收入依然占 78% 以上。

表3　　　　2017年地区政府向地方预算转移的超额税收收入

	联邦主体数量	联邦主体地方汇总预算的平均值	
		税收收入份额	无偿收入份额
没有税收转移	28	62.5%	30.1%
一项税收转移	32	66.9%	27.0%
两项税收转移	11	63.7%	29.3%
三项税收转移	9	65.4%	28.7%
四项税收转移	1	78.7%	21.3%

注：地区政府（全部或部分）转移到市政机关的税收收入（个人所得税、单一农业税、消费税、统一收入认定税和专利税的超额收入除外），不包括莫斯科和圣彼得堡市预算，塞瓦斯托波尔市和克里米亚共和国预算。

资料来源：俄联邦国库公布的2007—2017年俄联邦主体和地方预算执行情况。

尽管可以重新分配给地方预算的税种超过10余项，对俄罗斯市政来说最重要的依然是个人所得税。由于联邦一级转移的该税税收减少（2014年起仅为2005—2011年的1/2）将显著降低地方预算收入，这不太可能被个人财产税的增加所抵消。

增值税的税收豁免及其在俄罗斯次级联邦支出融资中作用

［俄］斯捷潘·布科夫（著）　丁超（译）

摘要： 在俄罗斯预算联邦制的发展过程中，在相当长的一段时间内，增值税在次级联邦支出融资中发挥了重要作用。但随着俄联邦预算间关系改革构想的发布以及俄联邦税法的生效，俄罗斯各级预算税收收入开始重新分配，增值税纳入联邦预算。但俄罗斯预算关系改革并未消除增值税的再分配效应，其税收豁免延续至今，对俄罗斯次级联邦支出融资产生了显著影响。

关键词： 俄罗斯；增值税；次级联邦融资

在俄罗斯预算联邦制的发展过程中，在相当长的一段时间内，增值税在次级联邦支出融资中发挥了重要作用：从1994年到2000年，增值税占地区汇总预算收入的1/4，虽不稳定，但

［作者简介］斯捷潘·布科夫，俄罗斯后贝加尔国立大学副教授。丁超，中国社会科学院俄罗斯东欧中亚研究所助理研究员。

至少平均达到了地方预算收入的8%①、联邦主体预算收入的13.4%②。

然而,随着俄联邦预算间关系改革构想的通过以及俄联邦税法的生效,各级预算税收收入的分配开始基于新的原则,增值税收入不再作为次级预算收入的来源。实际上,增值税税基依赖于经济形势,不依赖于地区和地方政府行为,其具有流动性且在全国范围内分布极不均匀。因此,只有大城市和经济发达地区(即使不征收增值税也有足够的税收收入保障)能够通过强化该项税收来充实地区和地方预算。这就预示着要将增值税纳入联邦预算,以便随后通过财政援助机制实现地区预算的均等化。

此后的15年来,增值税一直被纳入联邦预算。然而,21世纪初进行的预算间关系改革并未从根本上消除增值税的再分配效应,税收豁免延续至今。

增值税的豁免清单包括72项③,载于俄联邦税法典第1—第3章中。除了专业文献④中具体讨论的其适用的法律依据上的差异,本文将详细讨论这些豁免的经济含义。我们将综合分析俄联邦税法第149条与第21条、欧盟理事会2006年出台的第112号指令"关于增值税的一般制度"⑤(以下简称指令),以及学者和一系列政府机构关于增值税理论和政策的著作,进而提出,根据功能特征我们可以将上述豁免分为三个相互独立的类型。

第一类是仅具有技术性的豁免。通常来讲,其目的是避免重复征税、资本外流,提高增值税制度的中立程度,以及从总体上消除无任何经济意义的增值税。技术性增值税的豁免范围特别包括了以预算资金为代价的研发税税收豁

---

① Чернявский А. В. Анализ развития муниципальных финансов в России в 1992 – 2002 годах / А. В. Чернявский. – М. : Фонд《Институт экономики города》. – 2003. – С. 42.

② См. Финансы России: статистический сборник / Госкомстат России. – М., 2000. – 310 с.; Финансы России: статистический сборник / Госкомстат России. – М., 1998. – 248 с.; Финансы в России: статистический сборник / Госкомстат России. – М., 1996. – 161с.

③ Данные приведены по состоянию на 1 января 2018 года.

④ См. напр. Лермонтов Ю. М. Льготы по налогу на добавленную стоимость: официальные разъяснения и судебная практика – освобождение от НДС // Аудитор. – 2014. – № 6 (232). – С. 59 – 67; Лермонтов Ю. М. Льготы по налогу на добавленную стоимость: официальные разъяснения и судебная практика – отказ от НДС // Аудитор. – 2014. – № 7 (233). – С. 78 – 87; Лермонтов Ю. М. Операции, не облагаемые налогом на добавленную стоимость // Бухгалтерский учет в бюджетных и некоммерческих организациях. – 2011. – № 9. – С. 20 – 27 и др.

⑤ Директива Совета 2006/112/ЕС от 28 ноября 2006 года《Об общей системе налога на добавленную стоимость》(URL: http: //eur – lex. europa. eu/legal – content/EN/ALL/? uri = CELEX: 32006L0112) принята в целях гармонизации косвенного налогообложения в ЕС и действует с 1 января 2007 года, заменив действовавшую до того момента широко известную Шестую директиву; с учетом необходимости гармонизации косвенных налогов является в настоящий момент одним из наиболее значимых документов в области налогообложения добавленной стоимости.

免，专项社会经济规划实施期间为军人建设的住房交易的税收豁免，免税店商品销售的税收豁免等①。

第二类是基于经济效率原则的税收豁免：节约税收成本，确保便利性和合理性②。与技术性豁免相区别，对这些交易征税普遍存在某些经济依据，但从国家和纳税人的收益和成本的角度来看却是无效的。传统上，这类税收豁免包括金融交易（银行业务；证券、保险和外汇市场服务等）③、贵金属交易④、黑色和有色金属交易⑤等⑥。

其余为第三类，其存在显然只能通过社会公正和税收平等的原则来解释。总体来说，包括俄联邦税法典第149条计入的42项依据。反向思考，可以假设这些与立法者的特定意图有关。

根据某些研究者的评估，提供豁免的原因在于提供服务时会产生巨大的积极外部效应，如教育和医疗。根据其他研究⑦，立法者试图通过豁免来保障社

---

① Полный перечень: пп. 13, 16, 17, 18 п. 2 и пп. 9, 10, 11, 16 и 19 п. 3 ст. 149 НК РФ (9 оснований).

② Стоит отметить, что некоторые ученые объединяют первую и вторую группу освобождений, именуя их в целом техническими (см. например Мерзляков К. В. Льготы и освобождения по налогу на добавленную стоимость: автореф. дисс ⋯ кандидата экономических наук: 08.00.10 / МЭСИ. – Москва, 2004. – с. 15 – 16, 19 – 22), однако на наш взгляд необходимо все же различать полное отсутствие экономического объекта налогообложения и целесообразность налогообложения, поскольку во втором случае есть перспективы налогообложения этих операций в будущем.

③ См. напр. Теория налогообложения. Продвинутый курс: учебник для магистрантов, обучающихся по специальностям 《Финансы и кредит》, 《Бухгалтерский учет, анализ и аудит》 / И. А. Майбуров, А. М. Соколовская. — М.: ЮНИТИ – ДАНА, 2011. С. 494 – 496; John F. Due. Economics of value added tax // The Journal of Corporation Law. – Fall 1980. P. 78; Schenk A., Oldman O. Value Added Tax: A Comparative Approach. Part of Cambridge Tax Law Series / A. Schenk, O. Oldman. – New York: Cambridge University Press, 2007. – p. 301 – 317; P. Gendron (2006) Value Added Tax Treatment of Financial Services: A Developing Country Perspective. ITP Paper 0606, URL: http://www – 2. rotman. utoronto. ca/iib/ITP0606. pdf; P. Gendron (2007) Value – Added Tax Treatment of Financial Services: An Assessment and Policy Proposal for Developing Countries. ITP Paper 0701, URL: http://www – 2. rotman. utoronto. ca/iib/ITP0701. pdf и др.

④ Гончаренко Л. И. операции банков с драгоценными металлами: проблемы налогообложения и освобождения от НДС // Налоговая политика и практика. – 2008. – No 9. – С. 44 – 51.

⑤ Гончаренко Л. И. Еще раз о вопросах налогообложения доходов по операциям с ломом и отходами черных и цветных металлов // Налоговая политика и практика. – 2008. – No 2. – С. 4 – 10.

⑥ Полный перечень: пп. 11, 12, 12.1, 12.2, 25, 28 – 30 п. 2 и пп. 3, 3.1, 4, 5, 7, 7.1, 8.1, 15, 15.2, 25, 26, 33, 34 п. 3 ст. 149 НК РФ (21 основание).

⑦ См. напр. Мерзляков К. В., указ. соч., с. 24.

会公正和间接税的更大进步。然而,很多学者①对在增值税框架内实现预期效果的可能性持怀疑态度。

我们完全赞同最后这种观点。我们注意到,无论是从确定最终受益人②,还是从确定预期的结果方面,增值税豁免的有效性都值得商榷。增值税豁免的受益人并不明显,卖方有可能全部或部分挪用豁免的收益③,因为这种福利的需求价格弹性较低,例如医疗和运输服务。关于预期结果,我们的怀疑是基于这些豁免不存在任何形式和任何程度的功能性目的。

与此同时,考虑到第三类税收豁免导致的税收收入下降的动态和重要性(见图1),以及由西方制裁和世界能源价格下跌引起的各级预算预期收入下降,有必要在评估税收支出效率的同时,考察这种机制与现阶段俄罗斯预算关系监管原则的一致性。

如图1所示,近5年该项税收优惠导致的税收损失相当于联邦预算税收收入的5.48%,联邦主体汇总预算收入的4.84%,并且无论是绝对值还是相对值均呈现出上升态势。这些流失的收入在2017年底(3095.8亿卢布)超出了俄联邦运输和土地税的总和(2750亿卢布),以及85个联邦主体中82个主体

---

① См. напр. Ланг Йоахим. Проект кодекса налоговых законов для государств Центральной и Восточной Европы / пер. с нем.: Alltext Fremdsprachendienst, Inh. Eva – Maria Steiger. – Бонн: Федеральное министерство финансов ФРГ, 1993, ч.1 с. 205, ч.2 с. 321 – 322; Теория налогообложения. Продвинутый курс: учебник для магистрантов, обучающихся по специальностям 《Финансы и кредит》, 《Бухгалтерский учет, анализ и аудит》/ И. А. Майбуров, А. М. Соколовская. — М.: ЮНИТИ – ДАНА, 2011, с. 188, 495; COM(2011)851 final: Communication on the future of VAT. Towards a simpler, more robust and efficient VAT system tailored to the single market. URL: http://ec.europa.eu/taxation_customs/resources/documents/taxation/vat/key_documents/communications/com_2011_851_en.pdf; OECD/Korea Institute of Public Finance(2014), The Distributional Effects of Consumption Taxes in OECD Countries, OECD Tax Policy Studies, No. 22, OECD Publishing, Paris. DOI: http://dx.doi.org/10.1787/9789264224520 – en и др.

② Более подробно см. Быков С.С., Майбуров И.А. Соловьева Н.А. Теоретическое обоснование классификационных признаков налоговых льгот / Налоговые льготы. Теория и практика применения. Монография для магистрантов, обучающихся по программам направления 《Финансы и кредит》 и аспирантов, обучающихся по научной специальности 《Финансы, денежное обращение и кредит》// под ред. И. А. Майбурова, Ю. Б. Иванова. М.: ЮНИТИ – ДАНА, 2014, с. 55 – 71.; Быков С. С. Классификация налоговых льгот как условие и этап оценки их эффективности // Известия Иркутской государственной экономической академии. – 2013. – № 5. – С. 20 – 26.

③ Механизм аналогичен механизму переложения бремени на покупателя; о механизме переложения бремени на покупателя подробнее см.: Теория налогообложения. Продвинутый курс: учебник для магистрантов, обучающихся по специальностям 《Финансы и кредит》, 《Бухгалтерский учет, анализ и аудит》/ И. А. Майбуров, А. М. Соколовская. — М.: ЮНИТИ – ДАНА, 2011. С. 345 – 373.

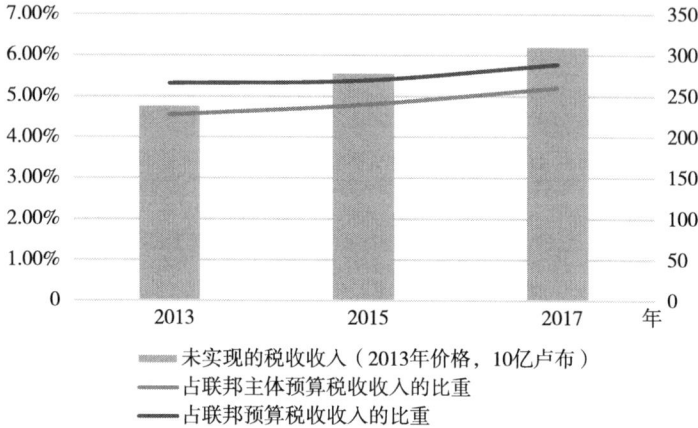

图 1　增值税优惠支出：动态及其占联邦预算和地区汇总预算收入的比重①

的汇总预算②，超出卡尔梅克共和国汇总预算 30 多倍。目前，这些支出与增值税总收入之比的动态趋势（见图 2）也雄辩地证明了，需要对其有效性进行分析。

第三类 42 项税收豁免中，并不是所有豁免的理由都具有财政意义：俄罗斯增值税总收入的 2/3 只能用于保障四项税收豁免（见表 1）。

---

① Здесь и далее для определения величины налоговых расходов использованы данные по следующим 42 основаниям применения освобождения п. 1, пп. 1 – 10, 14, 14.1, 15, 17.1, 17.2, 19 – 27 п. 2 и пп. 1, 2, 6, 12 – 14, 16.1, 18, 20, 22, 23, 23.1, 27 – 32 п. 3 ст. 149 НК РФ; данные о суммах налоговых расходов по НДС определены на основании Отчетов о структуре начисления налога на добавленную стоимость № 1 – НДС（в разрезе субъектов РФ）за 2011 – 2013 гг.（URL：http：// www. nalog. ru/rn77/related _ activities/statistics _ and _ analytics/forms/）；данные о поступлении налоговых доходов в федеральный бюджет и бюджеты субъектов РФ определены на основании Отчетов о начислении и поступлении налогов, сборов и иных обязательных платежей в бюджетную систему Российской Федерации № 1 – НМ за 2011—2013 гг.（см. там же）；данные об инфляции в 2013—2017 гг. определены на основании информации Госкомстата（URL：http：//www. gks. ru）．

② Исключения составили консолидированные бюджеты г. Москвы, Санкт – Петербурга и Московской области；данные о величине консолидированных бюджетов субъектов определены на основании Выборки из форм отчетности（форма 428）на 01 января 2014 года（в разрезе консолидированных бюджетов субъектов РФ）（URL：http：//www. roskazna. ru/byudzhetov – subektov – rf – i – mestnykh – byudzhetov/doc/2013. zip）．

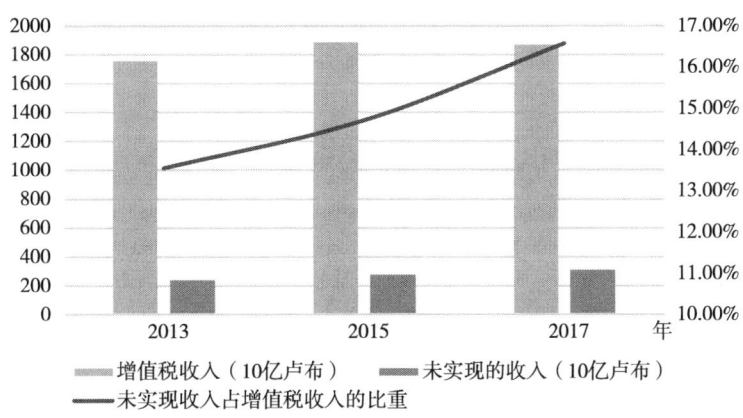

图 2 增值税优惠支出：动态及其占增值税收入的比重

表 1　　　　　　　　　增值税重要的税收支出动态　　　　　　单位：万卢布

免税的交易	2013 年		2015 年		2017 年		年均占比
	未实现的收入	占比	未实现的收入	占比	未实现的收入	占比	
房屋、住宅销售及参股	5881591	24.76%	5517054	19.88%	5414742	17.49%	20.71%
提供医疗服务	3813177	16.05%	4847549	17.47%	5997425	19.37%	17.63%
提供教育服务	3321050	13.98%	3416409	12.31%	3588429	11.59%	12.63%
客运服务	2060034	8.67%	2761562	9.95%	2707982	8.75%	9.12%
总计	—	63.46%	—	59.60%	—	57.20%	60.09%

资料来源：作者根据相关数据测算。

考虑到这些交易活动豁免具有的联邦意义和财政重要性，可以考虑将其在全国范围内推广。然而对比俄罗斯各联邦主体人均税收支出指标，可以发现相反的趋势（见表2）：对于每个豁免项，地区差异指数高达70%—154%（取决于年份），上述4项优惠的平均变化率为112%①。当然，这表明存在着显著的地域差异，同时，也对所获得的结果（税收支出在该国境内的分配）是否与提供这些豁免的目标一致提出了质疑。

———————

① Показатели вариации рассчитывались по данным о суммах налоговых расходов по НДС на жителя региона; Данные о суммах налоговых расходов в разрезе статей и субъектов РФ определены основании Отчетов о структуре начисления налога на добавленную стоимость № 1 - НДС (в разрезе субъектов РФ) за 2011 – 2013 гг. (http://www.nalog.ru/rn77/related_activities/statistics_and_analytics/forms/); численность населения в разрезе субъектов определена на основании данных Госкомстата.

表 2　　　　　　俄罗斯各联邦主体人均税收支出指标的差异

（以年份和支出项目为标准）　　　　　　　　　　　　单位：卢布

	房屋销售业务			医疗服务			教育服务			客运服务			平均
	2013年	2015年	2017年	2013年	2015年	2017年	2013年	2015年	2017年	2013年	2015年	2017年	
年地区人均税收支出最高水平	2925	2479	2578	1171	1480	1906	1180	1328	1420	1801	1993	2120	1865
年地区人均税收支出最低水平	0	0	2.2	0	0	0	0	0.3	0.4	0	0	0	0.2
变化率	132%	122%	134%	70%	76%	73%	87%	90%	93%	154%	154%	157%	112%

资料来源：作者根据相关数据测算。

正如我们前文所提，这些豁免的功能在任何地方都未能直接指出。同时，我们可以根据俄联邦税法的规定，以及规范增值税征收制度的国际惯例，提出相应建议。

特别是，在指令的第四部分第 2 章中，对医疗和教育服务免税归为公共利益的税收豁免[1]。指令没有公开这些利益的本质，也没有透露豁免的实现机制，然而从章节的内容可以清楚地看出，对社会弱势群体（老年人、儿童、残疾人等）优先提供的公共服务不征税。此外，豁免仅仅在具有非商业性且不会引起服务供给企业商业竞争的条件下有效[2]。该指令的制定者提出的税收豁免针对非商业部门和贫困人口的消费，试图保证增值税的累进性[3]，并通过更大程度的垂直均等化来实现社会公正原则。这一结论也可以在经合组织最新报告（在医疗和教育领域的基础服务增值税豁免属于标准范畴，即出于再分配动机[4]大多数经合组织国家普遍使用的一般原则），以及欧盟委员会支持的

---

[1] В оригинале название главы звучит как "Exemptions for certain activities in the public interest".

[2] В соответствии со ст. 133 Директивы данное условие действует в отношении 7 из 17 освобождений, предоставленных в общественных интересах (в том числе – в отношении медицинских и образовательных услуг).

[3] Согласно общепринятой точке зрения доля потребления в доходах населения тем выше, чем ниже уровень дохода, в этой связи считается, что плоская шкала налогообложения НДС приводит к регрессивность налогообложения в рамках НДС; о наличии эмпирических подтверждений данному выводу см. Мерзляков К. В., указ. соч., с. 18.

[4] OECD (2014), Consumption Tax Trends 2014, OECD Publishing. P. 47. URL: http://dx.doi.org/10.1787/ctt-2014-en.

一些著作中找到①。

关于俄罗斯立法者的动机,我们可以得出类似的结论,因为俄联邦税法典第 149 条第 2 和第 14 项规定,增值税豁免仅用于更为普遍和具有社会重要性的医疗②和教育③服务领域,因此,乍一看确实保障了垂直均等化。总而言之,俄罗斯和其他国家设置增值税豁免的目的在于降低纳税人的不平等程度。

但在客运服务方面,情况并不十分明确,因为从全球范围内来看,还不存在统一的增值税征收方式。指令要求欧盟成员国仅免除残疾人和病患④专门运输服务,以及向亚速尔群岛和马德拉岛⑤提供运输服务的增值税,默认对其他类型的运输服务全额征收增值税。尽管大多数经合组织国家都采用这种做法,但一些国家偏离了一般规则。特别是在墨西哥、新西兰和土耳其,残疾人和病患的运输服务一般都要缴纳增值税,而在丹麦、冰岛、爱尔兰、韩国和智利,则完全免除了公共交通工具的增值税⑥。

---

① On the future of VAT. Towards a simpler, more robust and efficient VAT (Green Paper). P. 14 – 15. URL: http://ec.europa.eu/taxation_customs/resources/documents/common/consultations/tax/future_vat/com (2010) 695_en. pdf; VAT in the Public Sector and Exemptions in the Public Interest: Final report for TAXUD/2009/DE/316. 2011. p. 36. URL: http://ec.europa.eu/taxation_customs/resources/documents/common/publications/studies/vat_public_sector.pdf; P. Gendron (2005) Value – Added Tax Treatment of Public Sector Bodies and Non – Profit Organisations: A Developing Country Perspective, ITP Paper 0514. P. 35. URL: http://www – 2.rotman.utoronto.ca/iib/ITP0514.pdf.

② Пп. 2 п. 2 ст. 149 НК РФ предусматривает освобождение от налогообложения медицинских услуг, за исключением косметических, ветеринарных и санитарно – эпидемиологических услуг. При этом в целях исчисления НДС к медицинским услугам отнесены: услуги, определенные перечнем услуг, предоставляемых по обязательному медицинскому страхованию; услуги, оказываемые населению, по диагностике, профилактике и лечению независимо от формы и источника их оплаты по перечню, утверждаемому Правительством Российской Федерации; услуги по сбору у населения крови, оказываемые по договорам с медицинскими организациями, оказывающими медицинскую помощь в амбулаторных и стационарных условиях; услуги скорой медицинской помощи, оказываемые населению; услуги по дежурству медицинского персонала у постели больного; услуги патолого – анатомические; услуги, оказываемые беременным женщинам, новорожденным, инвалидам и наркологическим больным.

③ Пп. 14 п. 2 ст. 149 НК РФ предусматривает освобождение от налогообложения услуг в сфере образования, оказываемых некоммерческими образовательными организациями по реализации общеобразовательных и (или) профессиональных образовательных программ (основных и (или) дополнительных), программ профессиональной подготовки, указанных в лицензии, или воспитательного процесса, а также дополнительных образовательных услуг, соответствующих уровню и направленности образовательных программ, указанных в лицензии, за исключением консультационных услуг, а также услуг по сдаче в аренду помещений.

④ Пункт р параграфа 1 статьи 132 Директивы.

⑤ Статья 142 Директивы.

⑥ OECD (2014), Consumption Tax Trends 2014, OECD Publishing. p. 69 – 72.

在俄罗斯，公共客运服务免收增值税，其价格受到既定程序监管①。这些服务的公开性和国家的价格监管显然证明了俄罗斯立法者对最便利的交通工具和贫困人口消费的定位。反过来，这为立法者行为找到了类似于前两项豁免的理由，即通过降低纳税人的不平等程度来努力确保增值税的累进性和社会公平正义原则的实现。

要考虑的最后一项豁免，是对于俄罗斯财政规划来说更为重要的，即居民房屋、住宅销售及参股交易的增值税豁免。在此，情况将更为复杂，而且在很大程度上又自相矛盾。

我们从这样一个事实开始，在科学文献中，对于一般房地产销售业务，特别是住宅免征增值税的理由，尚未达成共识。第一类学者认为这只是对传统的遵从，时至今日已经没有特别的经济缘由②。第二类学者解释为，基于同时确保更高的征税效率和税收系统的中立原则，要求租用和拥有不动产的公民享有同等的纳税条件。一方面，确保所有的承租人均缴纳增值税是非常困难的；另一方面，几乎不可能评估房产所有者的税基，更可取的是对此类消费免征增值税③。第三类学者认为，此项豁免旨在支持社会弱势群体④。第四类学者认为，通过豁免立法者试图避免增值税和房地产税的交叉⑤。

税收实践中使用的方法同样多样化。指令作为一般的规则，规定了承租或

---

① Пп. /п. 2 ст. 149 НК РФ предусматривает освобождение от налогообложения услуг по перевозке пассажиров: городским пассажирским транспортом общего пользования (за исключением такси, в том числе маршрутного). При этом к услугам по перевозке пассажиров городским пассажирским транспортом общего пользования относятся услуги по перевозке пассажиров по единым условиям перевозок пассажиров по единым тарифам за проезд, установленным органами местного самоуправления, в том числе с предоставлением всех льгот на проезд, утвержденных в установленном порядке; морским, речным, железнодорожным или автомобильным транспортом (за исключением такси, в том числе маршрутного) в пригородном сообщении при условии осуществления перевозок пассажиров по единым тарифам с предоставлением всех льгот на проезд, утвержденных в установленном порядке.

② OECD (2014), Consumption Tax Trends 2014, OECD Publishing. P. 48.

③ См. подробнее Теория налогообложения. Продвинутый курс: учебник для магистрантов, обучающихся по специальностям《Финансы и кредит》,《Бухгалтерский учет, анализ и аудит》/ И. А. Майбуров, А. М. Соколовская. — М.: ЮНИТИ-ДАНА, 2011. С. 495; John F. Due. Economics of value added tax // The Journal of Corporation Law. - Fall 1980. P. 77-78; и др.

④ Schenk A., Oldman O. Value Added Tax: A Comparative Approach. Part of Cambridge Tax Law Series / A. Schenk, O. Oldman. - New York: Cambridge University Press, 2007. P. 16.

⑤ On the future of VAT. Towards a simpler, more robust and efficient VAT (Green Paper). P. 11. URL: http://ec.europa.eu/taxation_customs/resources/documents/common/consultations/tax/future_vat/com (2010) 695_en.pdf.

租赁①房屋或其他不动产（包括土地和建筑物）的增值税豁免。首先，酒店、帐篷营地、停车场以及设备或保险柜的租赁服务不包括在指令的非应税范围内；成员国有权向列表中添加类似于其内容的交易②。其次，成员国同样有权将在初始结算之前进行的应税土地买卖以及房地产销售业务列入清单③。最后，成员国可以赋予纳税人自行决定是否对房地产交易收益征收增值税的权利④。

考虑世界增值税实践中既定的可替代征缴方式，还无法实现系统化。经合组织的34个国家中，只有比利时、德国、冰岛、卢森堡和葡萄牙采用了豁免标准，根据指令提议，完全免除了所有类型的房地产交易的税收⑤。其他国家，虽然适用于不同的方式，但仍然对房地产交易征收增值税。

俄罗斯采用了一种方法，只对住宅⑥和地基⑦免除增值税，但立法者追求的目标并不明显。如果我们假设，立法者旨在通过平衡房屋所有者和租户之间的纳税条件，以提高税收中立和效率，那么，他们目标显然没有实现。实际上，与承租人和租户免除增值税不同，住宅销售中只有在卖方的要求下才能免税⑧。换句话说，虽然针对业主与租户的税收优惠政策不同，基于业主在购买住宅时需要支付增值税，而从已支付增值税的业主手中租赁公寓的租户，实际上会支付增值税作为租赁价格的一部分，两者之间承担的税负并无差异，存在差异的仅是未支付增值税购买住宅的业主。

---

① Пункты j, k, l параграфа 1 статьи 135 Директивы.

② Абзац 4 параграфа 2 статьи 135 Директивы.

③ Параграфом 2 статьи 12 Директивы странам – членам также предоставлено право заменять критерий первичности заселения на иной аналогичный критерий, как например число лет между моментом постройки дома и его первой реализацией, либо число лет между последующим приобретением и последующей реализацией.

④ Статья 137 Директивы.

⑤ OECD (2014), Consumption Tax Trends 2014, OECD Publishing. p. 69 – 72.

⑥ Согласно пп. 10 п. 2 ст. 149 НК РФ не облагаются НДС услуги по предоставлению в пользование жилых помещений в жилищном фонде всех форм собственности, а в соответствии с пп. 22 и 23 п. 3 той же статьи не облагаются реализация жилых домов, жилых помещений, а также долей в них, а также передача доли в праве на общее имущество в многоквартирном доме при реализации квартир соответственно.

⑦ Согласно пп. 6 п. 2 ст. 146 НК РФ не признаются объектом налогообложения НДС операции по реализации земельных участков и долей в них.

⑧ Согласно п. 5 ст. 146 НК РФ налогоплательщик, осуществляющий операции, предусмотренные п. 3 ст. 149 НК РФ вправе отказаться от освобождения, представив соответствующее заявление в налоговый орган по месту учета. При этом установить реальный объем неиспользуемых на сегодняшний день в стране освобождений для сопоставления с объемами их использования невозможно, поскольку облагаемая НДС реализация (в том числе – жилых помещений) будет отражаться в декларации в составе прочих операций по реализации.

此外，从原则上讲，基于房地产功能目的给予的豁免不能增加税收制度的中立性，因为它扭曲了房地产市场参与者的激励结构。同样，从应税对象中排除土地，会显著影响非住宅物业销售的当事方在确定房地产和其下的土地价格方面的动机。考虑到这种情况下销售对象事实上的一致性，各方根据自身利益在有限的范围内自由分配地基和建筑物。

最后，这种豁免作为一种增加中立性的工具被载入指令，并不是真正有效的尝试，用以解决非消费品（如土地、房地产、知识产权等）增值税的问题①。在这方面，考虑到豁免（居住）的制定标准、对象的社会意义、居民的豁免范围、中立原则的遵从度，以及俄联邦税法典中规定的其他居住场所相关②的豁免，我们认为最有可能的目标是降低纳税人的不平等。

综上所述，我们可以从这四项豁免中找到共同点。但我们并不认同提供这些豁免的目的在于可以同时产生积极的外部效应，因为限制使用这些豁免（包括医疗服务、教育、交通和住房）与其性质和影响的强度并无关联。毕竟，从理论上讲，按一般原则征收增值税的医疗、教育和运输服务，非住宅房产的建设和销售，发展"绿色经济"③或节能经济的工程和劳务，有机农产品销售以及诸多其他目前需要缴纳增值税的商品、工程和劳务，同样能够带来积极的外部效应。与此同时，对之前指定的豁免加以限制，仅突出了其消费者从理论上讲是贫困阶层的那部分商品福利，而大部分能够产生积极外部效应的，并没有包含在优惠范围内。

因此，考虑到提供豁免的唯一目标是降低纳税人的不平等程度，如果在全国范围内进行这种分配是为了平衡俄联邦主体的预算保障能力，那么该地区人均税收支出水平的变化（见表2）是完全可以接受的。在这种情况下，地区人均税收支出应与人均购买力指标负相关，与贫困水平正相关。但是，表3中的数据表明不是这样。

如表3所示，相关性正好相反：地区人均税收支出水平与购买力之间存在稳定且相当高的正相关性，而与贫困人口的数量相关性较低且是负相关。

这种趋势在一定程度上也符合预期，因为该地区收入水平越高，消费就会

---

① Куда более нейтральным нам представляется подход, в соответствии с которым на равных условиях облагались бы все операции с недвижимостью.

② См. напр.: пп. 23, 23.1, 29 и 30 п. 3 ст. 149 НК РФ.

③ См. напр.: OECD (2013), Policy Instruments to Support Green Growth in Agriculture, OECD Green Growth Studies, OECD Publishing, Paris. DOI: http://dx.doi.org/10.1787/9789264203525 – en; OECD (2015), Material Resources, Productivity and the Environment, OECD Green Growth Studies, OECD Publishing, Paris. DOI: http://dx.doi.org/10.1787/9789264190504 – en и др.

表3 2013—2017年俄罗斯人均税收支出与若干地区生活水平指标相关性

地区居民购买力和贫困水平①	免除的税收收入			
	医疗服务	教育服务	运输服务	住宅销售
人均现金	0.644	0.457	0.354	0.377
人均总收入	0.647	0.486	0.413	0.411
人均现金收入	0.659	0.499	0.431	0.432
人均地区生产总值	0.328	0.094	0.171	0.323
居民货币收入与最低生活保障的比率	0.522	0.487	0.502	0.586
人均收入	0.572	0.379	0.398	0.436
平均月薪	0.582	0.347	0.267	0.370
最低生活线下的居民人数	-0.323	-0.252	-0.262	-0.353
2014年预期预算保障	0.747	0.705	0.588	0.734

资料来源：作者根据相关数据测算。

越密集。与此同时，这些数据无疑证明了上述增值税豁免的运行结果与其目标之间的矛盾。

在医疗和教育服务方面（见图3和图4），人均现金收入呈现最高水平的正相关，这表明随着绝对收入的增长，商品的消费量成比例增加，与只有贫困阶层消费的预期相反，并且达到一定的收入水平后消费下降。

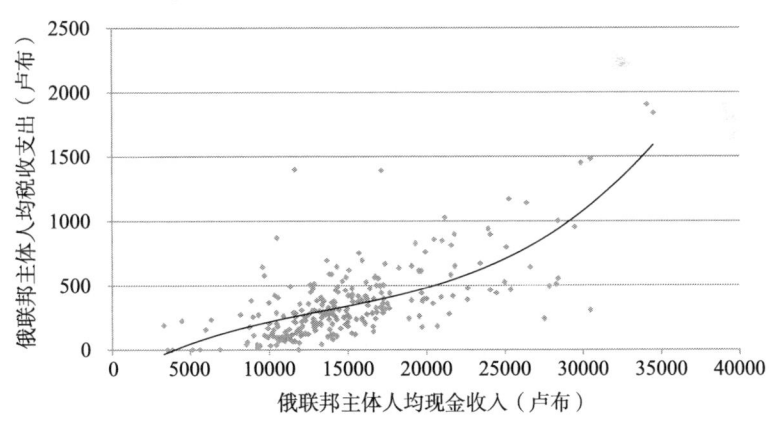

图3 2013—2017年俄罗斯人均现金收入与人均税收支出的相关性（医疗服务）

---

① По данным Госкомстата（URL：http：//www.gks.ru/wps/wcm/connect/rosstat_main/rosstat/ru/statistics/publi - cations/catalog/doc_1140096812812；http：//www.gks.ru/wps/wcm/connect/rosstat_main/rosstat/ru/statistics/acco - unts/#；http：//www.gks.ru/free_doc/new_site/population/bednost/tabl/2 - 02.htm；http：//www.gks.ru/free_doc/new_site/population/urov/urov_11sub09 - 13.xls；http：//www.gks.ru/free_doc/new_site/population/trud/sr - zarplata/t4.doc；http：//www.gks.ru/free_doc/new_site/population/bednost/tabl/2 - 04.htm）и данным Министерства финансов РФ（URL http：//www.minfin.ru/common/upload/library/2014/04/main/RBO_2014 - 2016.pdf）.

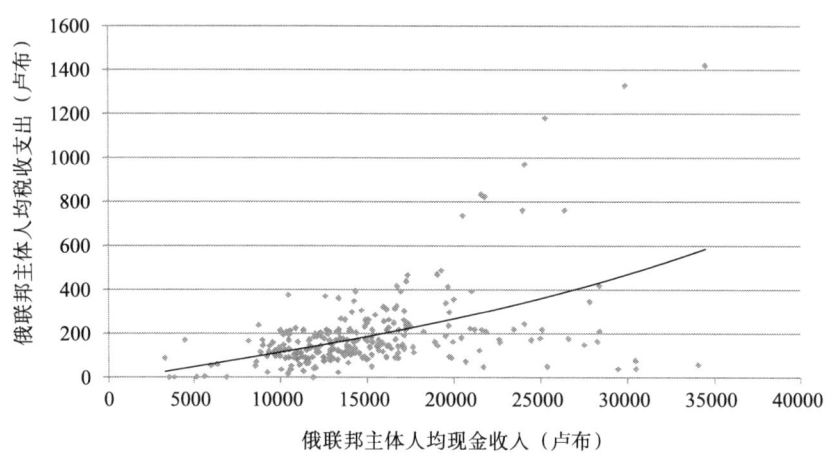

图 4　2013—2017 年俄罗斯人均现金收入与人均税收支出的相关性（教育服务）

在住宅销售（见图 5）和运输服务（见图 6）方面，居民货币收入与最低生活保障的比率呈现出相对较高的相关性，这表明贫困人口完全没有这部分福利消费，至少需要 1.5 倍的贫困线收入水平。

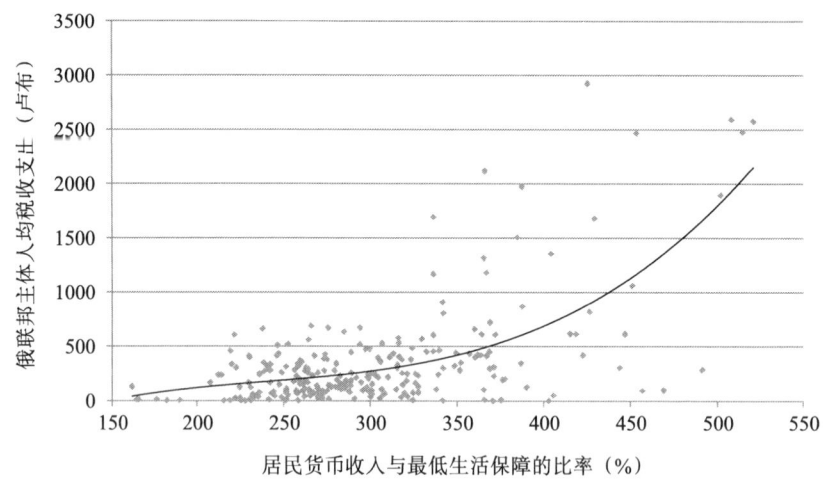

图 5　2013—2017 年俄罗斯居民货币收入与最低生活保障的比率和人均税收支出的相关性（住宅销售）

运输服务呈现最小的相关性（见图 6），与住房销售、教育和医疗服务相区别，运输服务销售收入登记及优惠申报的地点，在地理上很可能与这些服务的消费者的居住和获得收入的地点完全不同①。

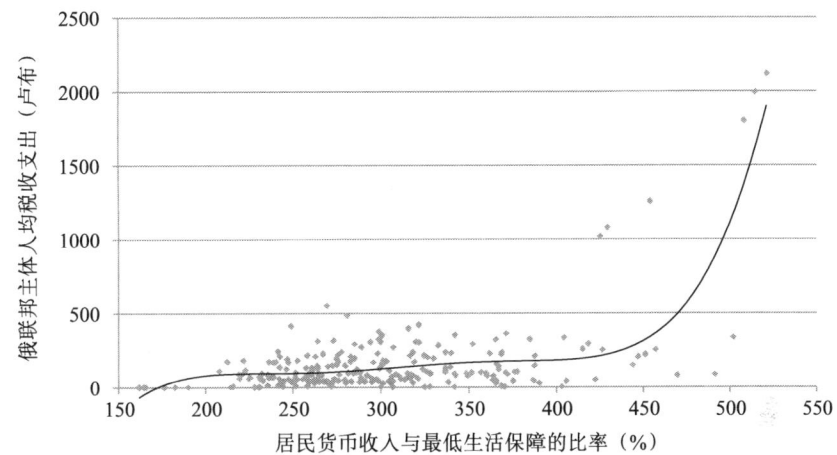

图6 2013—2017年俄罗斯居民货币收入与最低生活保障的比率和人均税收支出的相关性（运输服务）

考虑到之前提到的第三组增值税豁免是预算支出的一种形式，而医疗、教育、交通运输和（部分）经济适用住房属于联邦中央和各联邦主体共同融资的领域，联邦主体使用本层级预算②以及联邦预算向次级预算转移支付③。此外，上述计算清楚地表明，与我们通常的思维相反，这些资金在俄联邦主体间的分配主要依赖该地区居民的购买力。

但更令人震惊的是，最高的相关性出现在人均税收支出和该地区预算的保障水平之间（见表3、图7）。

换句话说，在增值税免税的框架下，以预算均等化为幌子，隐性补贴的分配只能提高保障水平并加剧地区间的差异。

总而言之，应该指出的是，增值税税收优惠在次级联邦支出的融资中发挥

---

① Очевидные из диаграммы 6 точек экстремума соответствуют показателям в отношении Москвы（верхние）и Санкт‑Петербурга（нижние）за 2011，2012 и 2013 годы.

② См. пп. 12，13，13.1，13.2，14，14.1，14.1‑1，21，21.1，21.2，21.3，22，26，42.1. 42.2，61，62，63 п. 2 ст. 26.3 Федерального закона от 06.10.1999 № 184‑ФЗ 《Об общих принципах организации законодательных（представительных）и исполнительных органов государственной власти субъектов Российской Федерации》.

③ Стоит отметить，что практически все 42 освобождения，отнесенные нами к 3 группе，так или иначе представляют из себя сферу совместного ведения，в связи с чем практически все налогово‑расходные обязательства в данной сфере должны осуществляться за счет средств бюджетов субъектов РФ с возможностью их передачи на муниципальный уровень вместе с источниками финансирования.

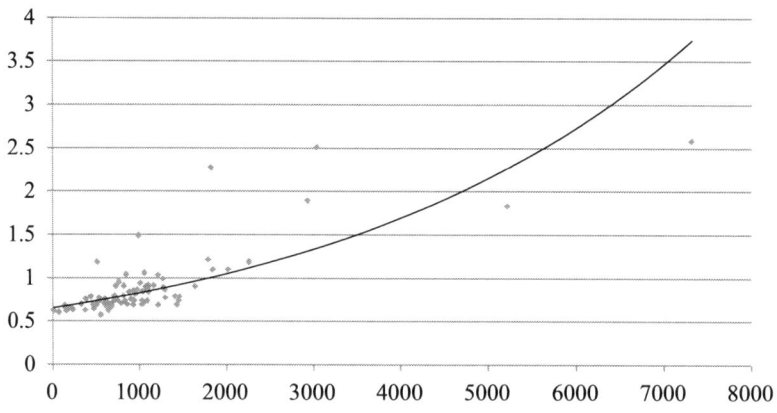

图7　2013—2017年俄罗斯人均税收支出①和地区预算的保障水平之间的相关性

了重要作用,然而在俄罗斯这种融资结果不仅不能实现计划的目标,甚至直接与其相矛盾。因此,必须对各项增值税优惠对于其目标和结果的遵从度进行快速、细致而全面的分析。对上述四项豁免的分析表明,为简化这种评估,在联邦一级设置任何的税收优惠都应充分探讨其引入的目的、实现这些目标的机制及其合理性(包括税收优惠在预期受益人之间分配的理由)。

---

① Для иллюстрации были взяты суммы среднегодовых (за 2011 – 2013 гг.) налоговых расходов по 4 обозначенным основаниям в разрезе субъектов РФ.

俄罗斯能源税与财政可持续发展

雷 婕

摘要： 税收制度反映了国家与纳税人之间的经济关系，是国家财政制度的重要组成内容。一国的税收制度与该国经济发展水平、国家政策走向和财政管理水平等密切相关。对于俄罗斯而言，由于一半左右的联邦财政收入来源于对能源课税，为保障联邦财政收入长期可持续发展，俄罗斯一直高度关注能源税收制度的建设。特别是近年来随西方国家制裁的不断持续，国际油价的长期下跌，卢布汇率的大幅贬值，使以能源为主要来源的俄罗斯联邦财政收入急剧下降，为此，俄政府积极着手能源领域的相关改革，希望通过改革油气税收课征方式、课征税率、课征对象等一系列举措，优化财政收入结构，实现联邦财政收入的长期稳定发展。

关键词： 俄罗斯；能源税；财政；可持续

[作者简介] 雷婕，经济学博士，中国出口信用保险公司发展战略部助理研究员。

俄罗斯能源领域的矿产资源开采税

俄罗斯矿产资源丰富，是全球最大的矿产开采及出口国之一，针对资源开采课征的矿产资源开采税和出口关税成为俄罗斯联邦预算收入的重要来源，其税收收入一直占俄罗斯联邦预算的一半以上，近年来才因种种因素有所下降（见表1）。

表1 俄罗斯能源税收情况 单位：亿卢布

	2012 年	2013 年	2014 年	2015 年	2016 年	2017 年
联邦政府预算收入	128555	130199	144969	136592	134601	150889
关税	40998	40579	46374	27801	20540	19682
矿物开采税	24205	25353	28579	31600	28635	40614

资料来源：俄罗斯国库网站，http://www.roskazna.ru/reports/cb.html。

俄罗斯矿产资源开采税是依据联邦《税法典》第26章规定，于2001年1月1日开征的。该税由此前的矿产资产开采使用费、矿物原料基地再生产费和原油、凝析油消费税合并而成。俄罗斯矿产资源开采税的纳税人是符合俄罗斯联邦法律规定、使用地下资源的企业组织和个人，以及"统一国家法人名单"上矿产资源的使用者①。针对不同类型的矿产资源，俄罗斯将矿产资源开采税的基础税率设定为3.8%—8.0%多个级次，部分矿产资源按照规定实行零税率（见表2）。

表2 矿产资源开采税的固定税率表 单位：%

矿产资源的类型	税率
钾盐	3.8
煤、褐煤、泥煤、油页岩、油母页岩、磷灰石和磷钙土	4.0
黑色金属	4.8
天然盐和纯氯化钠、铝土、矿霞石、放射性金属、地下温泉水、非金属化学矿物原料、建筑材料非金属原料	5.5

---

① Петрова Т. В., Тихонова И. В. Концептуальные основы совершенствования элементов налога на добычу полезных ископаемых// Горный информационно – аналитический бюллетень（научно – технический журнал），2007，№ 10.

续表

矿产资源的类型	税率
沥青矿物、黄金、非金属矿、精矿和含金等半成品、非金属原料	6.0
宝石、精砂、含贵金属,但不含黄金的半成品矿石、含有多种成分,但不含黄金的矿石、符合标准的压敏光学原料,其中包括高纯度石英原料以及宝石原料	6.5
矿泉水、泥提取物	7.5
稀有金属、金刚石、有色金属、天然钻石和其他宝石半成品	8.0

资料来源:根据俄罗斯税法典(2015年版)第26条整理。

俄罗斯矿产资源开采税对联邦预算的贡献

矿产资源开采税收入是俄罗斯联邦政府预算收入的重要来源。2012—2017年,俄矿产资源开采税收入对联邦政府预算收入①的贡献度均值为20.7%,呈逐年上升态势。

2012年以来,俄石油开采对矿产资源开采税的贡献度略有下降,但也维持在80%以上的水平,可以说占据了绝对的主导地位。这样一种收入结构,使石油价格、基础税率、卢布汇率及石油开采量等都成为影响俄罗斯矿产资源开采税收入,即对俄罗斯财政收入产生显著影响的决定性因素②。

俄罗斯矿产资源开采税收入与石油价格在2014年以前基本呈正向关系,石油价格上升,则矿产资源开采税收入上升,反之则矿产开采税收入下降。但2015年以后这一关系发生了一定的变化,俄罗斯矿产资源开采税总收入并未随油价下跌而降低,其原因在于影响石油开采税税率的其他几个因素,例如美元兑卢布汇率、石油开采量、石油开采基础税率等均出现了较为明显的提升,从而弱化了石油价格对矿产资源开采税收入的影响。

---

① 为计算准确,此处刨除预算外收入,即未计入国家预算外基金收入、地区预算外基金收入。此处财政收入为联邦政府预算与联邦主体汇总预算之和。

② Гохберг Л. М. Разработка интегрированной взаимоувязанной системы стратегических моделей развития нефтегазового комлкекса России. Образование У С. Участие в научно－исследовательских работах(2011－2014)// Религиоведение, 2014, № 7.

俄罗斯能源税收改革的方向

2015年以来，面对国际油价的持续低迷，为推动联邦财政收入长期可持续性发展，优化财政收入结构，俄积极改革油气收入课征制度，降低出口关税税率，弱化出口关税权重，提高矿产资源开采税税率，强化矿产资源开采税的地位。这一改革使俄联邦财政收入部分实现了降低油气收入外部依赖的预期，并逐步增强了对油气收入的内部控制能力。

（一）弱化出口关税权重

油气出口关税收入是俄罗斯联邦政府预算收入的重要来源，占俄罗斯联邦政府预算收入的比重超过40%。同样，油气出口关税也是俄罗斯最为重要的油气收入来源，占俄罗斯油气收入的比重超过60%。近年来，随着油气出口关税税率持续下降，俄罗斯出口关税收入占预算收入的比重逐步由2014年的62%下降到2015年的47%，并最终降至2017年的39.6%。

1. 降低原油出口关税税率。为减轻石油企业的出口关税负担，提高企业国际竞争力，弱化国际油价波动对油气财政收入的冲击，俄政府曾多次试图下调原油出口关税税率，但这样一种改革模式在2014年前实施得并不顺利。

按照俄罗斯《税法典》的规定，原油出口关税以乌拉尔石油为基础，分四档进行计征，即按照低于109.5美元/吨、109.5—146美元/吨、146—182.5美元/吨以及高于182.5美元/吨计征。但实际上乌拉尔原油价格从未低于182.5美元/吨，因此，对原油出口关税税率的调整主要集中在第四档，即高于182.5美元/吨。

2013—2014年，俄罗斯试图对原油出口关税税率进行干预，但最终调整的结果是税率仅从60%下调至59%，变动幅度微小。2015年以来，俄罗斯痛下决心，使原油出口关税税率成功下降一半，由60%下调至42%，最终一路下调至30%。俄原油出口关税收入约减少六成，由2.6万亿卢布下降至1万亿卢布①。

俄罗斯政府调低出口关税税率，约相当于减少政府2000亿卢布的联邦预

---

① Соловьева И. А., Макашева Л. А. Совершенствование экономического механизма государственного регулирования нефтегазового комплекса//Науковедение, 2015, No 2.

算收入①。由此，尽管国际油价下跌是导致俄油气收入下降的一个非常重要的原因，但俄政府主动降低原油出口关税税率，减轻石油企业出口关税负担，也是使俄油气收入下降以及原油出口关税收入占比下降的一个非常重要的原因，这显然是俄政府为摆脱油气收入依赖作出的主动选择。

2. 调整重、轻质油出口关税税率。除调低原油出口关税税率外，俄政府每年还会根据石油行业的发展状况，对石油制品的出口关税税率进行调整。调整的石油制品包括轻质油、重质油、直馏汽油、汽油制品和石油焦炭类制品等。

给定同等容积的原油，轻质油可炼化出更多高附加值的产品，而重质油炼出的高附加值产品较少。为此，俄政府利用税收手段抑制重质油发展，鼓励轻质油发展。2011年，俄政府实行"60—66—90"的征税制度，即原油出口关税税率为60%；轻质油和重质油出口关税税率为66%；直馏汽油和汽油制品出口关税税率为90%；石油焦炭类制品出口关税税率为6.5%，2011—2014年皆按该标准进行课征。

至2015年，根据2014年11月29日颁布的第N1274号命令及2013年3月29日颁布的第N267号命令，俄逐步提高重质油出口关税税率，降低轻质油出口关税税率。2015—2017年，重质油的出口关税税率分别上升至76%、82%、100%。与重质油出口关税税率相反的是，轻质油出口关税税率不断下调，分别降至48%、40%、30%。直馏汽油分别降至85%、71%、55%，汽油制品分别降至78%、61%、30%。石油焦炭类税率则保持在6.5%的水平。

税率的调整使俄罗斯石油制品出口关税收入不断下降，由2014年的1.5万亿卢布下降至2017年的0.4万亿卢布，降幅达73%。通过以上变动可以看出，俄罗斯政府还将继续提高重质油税率，降低轻质油、直馏汽油以及汽油制品税率，保持石油焦炭类产品税率稳定。尽管下调石油制品出口关税税率同样会使俄政府损失一部分油气出口关税收入，但俄政府希冀通过对税率的调整，提高石油制品的经济附加值，协调石油制品生产内部的发展。

（二）提升矿产资源开采税地位

在国际油价低位徘徊、俄罗斯国内石油开采量稳步上升的背景下，俄政府将油气收入课征的重点由外部转向内部，即从出口关税的课征转向对矿产资源

---

① 刘旭：《油价下跌与欧美制裁下的俄罗斯石油企业经营现状分析》，《俄罗斯研究》2015第5期。

开采税的课征，利用增长的矿产资源开采税收入弥补部分由于出口关税收入下降导致的俄联邦财政收入不足。

2008—2017年，俄矿产资源开采税收入在0.9万亿卢布至4.0万亿卢布之间徘徊，占油气收入的比重不断上升。2015年，俄罗斯矿产资源开采税收入首次超过出口关税收入，由2015年的53%上升至2016年的58%，并最终上升到2017年的66.9%。

在国家财政状况日渐恶化，石油企业利润居高不下的情况下，为改善国家财政收支状况，弥补石油价格下跌给国家财政收入带来的损失，抑制石油企业不正常的盈利水平，俄罗斯财政部提出调高矿产资源开采税税率的改革方案，即将2016年的基础税率调高至857卢布/吨，2017年基础税率进一步提高至919卢布/吨，最终俄罗斯2017年石油矿产资源开采税收入达到创纪录的40614亿卢布，比2015年的25234亿卢布增长了60.9%。

俄财政部认为，与提高退休年龄和减少养老金指数等不受欢迎的财政税收改革方案相比，提高矿产资源开采税的方法更为可行。对于政府来说，无论是缩减民生支出、动用储备基金还是提高石油公司税负，任何一种选择都会带来困难和阵痛，但提高矿产资源开采税税率是较优的选择，也是最易在社会上达成共识，并能够在短期内有所成效的选择。

俄罗斯能源税收改革的社会经济效应

能源领域的税收改革显然不仅有利于俄罗斯财政收入结构优化，也会对俄罗斯石油生产结构产生一定的影响，使俄罗斯的石油开采量和出口量发生变化。

（一）优化财政收入结构

长期以来，俄罗斯作为油气依赖型国家，调整联邦预算收入中油气与非油气收入的结构是一件极为重要但又极其困难之事。早在2009年经济危机之时，俄政府就意识到过高的油气收入会阻碍俄罗斯产业结构调整，不利于俄罗斯经济的进一步增长，也曾提出调整油气收入与非油气收入间的比重。然而，这一改革的推进十分缓慢，且效果不佳。2009年，时任俄罗斯总统的梅德韦杰夫表示，油气收入不应超过联邦预算收入的1/4，但随后国际油价的迅速攀升，使这种提法不了了之。2010—2014年，油气收入占俄联邦预算收入的比重持续上升，由46.1%到51.3%，2012—2014年该比重更是连续三年保持在50%以上。俄联邦预算收入对油气收入的依赖度不降反升，使政府希望降低联邦预算对油气收入依赖的愿望落空。

2015年以来，国际油价持续低迷，调整油气收入与非油气收入结构的问题又重新摆在俄罗斯政府面前。对此，俄罗斯财政部长西卢阿诺夫提出，应严格限制油气收入占联邦预算收入的比重，提高非油气收入地位，将非油气收入作为联邦预算收入的基础。按照这一思路，俄罗斯采取了下调原油出口关税税率，调整重、轻质油比重等做法，主动让渡部分油气收入，2017年俄油气收入占俄联邦预算收入的比重降至39.6%。

未来，俄政府还将继续按照摆脱油气收入依赖这一改革思路，控制油气收入占比。但很遗憾，这一预期目前还无法实现。2018年，俄罗斯联邦财政收入比预期增长34897亿卢布，联邦预算由赤字转向盈余，对于俄罗斯来说，这是一个非常重大的转变，俄罗斯从2012年起已连续6年出现了较大规模的预算赤字，最高时赤字超过GDP的3.5%。可以说，2018年俄罗斯国家预算出现了根本性的好转。

但在俄罗斯联邦财政收入增长的34897亿卢布中，油气收入增长了32347亿卢布，占92.7%，可以说，2018年俄罗斯联邦预算收入的增长基本上依赖于油气收入的增长。

据俄罗斯财政部估算，2018年俄罗斯油气销售收入将增长五倍，全年油气收入占联邦预算收入的比重将达到46.5%，高出预期的35.9%。与此同时，非油气收入占比由预计的64.1%下降到53.5%，下降了16.5%（见表3）①。

表3　　　　俄罗斯2017—2018年联邦政府预算收入结构　　　　单位：亿卢布

项目	2017年		2018年			
	规模	占GDP比重（%）	2017年预算法批准规模	2018年年中预算修订案规模	预计最终执行规模	占GDP比重（%）
收入	150889	16.4	152578	170729	187475	18.5
油气收入	59719	6.5	54796	72349	87143	8.6

① Совет Федерации на заседании в пятницу одобрил закон о федеральном бюджете на 2019 год и плановый период 2020 – 2021 годов. МОСКВА, 23 ноября. /ТАСС/. https：//rg.ru/2018/11/23/sovfed – odobril – zakon – o – biudzhete – na – blizhajshie – tri – goda.html.

续表

项目	2017 年		2018 年			
油气收入占总收入比重（%）	39.6		35.9	43.4	46.5	
非油气收入	91170	9.9	97782	98379	100332	9.9
非油气收入占总收入比重（%）	60.4		64.1	57.6	53.5	

资料来源：Оценка параметров федерального бюджета за 2018 год дана в соответствии с материалами к проекту федерального закона ? О федеральном бюджете на 2019 год и на плановый период 2020 и 2021 годов >>。

这样一种预算收入的变化，使俄罗斯降低油气税收占比，优化财政收入结构，保障俄联邦财政收入长期稳定的改革意图重新成为泡影。在未来如何保障国家财政预算的稳定及可持续性发展，依然是俄罗斯财税改革的难题。

（二）改进石油企业生产模式

对油气收入课征方式的改革不仅会对俄石油生产造成一定的影响，相应地还会引起石油开采量、出口量的变化。

1. 促使石油开采规模扩大。俄政府不断下调原油出口关税税率，使俄石油出口价格在国际市场上更具吸引力，借此机会，俄各家石油公司为获得更多出口利润，纷纷加大对石油的开采，这也与俄政府希望提高矿产资源开采税收入、弥补部分出口关税收入减少的政策导向一致。为此，在双方共同努力下，俄石油开采量不断上升，由 2014 年的 5.27 亿吨上升到 2015 年的 5.34 亿吨，直至攀升至 2016 年的 5.47 亿吨，创苏联时期以来历史新高。

为扩大石油开采量，俄政府主要采取了以下措施：（1）在维持传统产区产量的同时积极开发新产地。（2）加大对钻井资金的投入，提高新井产油量。（3）采取集约型技术开采石油，在新产地推行新技术的同时，提高传统采油区的开采效率，如乌拉尔—伏尔加老产油区的生产效率就在不断提高。（4）对出油率低以及难钻采的产区实行税收优惠，其中包括东西伯利亚和远东等新产油区。

2. 客观上刺激石油出口规模扩大。2014 年 6 月以来，国际石油价格一路下跌，为维护俄罗斯在国际石油市场上的份额，俄罗斯石油企业决定通过"薄利多销"的模式，应对低油价时期的到来。同时，俄罗斯政府不断下调出口关税税率,也使俄罗斯石油出口价格在国际市场上更具优势。这些举措都在客观上刺激了石油出口量的上升。

俄石油出口量的增长主要是来自向非独联体国家出口的增长,其出口总量由2014年的1.99亿吨上升到2.36亿吨,增幅达19%。与此相反的是,向独联体国家出口的石油总量持续下降,由2014年的0.24亿吨下降至0.19亿吨,降幅达21%。由于俄罗斯对独联体国家长期存在关税优惠,向独联体国家出口的石油价格远低于非独联体国家。在国际油价持续低迷的情况下,俄罗斯为保障自身利益最大化,有意削减向独联体国家出口的石油总量,相应地加大对非独联体国家的出口,以此换取更多的外汇收入。

俄向非独联体出口的主要国家包括荷兰、中国、德国、波兰、韩国等,荷兰从俄罗斯进口的石油最多,其次为中国。中国从俄罗斯进口石油的增幅最高。俄向独联体出口的主要国家包括白俄罗斯、哈萨克斯坦、乌兹别克斯坦、乌克兰等。其中,白俄罗斯占俄罗斯向独联体国家出口石油总量的95%以上[1]。总体上,俄罗斯向非独联体国家的石油出口量呈上升趋势,向非独联体国家的石油出口量呈下降趋势。

俄罗斯能源税改革发展方向

俄罗斯在能源税领域的税制改革为未来俄罗斯能源行业的健康发展奠定了基础。未来,俄罗斯拟进一步降低油气收入占GDP的比重,弱化出口关税对俄罗斯联邦财政收入的影响,强调矿产资源开采税的地位,并积极尝试新税种的推行。

(一) 调低油气收入占GDP的比重

总体上,俄罗斯政府正逐步调低油气收入占GDP的比重。根据俄罗斯发布的《2019—2021年联邦预算法》,2019—2021年俄罗斯联邦预算中油气收入占GDP的比重将分别为7.8%、7.2%、6.8%,呈逐年下降的态势(见表4)。

---

[1] 徐珏、王海燕:《哈俄两国矿产资源开采税对我国"走出去"企业的影响》,《涉外税务》2012年第1期。

表 4　　　　俄罗斯 2019—2021 年联邦政府预算收入结构　　　单位：亿卢布

项目	2019 年	2020 年	2020 年
预算收入	199693	202186	209780
油气收入	82982	79363	80182
油气收入占比（%）	41.6	39.3	38.2
非油气收入	116711	122823	129598
非油气收入占比（%）	58.4	60.7	61.8

资料来源：Оценка параметров федерального бюджета за 2018 год дана в соответствии с материалами к проекту федерального закона 《О федеральном бюджете на 2019 год и на плановый период 2020 и 2021 годов》.

（二）强化矿产资源开采税的地位

为降低联邦财政赤字，2019—2021 年，俄罗斯政府将继续加征矿产资源开采税。同时，俄罗斯还将取消为欧亚经济联盟国家提供的石油关税补贴。未来三年，俄联邦预算收入将主要依靠矿产资源开采税收入，将原本占出口关税承担的税负转移到矿产资源开采税上来。

当然，长期来看，提高矿产资源开采税税负将会在一定程度上导致传统产区（如西西伯利亚、科米共和国等）石油开采速度的下降。在 2017—2018 年石油开采量呈上升趋势之后，预计 2019 年石油开采量将有所下降，约降至 5.32 亿吨，基本与 2015 年水平一致。其中，作为主要石油产区的西西伯利亚地区，石油开采量将持续下降。即使东西伯利亚和季曼—伯朝拉省等新产区的石油开采量有所增长，也未必完全弥补西西伯利亚下降的石油开采量。

同时，由于欧美国家对俄罗斯进口设备及技术的限制，俄罗斯将缺乏必备条件对较难开采的地区进行自主开采，这也给石油开采量的增长带来负面影响。为此，俄罗斯将努力提升俄罗斯石油开采的竞争力，降低开采成本；在地质勘探中采用更加经济的技术，同时投入新技术，提高成熟期石油产地的产油效率；推进俄罗斯石油企业现代化进程，提高石油开采深度；实现油气设备进口替代，并创造良好的税收环境。

（三）试行新税种

为刺激新产地开发以及合理利用油气资源，俄罗斯提出在新、老产区试行新税种，即"超额收入税"（НДД）。"超额收入税"是扣除开采成本之后，对所获石油收入征收增值收入税，预计税率在50%左右。"超额收入税"实行分阶段课税，初期税率低，有助于保障新产区在开采初期的正常运行，新产区进入成熟期后，再相应提高税负，以此弥补第一阶段税收的损失。这种课征形式体现了税收的灵活性，但"超额收入税"的征收也存在实际的困难。"超额收入税"需要扣除企业的开采成本，计算较为复杂，且不易预测，较之此前的出口关税以及矿产资源开采税的征收难度更大。

关于新税种的推行，俄罗斯政府内部存在争议。"超额收入税"的主要推行部门是俄罗斯财政部，俄财政部部长西卢阿诺夫称：油气收入税制的改革不应仅停留在书面层面，应当切实行动起来，向全国推行"超额收入税"。俄副总理阿尔卡济·德瓦尔科维奇（Аркадий Дворкович）对财政部的提议表示支持。德瓦尔科维奇认为，实行新税制有利于弥补未来矿产资源开采税提高造成的损失，降低现有油气收入税课征方式对石油公司带来的负面影响。

但对于财政部的提议，俄能源部则表示，全面实行"超额收入税"仍为时尚早，建议先在部分利润较低的老石油产区试行"超额收入税"，并在试行3—5年后，对新税种产生的效果进行综合评估，再决定是否全面推行以及是否需要替代现行税制。能源部还估算了取消出口关税、直接实行"超额收入税"将造成的风险。由于"超额收入税"是对现金流进行征税，而不再以石油产量作为税基，这会导致税收环节更为复杂。俄罗斯经济发展部对全面实行"超额收入税"表示反对，俄经济发展部长马克西姆·奥列什金认为，现行的石油税制是合理的，对俄罗斯财政收入的稳定并不构成危害。在盖达尔论坛上，他再次表示，剧烈的油气收入改革是完全没有意义的，俄罗斯不应该发生剧烈的油气课征制度的改变，也不应该承担这种变化带来的中期发展威胁。他认为，现行的税制值得肯定，有助于保障油气行业的持续发展。

对于实行新税种，石油企业并未强烈反对，但却提出自己的疑问。俄气公司负责人亚历山大·久科夫表示支持新税种的试行，但同时也应对现行的经济环境是否允许推行新税种，以及新税种是否有利于实现税收公平提出疑议。久科夫希望新税种在保障国家获取财政收入的基础上，有助于新油气产地的开发。尽管"超额收入税"在新产地开采方面确实低于现行税制的税收负担，对俄罗斯油气企业具有相当的吸引力，但由于现行的油气收入税制对油气公司存在税收优惠，各家石油公司并不愿意放弃既得利益。为此，俄能源部称，若全面实行"超额收入税"，俄政府将不再为石油企业提供出口关税的税收优惠，俄罗斯油气企业需要自行进行抉择，是享受出口关税的优惠，还是实行

"超额收入税"。

据最新消息,俄财政部与能源部已就试行"超额收入税"基本达成共识,近期不会在全国推行"超额收入税",但选取了部分地区进行试点,试点地区包括西西伯利亚等产油区,目的在于促进西西伯利亚石油开采的进一步增长。受通货膨胀等因素的影响,为防止税收标准过高,试行方案中的"超额收入税"课征系数将根据实际情况不断进行调整,预计每吨不超过 9520 卢布。尽管关于新税种开征的具体细节仍存在争议,但已有 700 万吨石油申请试行"超额收入税",其中涉及 Роснефть(俄罗斯石油公司)、ЛУкойл(卢克石油公司)、Сургутнефтегаз(苏尔古特石油天然气股份公司)、Газпром(俄罗斯天然气工业股份公司)等油气公司。

未来几年,俄罗斯针对能源行业的税收制度改革仍将持续进行,其中,油气税制改革是能源行业改革的重中之重,降低石油出口关税税率,提高矿产资源开采税税率,平衡重、轻质原油出口关税税率是未来俄罗斯油气课税改革的三大主要方向。

同时,俄罗斯将继续强化矿产资源开采税在油气收入中的地位,并将其作为油气收入的主体,以降低出口关税收入,保障联邦财政收入的稳定性。同时,俄政府还将继续提高重质油的出口关税税率,降低轻质油的出口关税税率,升级炼油产业的内部结构。未来,俄罗斯将实行新的税种,寻求更为稳定、合理的俄罗斯联邦财政收入来源。尽管新税种的开征仍在试行阶段,但这不失为俄罗斯摆脱油气收入依赖的进一步探索与尝试。

由此,如何进一步调整俄罗斯国内能源领域的税收政策,对于俄政府来说,也是一项需要认真思考与积极应对的任务。俄罗斯政府的任务不仅在于扩大政府财政收入来源,降低政府财政收入对石油开采及出口的依赖,还应考虑将能源税税率控制在合理范围之内,使其不至于影响石油企业的正常运营,以取得石油企业最大限度的认同与支持。基于能源税的调整会对俄罗斯财政收入、石油开采量、石油出口价格等产生显著的影响,未来俄罗斯政府对能源税还会进行何种改革,以及改革后产生的影响,这些问题都需要我们予以持续的关注。

参考文献

[1] 程亦军:《从普京国情咨文看俄未来经济政策取向》,《欧亚经济》2017 年第 2 期。

[2] 程伟、殷红:《俄罗斯产业结构演变研究》,《俄罗斯中亚东欧研究》2009年第1期。

[3] 尹牧:《资源型城市经济转型问题研究》,吉林大学博士论文,2012年。

[4] 杨艳茹:《石油城市人地系统脆弱性评价与可持续发展模式研究》,东北师范大学,2015年。

[5] 杨亚萌:《关于建立资源型城市财政调节发展基金的研究》,北京交通大学,2015年。

[6] 曾万平:《我国资源型城市转型政策研究》,财政部财政科学研究所,2013年。

[7] 房红、于嘉:《论资源型城市财政支持的原则与措施》,《学术交流》2017年第1期。

[8] 刘广生、曹明晶:《基于可持续发展对油气资源税政策调整及改革取向的分析》,《经济体制改革》2014年第2期。

[9] 刘剑平:《我国资源型城市转型与可持续发展研究》,中南大学,2007年。

[10] 王甲山、姜庆杰、李绍萍:《油气资源税从价计征问题研究》,《商业会计》2013年第5期。

第二篇
经济发展与结构调整

俄罗斯的经济结构问题
与经济增长前景

徐坡岭

摘要：俄罗斯的经济结构问题是由财富结构和比较优势决定的，在本质上是投资和积累问题，表现为产出动能不足的问题。2017 年俄罗斯经济复苏的动力来源中，固有的结构性因素仍占据主导地位。俄罗斯经济增长的中长期前景取决于俄罗斯经济结构所提供的增长动力是否持久稳定。

关键词：俄罗斯经济；结构问题；增长前景

俄罗斯经济转型以来，其经济增长和经济衰退背后都有能源和原材料部门的身影。能源依赖被学术界认为是俄罗斯经济结构问题的核心，并有大量的文献对此加以研究。对于俄罗斯经济的结构问题和经济发展模式问题到底是"荷兰病"还是"俄罗斯病"，学界没有形成一致的看法。日本学者久保庭真彰把俄罗斯以能源为基础运行的经济称为"俄罗斯病"，以区别于小国开放经济中的"荷兰病"现象。他通过分析 1999—2009 年俄罗斯

［作者简介］徐坡岭，中国社会科学院俄罗斯东欧中亚研究所俄罗斯经济室主任，教授，博士生导师。

GDP 产出、政府支出、家庭消费、固定资产投资、卢布实际汇率、进口等与能源价格和能源出口的关系,发现俄罗斯的能源部门产出、能源出口、能源价格对俄罗斯经济的影响是基础性的冲击。但由于俄罗斯是一个大国,因此能源部门繁荣的同时,加工制造业部门的投资也在增加,加工制造业部门的产出也在增长,只是增长的速度低于能源原材料部门。他把基于这种现象导致的俄罗斯经济结构问题称为"俄罗斯病"①。这当然是一家之言。陆南泉、李永全、徐坡岭等在一组笔谈中,对"俄罗斯经济是否患有'荷兰病'"问题进行了讨论。大家普遍认同俄罗斯经济存在能源原材料依赖型结构问题,石油天然气等在俄罗斯经济中的作用已经具有了"资源诅咒"的性质。大家认为,俄罗斯经济存在发生"荷兰病"的条件,但俄罗斯的国家规模、市场深度和宏观经济政策等帮助俄罗斯在一定程度上阻止了"荷兰病的发作"②。俄罗斯前副总理兼财政部长库德林在"危机的后果和俄罗斯社会经济发展前景"一文中也指出,"俄罗斯经济衰落的深层原因在于其对石油天然气出口收入的高度依赖"③。综上可以发现,学者们关注的俄罗斯经济结构问题基本都是从能源原材料依赖这个角度展开的,甚至基本上把能源依赖等同于俄罗斯的经济结构问题。那么事实真的如此吗?如果能源原材料依赖就是俄罗斯经济结构问题的本身,俄罗斯政府真的会放弃把能源原材料部门作为基础战略部门吗?如果不是这样,那么俄罗斯的创新经济发展战略和结构改革方向是什么?特别是 2017 年经济出现复苏后,俄罗斯的经济结构问题发生了某些质的变化了吗?从结构的角度看,俄罗斯 2017 年的经济恢复增长是什么性质?本文试图对上述问题尝试作一些分析。

俄罗斯经济结构问题的实质

迄今为止,大部分关于俄罗斯经济结构问题的文献都把俄罗斯经济结构问题等同于能源依赖,认为摆脱能源依赖是俄罗斯经济长期增长问题的唯一出路。如果仔细分析,可以发现这种看法实际上是错误的,或者至少是不全面的。俄罗斯的经济结构特征是由其财富结构特征决定的,或者说是由俄罗斯的

---

① 久保庭真彰:《俄罗斯经济的转折点与"俄罗斯病"》,《俄罗斯研究》2012 年第 1 期。
② 陆南泉等:《俄罗斯经济是否患有"荷兰病"》,《欧亚经济》2014 年第 2 期。
③ [俄]库德林、谢尔吉延科:《危机的后果和俄罗斯社会经济发展前景》,欧阳向英译,《经济社会体制比较》2011 年第 5 期。

总资本结构特征决定的。经济增长问题说到底是要素投入增加和技术进步共同作用下的财富增殖问题,在市场经济中就是资本增值问题,是物质资本、人力资本、技术资本和社会资本共同发挥作用的结果。

(一)俄罗斯的国家财富结构决定了经济增长的动力结构和经济发展模式

在现代经济学理论中,经济增长是社会福利增进的最主要途径,因此GDP核算和GDP总量以及GDP增长率的比较是衡量一个国家经济状况的最主要指标。正因为如此,在那些可供对比的数据库中,无论是世界银行、国际货币基金组织还是联合国的统计数据,GDP总量和GDP增长率都是核心指标。在2016年的全球GDP总量排名中,俄罗斯排在意大利、巴西、加拿大和韩国之后,位于第12名,与澳大利亚、西班牙和墨西哥相近,只有1.28万亿美元。那么,俄罗斯的经济财富总量真的如此吗?如果对照这些国家的现实情况,会发现有许多反差。为什么如此?因为GDP是一个流量指标,表示一国在一年内新生产的商品和劳务总量。这个流量指标并没有考虑该国的财富存量。世界银行在1995年的时候发现了这一问题,并在1997年出版了一个专门的报告,分析一国的财富总量,指出财富总量应该考虑总存量和增量之和。其中存量包括自然财富、人造财富、人力资本财富和社会资本财富。毫无疑问,自然财富是包括国土面积、自然资源、森林和水资源等在内的财富总量,人造财富则包括道路、桥梁、房屋、机器设备和技术专利等财富,人力资本财富包括了人口总和、人口结构构成和受教育状况,社会资本财富则主要是包括一个国家的文化、意识形态、社会组织和社会制度等。在比较俄罗斯与其他国家的经济发展状况和财富总量时,毫无疑问应该包括上述内容。

俄罗斯经过1992年的"休克疗法"走上市场经济的发展道路之后,改变了计划经济时期的国民经济核算体系,同时融入世界经济的循环之中。这至少带来了两个方面的变化:一是开始用国际通行的GDP核算标准来计量本国生产和提供物质财富的能力;二是以相对比较优势和竞争优势加入国际分工体系。这两个方面的变化带来两个问题:一是国家财富结构与经济增长的关系问题,二是经济增长的动力结构及其可持续性问题。

俄罗斯的经济发展和社会政治发展都更加倚重能源原材料等自然资源,这是由俄罗斯的财富结构特征决定的。由于自然资源更加丰裕,在国际上具有更强的国际竞争力,俄罗斯加入国际经济循环的时候,发挥自然资源的竞争力是由经济规律决定的。如有学者通过计量验证的那样，俄罗斯是一个由国内消费主导的经济，1998—2008年的经济增长阶段，支出法计算的GDP构成中，最终消费占66.3%，投资（总积累）占20.8%，净出口占12.8%，统计误差为0.1%[1]。显而易见，在消费、投资和出口的三驾马车中，消费占主导地位。在国内消费支出中，进口品占了很大一部分，而进口的快速增长正是由高油价导致的大量名义出口增长和交易获利所支撑的。也就是说，俄罗斯消费型经济的形成，不是基于物质生产部门劳动生产率的提高释放出了大量人口进入非物质生产部门，而是基于能源原材料部门的出口剩余保障了非物质生产部门的发展，即能源原材料部门功不可没。俄罗斯物质生产部门和非物质生产部门的就业占比和产出占比也可以说明这一点。根据俄罗斯国家统计局的数据，直到2016年俄罗斯物质生产部门的就业人口占总就业人口的比重仍高达47.63%，这还是在该部门就业人口占比逐年减少的情况下的比例，而物质生产部门的产值占GDP的比重却只有33%左右。用将近一半的就业人口生产出GDP的1/3，加之物质生产部门更高的资本密度，可以推断俄罗斯物质生产部门的劳动生产率是相对较低的。因此，用一个低劳动生产率的物质生产部门支撑俄罗斯的消费型经济是不现实的，那么消费的来源只能是能源原材料部门在国际市场的超收益支撑了国内消费。库德林在2014年发表的文章中指出，俄罗斯的这种经济增长叫"输入型增长"[2]。

（二）去工业化造成的制造业占比萎缩是俄罗斯经济结构的根本问题

就国家财富结构与经济增长的关系而言，经济学的基本逻辑告诉我们，一个国家的经济增长模式、基于潜在比较优势的竞争优势以及经济的阶段特征都与这个国家的财富结构相关。在一个人力资源相对丰裕的国家，基于劳动密集型行业的投资和出口型经济是普遍特征。而在一个资源相对丰裕的国家，资源依赖和资源及资本密集型产业经济则是这类国家的常态。那么，在一个社会资本相对丰裕的国家，高素质人力资本积聚和创新性经济的特征将更加突出。因此，要弄清一个国家的经济结构问题到底是什么，就需要对一个国家的财富结构特征进行分析。

---

[1] 久保庭真彰：《俄罗斯经济的转折点与"俄罗斯病"》，《俄罗斯研究》2012年第1期。
[2] Кудрин А., Гурвин Е., Новая модель роста для российской экономини//Вопрос Экономини, №12, 2014.

世界银行为了解决财富结构的衡量问题，曾在 1997 年的一个研究报告中对国家总财富的衡量提出了一个判断标准，即一国的总财富包括自然财富、人造财富、人力资本财富和社会资本财富。按照上述标准衡量，俄罗斯的自然财富毫无疑问是全世界最丰富的，无论国土面积，还是所拥有的自然资源都是独一无二的。就人力资本财富而言，俄罗斯大约 1.4 亿的人口总量不是一个人口小国，人口的受教育水平也不落后。就社会资本财富而言，因为主要是基于文化宗教习俗的社会制度和社会组织财富，这方面的强弱和多少很难横向比较，人们往往用这个国家的文明和文化吸引力来衡量。俄罗斯财富结构中问题比较大的是人造财富部分，也就是 1992 年以来俄罗斯的物质财富创造能力和资本积累出了问题，表现在物质财富生产能力相对落后，国民经济的技术基础发展停滞。财富结构是静态的，是存量概念，我们经常用来进行国际比较的 GDP 则是动态的增量概念。虽然在关于经济分析的国际比较中，GDP 是运用最广泛的指标，但这个指标仅仅表明了一个国家在一个统计年度内能够为社会新增多少可供消费的商品和劳务，表示年度生产新的劳务和商品财富的能力。这是一个流量指标，不是一个国家的总财富指标。仅仅用 GDP 指标衡量国家间的相对财富水平不仅是片面的，而且也会因此对一个国家的比较优势和竞争优势产生错误的判断。

如果说俄罗斯经济存在结构问题，则这个结构问题在表象上可能是资源依赖问题，更深层次的问题要从人造财富的积累和经济增长的动力来分析。实际上，俄罗斯经济结构问题的关键首先是物质资本积累不足，表现在统计数据上，就是总积累率、总投资率和固定资产投资率处于非常低的水平。据俄罗斯国家统计局的统计，1992 年以来俄罗斯的总积累率从来没有超过 25%，总投资率徘徊在 20% 左右，固定资产投资率更是经常低于 18%。按照现代经济增长理论和马克思主义政治经济学的再生产理论，积累率和固定资产投资率低于 20% 意味着维持简单再生产都是很困难的。与此同时，俄罗斯的人力资本财富增长缓慢，人口问题长期困扰俄罗斯社会。社会资本财富方面，尽管俄罗斯在转型后追求融入西方社会，选择了西式民主，但这种选择造成了 20 世纪 90 年代的社会动荡，普京虽然通过建立垂直管理的政治体系恢复了社会政治稳定，但西方国家对俄罗斯式的民主并不买账。俄罗斯经济结构问题的表现是能源依赖，实质是产出动能不足，而造成产出动能不足的原因是产出结构，也就是物质生产部门与非物质生产部门的比例出了问题。俄罗斯在经济转型之后经历了一个去工业化过程，损害了国家的创新能力，并导致劳动生产率的增长长期停滞。

表1、图1是俄罗斯2011—2016年的GDP产出结构。在这个产出结构中，物质生产部门的比重平均占GDP的比重在33%左右，非物质生产部门的比重高达65%左右，这正是俄罗斯宣称的经济结构高级化和进入后工业社会的标志。但如果仔细分析，这种后工业化是"伪后工业化"。在后工业社会理论中，之所以物质生产部门的比重大幅度降低，非物质生产部门的比重大幅度提高，是因为物质生产部门的劳动生产率已经足够高，不需要那么多的人和资本从事物质生产部门的生产就可以满足社会的需要。运用这个标准和逻辑来衡量俄罗斯，就会发现俄罗斯的非物质生产部门比重上升并不是建立在物质生产部门劳动生产率提高基础上的，而是建立在开采能源原材料和能源原材料的外币收益快速增长基础上的。

表1　俄罗斯2011—2016年GDP产出构成（2011年不变价格）单位：10亿卢布

	2011年	2012年	2013年	2014年	2015年	2016年
第一产业	2041	2016.6	2107.9	2139.9	2201.5	2274.8
采矿	4950.0	5047.0	5051.4	5154.5	5164.6	5180.2
除采矿外的工业部门	12687.8	13167.5	13115.6	13044.6	12600.3	12561.6
生产性服务业	23982.4	25130.3	25998.5	26338.9	25254.2	26111.7
其他服务业	8422.9	8642.3	8723	8815	8938.9	8885.7
净产品税	8198.4	8482.8	8609.5	8576.2	8006.4	8008.0
GDP总量	60282.5	62486.4	63602.0	64071.8	62259.7	62119.6

资料来源：作者依据俄罗斯国家统计局公布的统计数据计算得到。

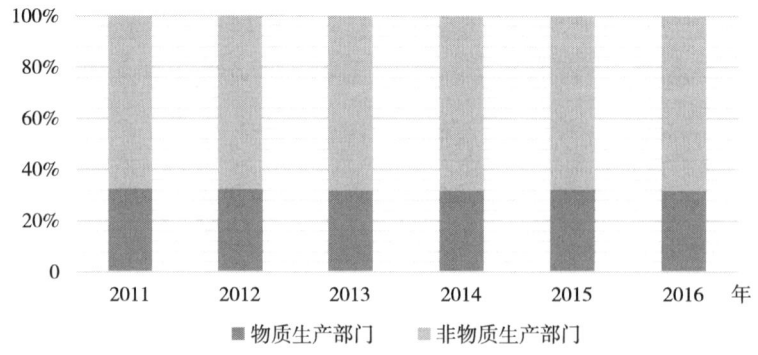

图1　俄罗斯2011—2016年的GDP部门结构

资料来源：俄罗斯国家统计局。

(三) 积累不足和制造业部门产出动能不足损害俄罗斯经济的技术基础是俄罗斯经济结构的深层次问题

从理论上看，俄罗斯的经济结构问题可以从多个角度定义。在经济发展与经济增长意义上，俄罗斯经济的结构问题可以定义为资源依赖与荷兰病。从经济实力与财富构成意义上看，俄罗斯的经济结构问题不过是俄罗斯的自然资本和自然财富独占优势。如果从后工业化意义上，俄罗斯社会的物质财富来源主要依赖资源部门，那么资源优势能否支持俄罗斯跨越工业化，就是问题的关键。从马克思主义政治经济学的再生产理论出发，俄罗斯的经济结构问题则是积累与扩大再生产的关系问题，是物质生产部门与非物质生产部门的关系问题，是开放条件下和封闭条件下财富创造与经济循环的关系问题。俄罗斯的自然资源虽然可以支持俄罗斯关起门来搞经济建设，但俄罗斯新增财富的市场实现和价值增值如果主要依赖资源部门，则世界市场的能源原材料市场行情是决定性因素。表1和图1中显示的俄罗斯物质生产部门与非物质生产部门的关系清晰地表明，俄罗斯物质生产部门的比重过低，其中加工制造业部门的比重甚至不超过13%，严重损害了俄罗斯经济的技术基础和长期增长前景。

俄罗斯经济是消费主导型的经济，据估算，家庭消费增长10%，GDP增长率增长7.3%。由于俄罗斯总积累率长期徘徊在20%—22%之间，扣除折旧和库存，固定资产投资率长期低于20%，这已经难以满足简单再生产需要了。正是由于固定资产投资率低，GDP增长的投资弹性也相对较大，就像久旱盼甘露一样，投资增长率的提高对经济增长影响很大。图2显示，俄罗斯固定资产投资增速的变化总是早于GDP的变动方向，这是固定资产投资在俄罗斯经济中重要性的表现。但遗憾的是，固定资产投资率太低，使得经济增长的潜力一直难以发挥出来。

一个经济体的技术进步需要制造业产业集群的形成和积聚，需要分工的深化和产业规模的扩大。俄罗斯的去工业化过程和制造业萎缩已经严重影响了俄罗斯经济的技术基础。这是俄罗斯经济结构问题的深层隐患。

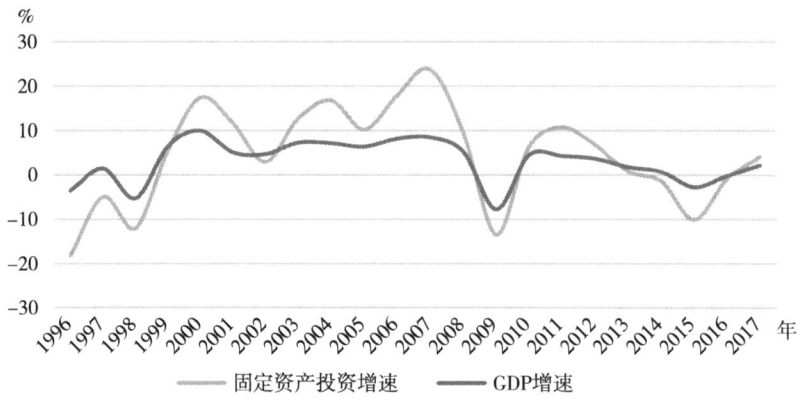

图2　俄罗斯1996—2017年的投资增速与GDP增速

能源部门成为经济增长的唯一动力是俄罗斯经济结构问题的核心

(一) 1998年之后的增长和衰退几乎都是由能源价格波动引发的

俄罗斯开启市场化经济转型之路后,在1991—1998年间经历了持续的深度经济衰退,1999年才走上经济复苏和增长之路。对于2000年以来俄罗斯经济增长的主要动力和原因,学术家的普遍看法是石油价格上涨和世界大宗商品价格持续处于高位,为俄罗斯资源依赖型经济的发展模式注入了活力。俄罗斯政府前财政部长库德林这方面的看法和研究最具有代表性。他2014年撰文指出,俄罗斯2000—2013年的经济增长是一种输入型增长[1]。他提出一个"石油天然气额外收入"(нефтнгазовые сверхдоходы)的概念来解释这种输入型增长。库德林指出,1999年以后国际原油价格快速上涨,在国内石油天然气的卢布价格相对稳定的情况下,俄罗斯的石油天然气开采和出口以国际市场原油和天然气价格销售得到的美元收益超出以国内能源价格计量的收益部分,在2000—2013年间累计高达2.1万亿美元,其中,2000—2008年这种石油天然气额外收入累计为0.9万亿美元,2009—2013年高达1.2万亿美元。这些能源额外收益为企业投资提供了资金来源,成为2000—2008年俄罗斯固定资产投

---

[1] Кудрин А., Гурвин Е., Новая модель роста для российской экономини // Вопрос Экономини, №12, 2014, С. 4.

资保持相对较高速度增长的最主要条件；这些收益的70%由政府掌握，成为俄罗斯社会项目支出的资金来源，保证了俄罗斯居民收入以超过GDP增长率的速度更快增长。俄罗斯经济表现出与西方发达经济相似的消费型经济特征，其关键原因正是来自于能源部门的额外收益。

尽管俄罗斯经济在现象上表现为与西方发达国家一样的消费型经济特征，但消费支出的财富来源迥然不同。发达国家的消费型经济，是基于制造业部门的高劳动生产率和生产性服务业在国际贸易中的高额盈余，因此获得了物质财富和产出剩余的支撑。俄罗斯的情况则相反，支撑消费型经济的财富来源主要来自能源原材料部门的超额收益。这是俄罗斯资源依赖型经济的本质。学术界对俄罗斯经济结构问题的分析主要聚焦于这个领域。能源（资源）依赖型经济的问题除了高度依赖国际市场能源和大宗商品价格的行情之外，就是经济增长的持续性、动力来源以及金融和经济安全都容易受到外部因素的影响，外部冲击成了经济增长和经济安全的决定性因素。

过度依赖能源原材料部门使得经济增长的内生动力不足，技术进步停滞。2008年金融危机之后，俄联邦政府认识到制造业萎缩和技术创新停滞对国家经济安全的影响，一方面推出鼓励进口替代的产业政策，另一方面提出国家创新发展战略问题。2008年全球金融危机引发的冲击使得俄罗斯经济在2009年衰退幅度达到-7.8%，成为受外部金融危机影响最严重的国家之一。2008年俄罗斯经济危机在性质上表现为金融危机，深层次原因是2003—2008年私人部门为了扩大投资，大量在欧洲市场融资，在外部冲击来临时，高杠杆率引发企业债务危机和金融系统性风险暴露。这次危机暴露出的俄罗斯经济增长基础的脆弱性使得俄罗斯政府不得不重视结构问题和内生发展问题的紧迫性。特别是2008年俄乌关系恶化，影响到需要依赖乌克兰产业配套的俄罗斯国防工业安全。为此，2009年成立了由总统亲任主席的俄罗斯经济现代化和技术发展委员会，经过长时间的研究和规划，2011年12月16日俄罗斯政府批准了具有战略意义的国家创新发展战略——《2020年前俄罗斯创新发展战略》。不过遗憾的是，2009—2013年能源价格的持续上涨为俄罗斯经济恢复提供了足够的动力，结构调整和创新问题再次推迟。

在俄罗斯能源部门不断扩张的过程中，石油美元流入导致的卢布实际汇率升值严重打击了俄罗斯的制造业部门，导致制造业部门不断萎缩。俄罗斯加工业产值占GDP的比重长期以来不断下降，在2009年以后持续维持在13%的水平上，2016年的加工业产值占GDP的比重只有11.7%，这比欧盟地区具有后工业化特征国家的16.5%的平均水平还低。俄罗斯经济因此进入一个无法回头的去工业化和伪后工业化进程。2014年石油价格下跌和西方制裁把已经处于周期性衰退中的俄罗斯经济的这一结构问题再次暴露出来。

（二）在2017年的经济恢复中结构性动力仍然主要来自于能源原材料部门

在2017年1—9月的经济增长中，作出主要贡献的行业是：（1）农业，比上年同期增长3.8%；（2）运输业，同比增长6.8%；（3）采掘业，全行业同比增长2.8%，其中，煤炭开采增长44.9%，石油开采增长17.2%；（4）对外贸易，同比增长26.4%，其中，出口26.4%，进口26.4%；（5）加工业，增长1.0%。俄罗斯作为消费型经济，对经济增长具有重要指标性意义的商品批发业，其2017年1—9月的同比增长只有0.5%，食品销售总额增长-0.5%，非食品类销售总额增长1.5%，通信服务增长-1.4%，居民服务增长0.2%。

已有大量文献分析指出，俄罗斯属于消费型经济，在拉动经济增长的三驾马车中，净出口和国内消费的增长对俄罗斯经济具有关键作用。由于俄罗斯经济活动的总积累率和固定资产投资率一直处于低水平，所以，投资增长的作用一直不显著。消费之所以对经济增长发挥关键作用，是因为能源原材料出口为国内消费提供了资金来源。结合俄罗斯经济的这种循环特征，分析上述经济增长和行业部门结构，可以发现，能源原材料开采和出口仍是俄罗斯经济复苏的主要动力。根据俄罗斯财政部和经济发展部的数据，俄罗斯石油天然气出口对财政收入的贡献在2014年为52%，2015年下降为43%，2016年为36%。但在2017年1—9月再次回升，贡献了财政收入的39.1%。油气部门对GDP的贡献再度上升。在出口商品结构中，石油天然气的占比也再次上升。2017年1—8月，俄罗斯石油天然气出口1370.25亿美元，比2016年同期增长了32.2%，占出口商品总额的比重为61.6%。作为对比，2016年1—8月油气出口占出口商品总额的比重为58.9%，出口总额比2015年同期减少了31.8%。油气出口在出口总额中的占比再次上升。

在俄罗斯非物质生产部门的经济复苏中，2017年1—9月俄罗斯运输业的快速增长是生产性服务业复苏的代表。但从运输业的内部结构看，增长最快行业的海运和航空货物运输，分别为20.8%和19.8%，管道运输增长7.3%，排在第三位，铁路运输增长6.6%，排在第四位。公路运输增长3.7%，内河航运增长幅度为零①。分析各运输行业的服务对象可以发现，处于前四位的运输行业，其服务对象主要是进出口国际货物运输。也就是说，世界经济复苏和俄罗斯出口货物质量增加和价格上升，同时能源价格上涨提高了俄罗斯的进口能力和吸收能力，这成为海运、空运、铁路运输和管道运输业快速增长的主要原因，而在国内物流中具有重要意义的公路和内河航运增长幅度微弱。

俄罗斯经济的增长前景

（一）短期：俄罗斯经济已经在 2017 年前三季度走出外源性危机

俄罗斯 2016 年下半年和 2017 年 1—9 月的宏观数据表明，俄罗斯经济已经走出衰退，开始复苏。要判断这轮复苏的性质及其前景，需要从 2015 年经济危机的性质和原因入手。初步的分析表明，这轮复苏是俄罗斯经济逐渐适应西方制裁和低油价的结果，因此，本次经济复苏表明俄罗斯经济的外源性危机已经结束。

在已有的学术文献的讨论中，俄罗斯 2014 年末爆发并在 2015 年深化的经济危机是外源性危机和内源性危机的综合，内源性危机则表现为结构性危机和周期性危机的综合②。从经济危机概念本身来判断，一种持续性的经济衰退并伴随着高通货膨胀，是一个标准的经济危机过程。以此标准看，俄罗斯 2014 年 GDP 增长率为 0.6%，2015 年为 -2.8%，2016 年为 -0.2%，2017 年 1—9 月为 2.2%③。从这些数据看，俄罗斯经济已经走出衰退阶段。因为一个完整的经济周期包括繁荣、衰退、萧条、复苏四个阶段，俄罗斯 2017 年 1—9 月的经济增速已经超越了经济萧条或停滞的标准，是否意味着俄罗斯经济直接由衰退转入了复苏阶段，还需要观察和进一步辨认。从三重危机叠加的角度看，2017 年的俄罗斯经济走势至少是摆脱了衰退，但从危机的性质以及 2016 年下半年和 2017 年 1—9 月的宏观数据中，我们只能判定俄罗斯基本摆脱了外源性危机，已经适应了新的外部环境。是否走出了周期性危机以及结构性危机，还需要更多的证据。

---

① 数据来源：俄罗斯国家统计局。
② 徐坡岭等：《乌克兰危机以来俄罗斯经济危机的性质及展望》，《俄罗斯研究》2015 年第 1 期。
③ 数据来源：俄罗斯国家统计局，http://www.gks.ru。

俄罗斯 2015 年的经济危机首先与乌克兰危机之后西方对俄罗斯的经济制裁有关，这是俄罗斯这次经济危机被定义为外源性危机的主要原因。来自美国主导的西方制裁主要指向俄罗斯的几个命门：限制俄罗斯在国际资本市场的融资；禁止俄罗斯在国际市场获得先进的技术专利；对俄罗斯包括能源、军工多个领域在内的战略企业和企业领导人的国际活动和经营进行制裁。2014 年 3 月之后逐渐收紧的多轮经济制裁和 6 月之后的国际市场原油价格暴跌以及随后的卢布剧烈贬值，使得俄罗斯经济中来自能源部门的收入、在国际市场融资的能力和成本以及卢布暴跌之后的进口能力都发生了根本变化，给俄罗斯经济带来了巨大冲击。据有关机构在 2017 年给出的估算，这些制裁对俄罗斯经济增长率的影响大约为 1%。2015 年俄罗斯经济增长率在调整之后的数据是 -2.8%，这说明外源性危机中制裁起了主导作用。

2014 年下半年世界市场原油价格暴跌是外源性冲击的第二个关键因素。从 2010 年到 2014 年，俄罗斯能源出口大约占俄罗斯出口总额的 2/3、财政收入的 1/2 和 GDP 的 1/3 左右。因此，油价暴跌减少了 GDP 收入和财政收入，降低了贸易顺差幅度，减少了外汇储备，降低了俄罗斯的国家信用等级并提高了俄罗斯在国际市场的融资成本，是造成俄罗斯 2015 年经济危机的重要原因。随后的卢布暴跌是制裁和油价暴跌导致的，是结果，是经济危机的派生原因。卢布贬值的影响是双重的，一方面减少了俄罗斯 GDP 产出和进出口贸易的名义价值，另一方面再次激发了自发性进口替代，为进口替代政策的启动提供了条件。

2015 年俄罗斯 GDP 增长率 -2.8%，呈现出一种危机状态。但下半年，食品加工、农业领域和造纸、化工、有色冶金、运输设备制造出现积极的结构性变化。2016 年国际石油价格趋稳回升强化了俄罗斯经济稳定的基础，从而为俄罗斯在 2017 年上半年实现经济增长创造了条件。2017 年第一季度 GDP 增长 0.5%，第二季度增长 2.5%，上半年增速为 1.5%。第三季度增速继续加快，前三季度增速达到了 2.2%。俄罗斯经济发展部和中央银行都相继调高了对 2017 年经济增长的预测，把全年 GDP 预期增长率从年初的 0.5% 左右调高到大于 2%。

纵览 2017 年 1—9 月的俄罗斯宏观经济指标，除了 GDP 增长 2.2% 外，通货膨胀率被控制在 4.1%，这是俄罗斯转型以来第一次实现了通胀率低于 5% 的货币政策目标。失业率为 4.8%，职工名义工资收入增长 6.7%，实际工资增长 2.5%，就业形势良好。在外贸领域，进出口快速增长，2017 年 1—9 月的外贸总额比上年同期增长 26.4%，外部需求的增长和出口增加成为俄罗斯经济恢复增长的重要动力。与此同时，卢布恢复稳定和石油价格回升使得俄罗斯的进口能力同步增长。以上数据表明，俄罗斯经济已经消化掉制裁和石油价格下跌的冲击,走出了经济衰退。

(二) 中期:周期性危机已经基本结束,故中期平稳增长可期

从宏观经济的运行状况看,俄罗斯经济是2015年步入经济衰退的。在此之前的2014年,经济仍然保持了0.74%的增长率。2014年3月克里米亚公投之后来自西方的制裁和下半年的油价暴跌形成的负面冲击在2015年才显现出来。但如果我们观察的角度调整为行业的投资与产出变动,则会发现另一种冲击。从俄罗斯投资的变动情况和行业产出的变动情况看,实际上俄罗斯的许多周期性行业在2013年已经普遍步入了周期性衰退。表2显示了俄罗斯主要周期性行业的变动情况。

表2　　俄罗斯2012年以来的行业增速(比上年)　　单位:%

	2012年	2013年	2014年	2015年	2016年
农业与种植业	-1.64	4.50	1.95	2.99	3.59
渔业	7.67	5.05	-6.49	0.77	-2.09
采矿	1.96	0.09	2.04	0.20	0.30
加工业	4.57	0.71	0.75	-4.63	1.15
水电气生产配送	0.52	-2.30	-0.64	-1.50	2.62
建筑业	3.83	-1.54	-2.84	-1.93	-4.24
批发零售维修等	3.44	-0.02	0.70	-8.80	-3.13
交通运输通讯	4.00	-0.18	-0.25	-1.02	0.42
金融业	19.64	12.46	5.40	-5.97	0.81
不动产租赁设计等	3.29	6.32	1.45	-0.46	0.90
旅馆餐饮	4.84	1.87	-0.64	-4.50	-3.52
国家管理与安全	4.70	2.65	0.97	3.04	0.02
教育	-2.95	-3.41	0.39	1.25	0.12
卫生保健与社会保障	2.55	0.65	2.68	0.12	-1.98
其他公共管理服务	0.80	-0.09	-0.21	1.38	0.60
家庭服务	4.67	1.76	1.48	-1.03	-2.00

资料来源:作者根据俄罗斯国家统计局的统计数据计算得到。

从表2可以看出,在俄罗斯具有自然资源依赖和低价格弹性和低收入弹性的行业,比如农业和种植业、渔业以及采矿业,其增长的周期性特征并不明显。在宏观经济衰退的年份,仍然保持了继续增长的势头。但那些价格弹性和

收入弹性更大的行业,如加工业、水电气的生产与输送、建筑业批发零售和交通运输业等,却表现出比宏观经济更强的周期性波动特征。这些行业在2013年步入衰退,在2016年俄罗斯宏观经济仍然处于危机状态的情况下,加工业、水电气的生产与配送、交通运输业、不动产租赁交易与设计服务等已经停止衰退。2017年1—9月,这些行业的复苏和增长态势更加明显。其中,运输业比上年增长6.8%,加工业增长8.5%。在加工业中,纺织业增长4.8%,服装工业增长5.5%,炼焦与石油制品增长16.1%,制药和药用原料业增长12%,计算机与电子产品生产增长10.9%,汽车与机械设备(不包括运输设备)生产增长8.4%,货运车辆、拖车与半挂车生产增长29.9%,其他运输机械和装备生产增长22.3%。这些周期性行业的复苏表明,俄罗斯经济已经走出周期性经济危机。

经济是否走出周期性危机,既要看行业产出的变动周期,更要看行业的投资周期变动,因为俄罗斯的本轮经济周期是商业周期和固定资产投资周期共同作用的结果。俄罗斯经济在2016年下半年和2017年1—9月的固定资产投资出现增长趋势,表现持续3年的投资负增长已经基本结束,周期性经济危机的阴影已经基本消散。

俄罗斯这一轮投资周期的轮动是自2012年下半年开始的,2014年资本性投资动态转向负面,固定资产投资增速下降了1.5%,2015年投资增长更是深度下降,幅度为10.1%。到2015年底,固定资产投资的降幅开始放缓,2016年投资活动趋于平稳,全年下降0.9%。2017年初,投资增长率由负转正,上半年增幅达到4.8%①。

(三) 中长期:受制于深层次结构问题和投资问题,中长期增长存在不确定性

1. 当前俄罗斯投资动态的总量和结构特征都不支持经济持续快速增长。尽管投资总量由负转正,但俄罗斯投资的结构性特征还存在隐患。根据1—9月的投资变动情况,俄罗斯经济发展部预计2017年俄罗斯固定资产投资增长将达到4.1%。其中,固定资产投资的增长将主要来自于私营部门。私营部门在交通运输业(管道运输除外)、建筑业、房地产业和制造业(主要是化工生产和工程机械生产的投资增加)进行的投资,对整体投资回升产生了积极影

---

① 数据来源:俄罗斯国家统计局。

响。私人部门投资活动的活跃，一方面得益于行业利润率的回升，从而使私人部门获得了进行投资的资本来源。在宏观经济处于危机的背景下，私人部门得益于卢布贬值导致的支出转换效应和自发的进口替代进程，私人部门的整体利润在2015年仍然增长了17.6%，2016年增长了17.3%。另一方面，整体经济形势好转改变了私人部门对未来的预期，促使投资转向活跃。

需要注意的是，得益于卢布贬值及其引致的进口替代效应，俄罗斯私人部门利润率在经济危机期间保持了增长，从而使得私人部门在总体形势趋好的情况下有能力也有欲望增加投资，但这种投资恢复仍然是外部冲击的结果。从固定资产投资周期和商业周期的角度看，俄罗斯社会整体的固定资产投资率和社会总积累率的趋势性还没有出现改变。2012—2016年俄罗斯的固定资产积累率（固定资产积累占GDP的比重）分别是20.2%、20.2%、21.1%、20.7%和21.1%，固定资产投资率分别是18.8%、18.9%、17.6%、17.5%和17.0%。2017年上半年同比的固定资产积累率与2016年上半年持平，都是17.7%。出现这种情况的重要原因是，俄罗斯国有部门和公共资本投资在俄罗斯的固定资产积累和固定资产投资中占据支配性地位。这就导致私人部门投资的增长只具有边际突破意义，国有部门和公共资本投资恢复增长才具有趋势性意义。在这种情况下，尽管俄罗斯2017年社会总积累率增长了8.9%，但用于固定资产投资的比例和对总固定资产投资率的影响就缺少了指向性意义，可以认为，这种变化对固定资产投资周期的影响还有待观察。

2. 深层次的结构问题仍是困扰俄罗斯经济的根本问题。俄罗斯经济走出外源性危机，并基本走出周期性危机，使得俄罗斯经济处于恢复性的增长轨道中。由于能源价格和原材料部门的出口收益仍然是经济增长的主要动力来源，因此，基于俄罗斯财富结构和相对比较优势的经济发展模式并没有发生根本性的变化。尽管2014年以来俄罗斯从国家战略的高度加大了进口替代的政策力度，但由于进口替代是反制裁和食品进口限制的结果，进口替代有赖于卢布价格低估，因此进口替代在最终消费品领域和价格收入弹性大的领域效果显著。但在工业用原材料、中间产品和工业设备等资本品领域则基本停滞不前，甚至在卢布价格趋于稳定和缓慢升值的背景下，俄罗斯资本品生产领域的进口替代发生了逆转，国内资本品生产企业仍然难以获得足够的国内企业订单。其中深层次的根源在于俄罗斯工业部门与世界经济的分工和产业鸿沟已经很大，这是俄罗斯20多年的去工业化进程造成的，不是短期可以扭转的。

在世界经济的分工结构中，俄罗斯以本国的资源优势加入国际经济循环，目前处于全球价值链分工的左侧原材料供应的位置上。由于俄罗斯在一定程度上保存了苏联时期的科技实力和人才队伍,并且在最近10多年来恢复了科技教育方面的投入,因此具有产品设计和研发的潜力,但在产品的生产、运营、仓储、销售和售后服务方面仍缺乏竞争力。因此,从国际分工角度看,俄罗斯经济的财富结构和产出结构在短期内不会有根本性变化。

在目前的俄罗斯经济增长中,具有边际突破意义的是私人部门的投资增长更快,制药、电子产品、运输设备和电力设备的生产有一定恢复。这对于俄罗斯经济新的增长点的培育具有积极意义。但俄罗斯经济产出中,国有垄断部门占有绝大部分份额,国有部门投资的恢复更具有指标性意义。

综合以上分析,可以得出这样的基本结论:在世界经济复苏和能源价格恢复稳定并有所上涨的外部有利条件下,在俄罗斯国内经济走出周期性衰退和外源性危机的情况下,俄罗斯经济在短期内保持中低速恢复性增长时期的势头是可能的。但从中长期来看,俄罗斯经济增长的动力结构还没有发生根本性变化,中长期经济增长的前景仍不明朗。要保持持续的中高速增长,不仅需要外部环境有利,而且需要俄罗斯的积累率和固定资产投资率有所提升,并且投资增速保持在一个相对较高的水平。而这方面的条件和前景目前还不明朗。

参考文献

[1] 久保庭真彰:《俄罗斯经济的转折点与"俄罗斯病"》,《俄罗斯研究》2012年第1期。

[2] 陆南泉等:《俄罗斯经济是否患有"荷兰病"》,《欧亚经济》2014年第2期。

[3] 库德林、谢尔吉延科:《危机的后果和俄罗斯社会经济发展前景》,欧阳向英译,《经济社会体制比较》2011年第5期。

[4] 徐坡岭等:《乌克兰危机以来俄罗斯经济危机的性质及展望》,《俄罗斯研究》2015年第1期。

[5] Кудрин А., Гурвин Е., Новая модель роста для российской экономини //Вопрос Экономини, №12, 2014.

西方制裁五年：影响、对策及俄罗斯经济发展前景

李建民

摘要：2014年乌克兰危机爆发后，美欧联手对俄罗斯发起多起制裁。西方制裁的长期化和不断升级对俄经济造成的负面影响逐渐显现，除结构性和周期性因素外，制裁是使俄原本严峻的经济形势进一步恶化的重要原因。在实力不对称的条件下，俄罗斯有选择地进行了反制裁，并在国内采取建立独立支付体系、去美元化的金融组合拳、进口替代等一系列应对措施。总体看，俄应对西方制裁措施取得一定成效，但仍面对一系列难题，中长期发展前景并不乐观。

关键词：俄罗斯；西方制裁；经济前景

国际制裁是一项颇受争议的对外政策工具，已有悠久历史，具体手段包括经济制裁、政治制裁、媒体制裁、科技制裁、金融制裁等，目前使用较多的是经济制裁。国际经济制裁是在软弱的

[作者简介] 李建民，中国社会科学院俄罗斯东欧中亚研究所研究员。

外交交涉与后果严重的军事行动之间的一种相对廉价而有效的选择,是发起国推进其对外战略的一种非军事替代手段。一般而言,国际经济制裁就是通过限制经济往来给对方造成一定经济痛苦,从而达到特定的政治目标。经济制裁必然会对目标国产生消极影响,但未必能够或者马上达到目标,必然经历一个消极影响的累积过程,即由物质损失到利益分化加剧、认同破裂,再到抵抗意志的崩溃,才能够最终实现经济制裁的终极目标。尽管经济制裁效果不一,冷战后,经济制裁仍被越来越多地使用。自2014年以来,美欧与俄罗斯之间的制裁反制裁已历经五年,制裁成为冷战之后西方与俄罗斯之间的最大冲突。目前美国仍在寻求制裁的长期化,这意味着制裁和国际油价大幅波动一起成为俄罗斯必须面对的新常态。本文拟对以下问题——西方制裁路径及其对俄罗斯的影响、俄罗斯的应对之策及效果、制裁背景下经济发展前景等进行简要分析。

西方制裁路径及其对俄罗斯的影响

据俄罗斯外交部数据,2014—2018年的五年间,美国欧盟联合37个国家共对俄发起63轮制裁①。制裁对象包括个人、企业、行业及相关产品。期间,俄罗斯共有385人和511个机构进入美国的特别指定国民名单(Specially Designated Nationals and Blocked Persons List, SDNs)和行业制裁识别名单(Sectoral Sanctions Identifications List, SSI)。俄罗斯一些高官、大型企业领导,最主要的六大国有大银行(占俄银行总资产的54%)、俄罗斯天然气工业公司、俄罗斯石油公司等四大能源巨头(占石油天然气部门总收入的95%)及九大国防工业技术集团公司悉数上榜,加总相当于俄GDP的20%—21%②。

美欧所提出的制裁理由包括:将克里米亚并入俄罗斯及乌克兰东部事件;谢尔盖·马格尼茨基③之死,腐败及破坏人权;根据2017年夏季通过的《以制裁反击美国敌人法案》(CAATSA)实施的制裁;俄罗斯黑客对美国选举系统进行网络攻击;叙利亚化武危机及俄对叙利亚政府提供支持;俄与朝鲜当局

---

① Пять лет санкций против России. Главное, 2018 - 12 - 4, https://www.rbc.ru/photoreport/21/12/2018/5c1d005d9a79477527485ded.

② Влияние санкций Запада на экономику России.

③ 谢尔盖·马格尼茨基是俄罗斯赫密塔吉基金管理公司(Hermitage Capital)的一名大胆揭露俄罗斯官员腐败的律师,曾经揭露了一起涉案金额达2.3亿美元的官僚诈骗案。2017年12月20日,美国财政部宣布,依据与俄罗斯人权问题捆绑的"马格尼茨基法案"制裁5名俄罗斯人,其中包括俄联邦车臣共和国领导人拉姆赞·卡德罗夫。

做交易；俄前特工斯克里帕尔在英国离奇中毒事件等。基于上述理由，美国、欧盟对俄罗斯进行了政治、经济、外交和军事的全面孤立，制裁力度和广度不断加大，其中最严厉的制裁指向俄罗斯强行收回克里米亚及乌东事件。

从制裁内容看，除限制俄罗斯部分高官和国企领导人入境、冻结其在国外账户外，主要是限制俄罗斯企业获得从外部融资和高技术产品的机会，主要措施包括：禁止俄罗斯各大公司从欧美市场融资，禁止欧美国内公司向俄能源公司提供深海勘探开采技术和设备，禁止向俄国防技术公司出口兼具商业和军事用途的两用品，中止俄罗斯与部分欧洲国家的军事技术合作项目等。乌克兰也宣布停止向俄罗斯供应配件。2018年4月6日，美国对俄首次动用治外法权，不仅禁止美国公民或实体与受到制裁的俄罗斯实体进行生意往来，同时宣布，若非美国公民在知情的情况下为受到制裁的个人或实体，或代表这些个人或实体为促进重大交易提供便利，也将面临制裁。此举被认为是有史以来对俄罗斯最严厉的制裁，意味着制裁路径已从部门制裁转向封锁性制裁①。制裁对俄罗斯经济的负面影响主要表现在以下方面。

（一）切断俄银行和企业进入国际资本市场融资的渠道

人为中断了流动性，造成金融机构和非金融机构的严重缺血，约54%的银行资产受到直接影响。数家俄罗斯银行和企业被禁止向欧盟公司和公民发售期限超过90天的新债券和股票，使信贷环境大大恶化，制裁俄将面临中长期融资限制，使原本疲软的经济雪上加霜。与此同时，由于制裁导致银行成本上升，迫使其降低存款利率，提高贷款利率，使实体经济融资成本上升。

（二）严重打击投资者信心，恶化投资环境，引发资本外流

由于避险情绪升温，俄资本外流规模远超资本流入，这在制裁初期尤为严重。据俄罗斯央行数据，境外直接投资在2014年初就逐渐停止进入俄罗斯。2014—2017年资本净流出分别为1515亿美元、581亿美元、198亿美元、313亿美元。2018年国际石油价格平均上涨10—20美元/桶，俄中央银行预测，

---

① Влияние санкций на экономику России в 2019 году, Елена Павлова, 16.04.2019http：//wiki-business.ru/vliyanie – sankcij – na – ekonomiku – rossii – v – 2019 – godu/.

在俄产原油年均 72 美元/桶情况下,资本外流将达到 660 亿美元①。这意味着,由于油价上涨带来的超级利润将全部流向国外,显示了在高油价的有利条件下俄罗斯经济表现出的不正常。原俄罗斯经济发展部副部长、现俄罗斯对外经济银行首席经济学家克列帕奇指出,担心美欧继续对俄发起新的制裁是资本外流增加的直接原因②。

(三) 严重打击俄能源和军工等支柱产业中长期发展潜力

俄油气产业对外依赖程度极高,几乎 100% 的软件、80% 的大陆架开发技术、50%—60% 的压缩机、20% 的管材均需进口。除限制技术设备出口外,美欧还叫停多个与俄罗斯的大型合作项目。在俄罗斯引以为傲的军工部门,有 186 种武器需要从乌克兰进口零部件,其中包括用于电子战和航空设备的组件。有 640 种军事技术装备(主要是光学和电子设备)需要从北约和欧盟进口零部件和组件③。俄罗斯利润丰厚的油田设备和油田服务市场主要由哈里伯顿、国民油井华高等美国公司把控,在制裁条件下,这些企业将被禁止向俄罗斯出售相关产品和专利技术。俄工贸部承认,西方制裁不仅威胁到大陆架油气开采,而且影响到传统油田。从中期看,将会影响俄现有油田的开采量,而与欧洲军事技术合作中止的直接后果是使俄罗斯失去了快速补齐防务短板的机会。

(四) 欲将俄罗斯从 SWIFT(环球同业银行金融电讯协会)结算体系中剔除

美英一直以此威胁俄罗斯,可谓悬在俄罗斯头上的达摩克利斯之剑。SWIFT 是一个国际银行间非营利性的国际合作组织,成立于 1973 年,目前全球大多数国家的大多数银行在使用 SWIFT 系统,因而 SWIFT 也是俄罗斯与全球金融体系连接的重要桥梁。一方面,俄与贸易伙伴的大部分双边合作仍用美

---

① Георгий Степанов: Сырьевые доходы ушли в отток капитала, 13 - 11 - 2018https: //news. ru/den - gi/neft - rossiya - dohody - ottok - kapitala - klepach/.

② Клепач: все доходы России от дорогой нефти ушли в отток капитала, 13 - 11 - 2018https: //www. vestifinance. ru/articles/110063.

③ Николай Устименко: Российский ВПК и Запад - проблемы импортозамещения, 8 - 07 - 2015. http: //www. ritmeurasia. org/news - - 2015 - 07 - 18 - - rossijskij - vpk - i - zapad - problemy - importozameschenija - 18851.

元进行结算；另一方面，这些结算活动主要通过由美国主导的 SWIFT 系统开展。美国通过 SWIFT 平台掌握有关国家、机构或个人的金融交易信息，限制被制裁对象通过国际清算通道进行国际支付，是美国对目标国家、机构及个人实施金融制裁最具威慑力的方式。这意味着，在美国认为必要时有可能冻结任何交易，甚至截断一个国家的结算通道。如果俄罗斯真的被剔除在外，短期内将对其造成破坏性影响，长期可能引发更严重的后果。俄第一副总理、财政部长西卢阿诺夫称，目前在俄罗斯的国际结算中，有 1/3 的美元付款被拖延，其在国防合同中最多。

（五）重创俄罗斯经济

俄国内关于西方制裁损失没有公开的统一评估，俄财政部认为 2014 年制裁的直接损失为 400 亿美元；俄罗斯宏观分析与短期预测中心认为 2014—2015 年 GDP 下降 2% 在很大程度上与制裁有关；俄前总统顾问和总统驻银行理事会代表格拉济耶夫认为，2015—2016 年制裁造成的损失达 2500 亿美元；俄"财经和会计顾问"战略分析研究所所长伊戈尔·尼格拉耶夫认为，五年来，制裁对俄造成的损失相当于 GDP 每年减少 1%—1.5%。据彭博社组织的最新研究认为，自 2014 年西方对俄制裁以来，俄经济损失了 6% 的增长率，加上原油价格下跌和通胀因素，俄经济再损失 4% 的增长率。GDP 累计下降 6%，投资减少 2000 亿美元，未实施项目损失利润 4000 亿美元，经济增速降至 1.5%，居民购买力下降 11%[①]。虽然制裁是把双刃剑，发起国和目标国都会受到损失，但可以肯定的是，历经五年，经过精确计算的制裁措施预期效果已经显现：关闭高科技和金融市场目标指向是俄罗斯中长期发展，这些制裁正在对俄罗斯经济造成巨大破坏，特别是加剧了该国的技术落后并抑制 GDP 的增长。2013—2018 年，俄 GDP 增速分别为 1.3%、0.6%、-3.7%、-0.2%、1.4%、1.8%（2018 年增速有不同统计），可以看到，最近 5 年来，俄经济一直在底部徘徊，2017 年即使走出危机阴影，增长也低于世界经济平均增幅。除结构性和周期性因素外，制裁是使俄原本严峻的经济形势进一步恶化的重要原因。

---

① Михаил Зубов: Пять лет под санкциями: когда закончится экономическая война Запада с Россией и кто ее проиграет, 05.04.2019, https://www.msk.kp.ru/daily/26962/4016832/.

(六) 制裁对金融领域、实体经济及居民生活造成普遍影响

作为对 2018 年 4 月 6 日美国动用治外法权出台严厉制裁措施的反应,股市方面,俄罗斯的两大股指之一的俄罗斯交易系统指数 (RTS Index) 创 1995 年以来最大单日跌幅。汇市方面,莫斯科证券交易所数据显示,卢布对欧元和卢布对美元汇率分别创下 2017 年和 2016 年以来的新低①。

根据俄罗斯社会舆情研究所 2018 年 8 月 31 日的调查,绝大多数被调查者 (78%) 认为制裁对俄罗斯经济造成了确定的影响,其中 57% 的被调查者认为金融部门、54% 认为贸易领域、45% 认为工业部门、41% 认为能源综合体、36% 认为信息技术部门受到制裁影响。有 48% 的被调查者认为制裁已经直接影响到自己的日常生活,这些人中人均月收入高于 10 万卢布(相当于 1 万元人民币)的占 67%②。

二
俄罗斯应对西方制裁的措施

西方制裁在对俄罗斯经济造成一系列负面的同时,也在倒逼俄罗斯调整经济政策和增长模式,寻找摆脱困境的出路。从俄罗斯的应对之策看,可分为对西方实施反制裁、实施金融领域的组合拳及实施进口替代三大部分。

(一) 对西方实施反制裁

俄总理梅德韦杰夫指出,制裁可视为美国发起的经济战争,对此俄罗斯将以各种方式回应。

1. 制定对应制裁"黑名单"。针对美欧将俄罗斯某些官员列入禁止入境和冻结账户黑名单的做法,俄罗斯制定了对应的制裁名单,2014 年 3 月 20 日、3 月 24 日、8 月 22 日,2015 年 5 月 31 日,俄罗斯分别制定了针对美国、加拿大、日本和欧盟公民的黑名单,限制其入境俄罗斯。

---

① 《美国制裁重创俄罗斯金融市场》,《经济参考报》2015 年 4 月 11 日。
② Новые известия Уже половина россиян ощущают влияние санкций на свою жизнь 31 - 8 - 2018https: //newizv. ru/news/economy/31 - 08 - 2018/uzhe - polovina - rossiyan - oschuschayut - vliyanie - sanktsiy - na - svoyu - zhizn.

2. 批准"反制裁法案"。2018 年 6 月 4 日，俄总统普京最终签署了《关于影响（反制）美国和其他国家不友好行为的措施的法律》，即俄版反制裁法。该法律由议会下院议长沃罗金领导的杜马议员团组提出。反制裁法适用于美国及其他对俄罗斯、俄罗斯自然人和法人采取不友好举措的国家，还适用于参与对俄制裁的不友好国家所管辖、受这些国家直接或间接控制的实体或其分支机构，以及官员和公民。根据该法案，俄罗斯政府有权出台各种相应反制措施，包括：终止或暂停与不友好国家或机构的国际合作，禁止或限制与不友好国家或机构进行产品和原料进出口贸易，禁止或限制受这些国家管辖或控制的机构参与俄罗斯的政府采购项目和国有资产私有化项目等。

3. 成立专门的"反制裁司"。2018 年 7 月 20 日，俄总理梅德韦杰夫签署政府令，批准财政部成立反制裁司。根据该政府令，反制裁司的成立使俄财政部有权制定和落实相关措施并协调各部委，以减少来自外部对金融领域制裁给俄国家和法人造成的负面影响，财政部认为，该机构的设立能够集中资源对任何新的制裁措施作出反应。早在 2018 年 4 月，俄罗斯工业企业家联盟主席绍欣就提出要成立一个针对美国财政部外国资产监管司（OFAC – Office of Foreign Assets Control）的专门机构，定位就是 КонтрOFAC（反外国资产监管司）。

（二）禁止西方部分食品进口

2014 年 8 月 6 日，普京签署《关于采取特别经济措施保证俄罗斯联邦安全》的总统令[①]，俄罗斯宣布对来自美国、欧盟国家、澳大利亚、加拿大和挪威的牛肉、猪肉、水果、禽类、奶酪和乳制品实施一年期进口限制，列入限进令清单的食品涉及俄进口食品的近 40%，约合 91 亿美元，其中欧盟为 65 亿美元。2015 年 8 月 13 日，俄罗斯政府在禁止对俄罗斯进口农产品、原材料和食品的国家清单中增加了阿尔巴尼亚、黑山、冰岛、列支敦士登和乌克兰，决定自 2016 年 1 月 1 日起对这些国家实施反制裁。除了停止进口西方国家的农产品和食品，俄罗斯还宣布保留对西方汽车的进口制裁权。之后，俄政府每年 6 月举行工作会议，视情研究是否将反制裁措施继续延长。截止到 2018 年 6 月，该措施已延期 4 次。2018 年 7 月 12 日决定，反制措施再次延期至 2019 年 12

---

① Указ Президента РФ от 6 августа 2014 г. N 560, "О применении отдельных специальных экономических мер в целях обеспечения безопасности Российской Федерации".

月 31 日①。2019 年 3 月 5 日，美国总统特朗普签署命令，将 2014 年因乌克兰问题所实施的对俄制裁延长一年。② 2019 年 6 月 20 日，欧盟宣布，将针对俄罗斯的经济制裁再次延长半年至 2020 年 1 月底。对此，俄罗斯总理梅德韦杰夫签署法令，将适用于部分国家的粮食进口禁令延长到 2020 年 12 月 31 日③。

(三) 出台金融领域的"组合拳"

1. 建立独立的国家支付系统。自 2014 年 3 月美欧对俄实施第一轮经济制裁开始，VISA（维萨卡）与 MasterCard（万事达卡）等国际清算平台就停止了对俄罗斯主要银行客户的相关服务，作为回应，2014 年 5 月 6 日，普京签署建立本国支付系统并确保国际支付系统工作连续性的法律。根据该法，俄将建立一个完全由俄央行控股的国家支付结算和清算中心，减少外来金融风险。2015 年 12 月，俄罗斯推出全国性电子支付卡系统（National Payment Card System），越来越多的俄罗斯银行开始与中国银联开展合作，使用中国银联卡支付服务。

2. 稳定国内金融市场。自 2014 年美欧发起制裁和国际油价暴跌以来，俄国内股市汇市大幅波动，俄央行采取一系列措施救市：要求超大型国有出口企业强制售汇，以帮助稳定卢布汇率。除加息和择机进行外汇干预外，俄央行还通过提供外汇贷款、放松资本金要求、提供额外的各种期限的外汇回购操作、避免减记向受西方制裁影响的公司发放的贷款、延迟对不良贷款作出拨备、以外汇债务权做抵押获取新的外汇贷款等来稳定市场。对系统性大银行注入流动性，并由存款保险局对流动性短缺的国内大银行进行临时托管；清理问题银行，以保证俄银行系统稳定性。在西方制裁期间，为规避金融风险，俄罗斯一直在通过吊销营业许可证或缩小业务范围的办法清理问题银行，俄银行总数已从 2014 年 1 月 1 日的 859 家减少到 2018 年 12 月 1 日的 448 家。

3. 加快"去美元化"。俄罗斯 69% 的结算通过美元进行，高于 62% 的世

---

① Указом Президента РФ от 12 июля 2018 г. N 420 меры, предусмотренные настоящим Указом, продлены с 1 января по 31 декабря 2019 г. Указом Президента РФ от 30 июня 2017 г. N 293 меры, предусмотренные настоящим Указом, продлены с 1 января по 31 декабря 2018 г. Указом Президента РФ от 29 июня 2016 г. N 305 меры, предусмотренные настоящим Указом, продлены с 6 августа 2016 г. по 31 декабря 2017 г. Указом Президента РФ от 24 июня 2015 г. N 320 меры, предусмотренные настоящим Указом, продлены на 1 год с 6 августа 2015 г. http: //base. garant. ru/70711352/.

② 《特朗普延长对俄制裁》，东方财富，2019 年 3 月 6 日。

③ 《欧盟延长对俄制裁后，俄将对西方国家食品进口禁令延长一年》，观察者网，2019 年 6 月 26 日。

界平均水平。在西方全面制裁的情况下,俄罗斯愈加意识到加快"去美元化"的必要性。2014 年以来,俄罗斯的"去美元化"主要在三个方向展开。

第一,在进出口业务结算中加快向使用欧元、人民币和卢布过渡。截至 2018 年,中俄双边贸易本币结算比例已达 15%,边境地区贸易基本使用本币结算。俄罗斯与印度签署了使用卢布结算的 S-400 防空导弹系统采购合同,是苏联解体后首笔非美元结算的国产武器装备出口大单。近期,俄罗斯呼吁欧盟,如放弃对俄制裁,与欧盟的能源贸易改以欧元结算。2018 年 8 月,俄罗斯与土耳其达成协议,双边贸易直接用本币结算。减少银行资产负债构成中的美元占比。

第二,实施国际储备多元化计划。俄罗斯的国际储备是西方制裁的目标之一,自 2017 年 3 月起,俄央行不断下调美元在国际储备中的占比,截至 2018 年 3 月 31 日,美元、欧元占比分别下调至 43.7% 和 22.2%;人民币占比则从一年前的 0.1% 增至 5%。截至 2018 年 6 月,俄国际储备构成如下:欧元 32%,美元 21.9%,黄金 16.7%,人民币 14.7%,英镑 6.3%,日元 4.5%,加拿大元 2.9%,澳元 1%,可以看到,该构成已经明显多元化[1]。自 2018 年 8 月 1 日起,俄央行将公民外汇存款强制性储备金上调 1 个百分点至 7%,希望借助这一措施推动央行减少接受外汇存款。除下调美元占比外,俄罗斯还大量抛售美债和增加黄金持有量,2018 年 3—5 月,美债持有量从原 1087 亿美元锐减至 149 亿美元,减幅达 84%。截止到 2018 年 11 月,俄央行的黄金储备已增加至 2102.60 吨,在国际储备中占比达 17.6%。

第三,提高卢布的吸引力。采用卢布作为政府结算手段,目前主要在独联体和欧亚经济联盟国家实行。在欧亚经济联盟内部,以卢布和本币结算的比重逐年提高,现已达到 60%—70%。由于担心未来美国会进一步加大金融制裁力度,俄罗斯政府和中央银行努力采取防范措施。由俄财政部、中央银行和经济发展部联合制定的"去美元化计划"已上报政府,2019 年开始系统实施。

(四) 实施进口替代政策

为应对制裁和保障国家安全,自 2014 年 10 月起,俄罗斯开始在经济领域实施进口替代规划。政策安排上俄罗斯政府不仅希望通过进口替代缓解西方制

---

[1] Центробанк раскрыл информацию о структуре международных резервов РФ, 09.01.2019. https://infoportalru.ru/centrobank-raskryl-informaciju-o-strukture-mezhdunarodnyh-rezervov-rf.html.

裁影响，还希望能将其作为实施再工业化和结构调整的重心，提出进口替代与出口导向并举、再工业化和新型工业化并举的考量，使进口替代同时具有了国家安全战略、反危机策略、经济结构和产业政策调整战略、再工业化和新型工业化战略和政策的多重属性。

进口替代分为工业（包括军工和民用）和农业两大领域。为保证进口替代规划顺利推进，俄罗斯成立了高级别的领导机构。2015年8月4日，成立了以总理梅德韦杰夫为主席的联邦政府进口替代委员会及由两位副总理领衔的民用产品进口替代分委会和军工产品进口替代分委会。俄联邦工业贸易部、教育与科学部、财政部、自然资源和环保部、劳动和社会保障部、交通部、经济发展部、技术调节和计量署、铁路运输署、地下资源利用署、航天署、俄罗斯核能国家公司等多个部委和国家公司成立了进口替代专门工作组参与协调。在做好组织保障的同时，2014年以来，围绕进口替代，俄联邦工业和贸易部提出至2025年四大出口战略，涉及汽车工业、农业机械、飞机和铁路机器制造等优先领域。俄政府制定并出台了《关于工业部门实施进口替代规划》、《发展和提高工业竞争力》国家规划（下辖21个子规划，涉及2300个具体项目）、俄罗斯联邦《产业政策法》、俄罗斯联邦《关于禁止和限制在国防和国家安全订货中采购外国产品和服务的规定》第1224号政府令、《国家技术倡议》国家规划、俄罗斯政府《2015年保障经济稳定发展和社会稳定首要措施计划》、俄罗斯政府《2016年保障社会经济稳定发展行动计划》（反危机计划1.0和2.0）等一系列决议、发展规划和法律文件，对进口替代的目的、实施阶段、重点方向和领域作出明确规定，形成系统的顶层设计，作出相关金融安排，并迅速落地实施。

俄罗斯进口替代国家规划分两个阶段实行，2012—2015年为第一阶段，2016—2020年为第二阶段。用于落实规划的联邦预算拨款总额为1.062万亿卢布。按照计划，到2020年，俄总体进口依存度将从88%降至40%。其中机器制造业从44%降至29.5%，石油天然气设备从60%降至43%，飞机零部件从92%降至71%，汽车零部件从44%降至38%，船舶从55%降至30%，康拜因从67%降至36%，履带式拖拉机从98%降至53%[①]。预计未来5—7年，俄罗斯进口替代进程的积极化将有助于保证工业产值增长10%—15%。对进口替代措施实施效果俄国内评价不一，总体看，进口替代战略获得了部分的成功，农业和国防工业领域取得成效最大，农产品和军品成为仅次于能源的出口创汇

---

① Пятилетка импортозамещения 2015 – 2020，http：//pikabu.ru/story/pyatiletka_ importozameshcheniya_ 20152020_ 3574873.

产品和经济增长的助推器。

反制裁措施实施效应

俄罗斯在应对西方制裁方面取得一定成效，主要表现在财政金融形势改善和进口替代效应部分显现。但反制裁措施和制裁措施一样，同样具有两面性，在基本稳定宏观经济和金融的同时，居民收入连续多年下降，居民消费拉动GDP的作用显著减缓。

（一）财政金融形势改善

2018年，俄罗斯财政金融形势得以改善，其标志是外债减少、外储增加、联邦预算实现盈余。财政金融形势改善源于两个原因：一是"OPEC＋"稳定石油市场合作协议的实施，使国际原油价格回到高位，2018年1—10月，按年计的国际原油价格同比增长38.8%，能源在俄出口构成中仍高达64.2%，这意味着俄在石油限产的情况下仍能获得出口高收益。二是俄政府近年来的低负债高储备政策有助于实现宏观稳定。2014年开启的西方制裁基本阻断了俄罗斯从传统的西方市场融资的渠道，近5年在无新债流入的情况下，俄共偿还外债2500多亿美元，外债余额从2014年1月1日的7288亿美元减至2018年10月1日的4702亿美元，债务率（外债余额与GDP之比）降至30%，大大低于60%的国际通用警戒线。同期内，俄罗斯外储增至4621亿美元，与负债水平相当，能够保证15.9个月的进口用汇。从央行政策看，近年来，俄央行引入通胀目标区制，把将通胀控制在4%作为货币政策的唯一目标；坚持紧缩的货币政策和浮动汇率机制，2018年两次降息两次加息，将关键利率维持在7.75%，年内卢布对美元和欧元分别贬值21.1%和15.5%。从财政领域看，由于油价上涨、卢布贬值、实施保守的预算政策和严格税收管理，2018年1—10月，俄联邦预算7年来首次实现3.6%的盈余。世界银行2018年报告认为，鉴于上述表现，俄罗斯未来有能力应对外部冲击。

（二）建成国家支付系统和国内金融转移系统以防范重大金融风险

2015年5月，俄罗斯宣布已建成国家支付系统，并公布本国信用卡命名为"米尔"（Мир，意思是"世界"）。自 2015 年 12 月起，持"米尔"卡已可以在俄境内外进行支付，自 2016 年春天起，日本的 JCB 卡、美国的 AmEx 卡、中国的 UnionPay 卡在俄罗斯的业务均通过俄国家支付系统进行。自 2019 年 3 月起，"米尔"支付系统已在俄境内推出移动非接触式支付服务 МирPay，支持 NFC（近距离无线通信技术）的任意安卓智能手机（6.0 系统以上）用户都可以使用。目前，俄罗斯农业银行、俄罗斯国家商业银行、中心投资银行、СМП 银行、俄罗斯银行、乌拉尔改造与发展银行、莫斯科信贷银行和工业通信银行的客户均开始使用该服务。从另一个意义上说，正是西方制裁大大提升了俄罗斯银行业的创新服务水平。

2018 年 5 月 23 日，俄央行行长纳比乌琳娜宣布，历经 4 年，俄已建立了自己的金融转移系统（SPFS），一旦美国对俄罗斯实施更严厉的制裁，该系统将保护俄罗斯免受环球 SWIFT 金融系统关闭的风险。据 2018 年中的数据，已有 400 多家机构成为 SPFS 系统的使用者，超过俄罗斯在 SWIFT 系统的使用者数量。除建立国内独力支付系统外，俄罗斯还联手土耳其和伊朗打造三国支付系统。对欧盟拟建立独立于美国的欧版 SWIFT 系统，俄亦表达了积极参与的愿望。

（三）进口替代效应部分显现

总体看，俄罗斯进口替代战略进展不一，农业和国防工业领域取得成效最大，农产品和军品已成为仅次于能源的出口创汇产品和经济增长的助推器。

从农业部门进口替代看，俄罗斯对农业部门的扶持大大早于西方制裁，自 2003 年起俄已跻身世界主要粮食出口国行列，但西方制裁和农产品反制计划及进口替代政策的实施给予农业部门新的发展机遇和动力。俄政府通过加大对农业扶持力度，提供税收优惠和补贴，有效开发和合理使用农业用地，减少农副产品和食品进口，开拓新的出口市场等措施，使农业出现跨越式发展。2016 年俄首次超过美国和加拿大成为全球最大小麦出口国，2018—2019 年度仍将保持小麦全球最大出口国地位。2014—2018 年俄农产品出口换汇分别为 189 亿美元、162 亿美元、170 亿美元、207 亿美元、260 亿美元，计划到 2024 年实现农产品出口 450 亿美元。除谷物等传统产品外，还扩大了糖果、植物油、肉类、白糖的出口。与此同时，肉类进口占比在逐年下降，其中猪肉和鸡肉进口下降幅度尤为明显（见表 1）。

表1　　　　　　　　主要食品进口在食品货源中占比　　　　　　　单位:%

指数	2014年	2015年	2016年	2017年	2018年
肉、禽（包括带骨汤料）	19.6	13.4	11.0	10.5	7.7
牛肉（包括带骨汤料）	59.1	50.3	43.5	44.6	45.1
猪肉（包括带骨汤料）	17.0	12.3	9.6	9.9	2.0
鸡肉（包括带骨汤料）	9.8	5.7	4.9	4.5	4.2
香肠制品	2.4	1.2	1.5	1.6	1.6
动物油	35.7	25.8	24.8	27.0	17.9
奶酪	40.6	23.0	29.6	27.1	27.7
面粉	1.0	0.6	2.1	1.5	0.9
谷物	0.6	0.3	0.2	0.2	0.4
植物油	14.0	17.5	17.2	14.8	17.9
奶粉和奶油	45.2	56.4	59.8	54.2	34.5

资料来源：俄罗斯联邦统计局网站，2018-12-27。

从国防工业部门进口替代看，西方制裁逼迫俄罗斯靠自身力量来补齐国防工业短板。俄政府提出的目标是在2018年完成从欧盟和北约国家零件进口替代的90%，从乌克兰进口军工产品全部由国产品替代。到2020年，使俄国防工业各部门进口依存度从70%—90%降至50%—60%，同时实现军工部门生产年均增长10%—15%。2014年以来，普京亲自担任原隶属于政府的军事工业委员会主席，总抓和协调武器装备的研发生产，推动国防订货和进口替代计划落实。可以看到，近年来，在经济下行、国防预算压缩的背景下，俄军仍有大量新式国产武器装备列装，同时通过服务创新，在亚洲开拓新的销售市场，保证并增加了武器出口。2015—2018年，俄武器出口额分别为145亿美元、130亿美元、150亿美元、160亿美元，土耳其、印度、卡塔尔等传统合作伙伴都决定购买俄罗斯的S-400。2018年，俄罗斯超过英国成为世界第二大武器出口国，共获得550亿美元的军火订单，稳中有进的武器出口对冲了美国的高压制裁。俄国家杜马国防委员会科学专家委员会成员、俄战略与技术分析中心副主任马季延科认为，2018年是苏联—俄罗斯对外军事技术合作历史上最为成功的一年[①]。

这里值得关注的问题是，俄罗斯政府力图通过进口替代实现经济结构和产

---

① Россия достойно ответила на новые вызовы мирового рынка вооружений, 25-12-2018, https://rg.ru/2018/12/25/rossiia-dostojno-otvetila-na-novye-vyzovy-mirovogo-rynka-vooruzhenij.html.

业政策调整并不意味着要放弃以资源为导向的发展战略，而是要发挥资源优势，与其他部门平衡发展。可以看到的是，实施进口替代政策5年来，预期的摆脱能源依赖并没有实现，油气收入仍然是俄出口和预算收入的主要来源。据俄罗斯联邦审计署、俄罗斯科学院国民经济预测研究所、斯托雷平增长经济研究所等部门和研究机构的数据，2014—2018的5年间，俄罗斯预算收入对油气的依存度曾在2015—2016年油价暴跌时降至30%，2016年以后重新反弹，2017年达到40%①，2018年进一步提高至46.3%，与2014年基本持平②。2018年，以油气为主的矿产品在俄出口中占比从2017年的60.37%提高至64.95%，2017年，油气开采和加工对俄工业生产增长的贡献率达到73%。从这些指标看，俄罗斯经济对油气部门的依存度不仅没有下降，反而更高。

（四）俄罗斯居民生活亦受到反制裁措施影响

自2014年起，俄罗斯禁止从参与对俄制裁国家进口部分农产品、农业原料和食品。该措施一度导致食品价格上涨，使居民收入降低。2014年，俄通胀率从2013年的6.45%跃升至11.4%，2015年达到12.9%。根据AKPA专家的计算，2018年禁止从加入制裁的国家进口食品，使俄罗斯联邦居民的实际收入减少了2—3个百分点。反制裁除拉动消费物价水平提高外，还导致食品质量下降。据俄罗斯农业监督署数据，在全部奶制品中，使用植物脂肪的比重达到11%，在某些食品中甚至高达50%③。

俄罗斯经济中短期前景展望

2018年，在国际油价反弹、国内大型基建投资（世界足球赛、刻赤大桥建设）拉动下，俄罗斯经济增幅好于预期，达到2.3%。但这一增长并不稳定，也未能成为经济走出颓势的转折点。2019年第一季度，俄GDP同比增长

---

① "Эксперты: зависимость экономики РФ и бюджета от нефти снова начала возрастать", 8 фев 2018, https://tass.ru/ekonomika/4941082.

② "Кудрин: в 2018 г. показатели федерального бюджета поставили несколько рекордов – как положительных, так и отрицательных", 19 Февраля 2019 г. http://www.ach.gov.ru/press_center/news/35956.

③ Влияние санкций на экономику России в 2019 году, Елена Павлова, 16.04.2019http://wiki-business.ru/vliyanie-sankcij-na-ekonomiku-rossii-v-2019-godu/.

0.5%（按年计），第二季度仍保持这一态势，意味着俄罗斯经济中短期前景并不乐观。

综合分析，三大不确定性将主导 2019 年俄罗斯经济走势，主要包括对俄制裁扩大、油价波动、国际金融市场动荡、贸易保护主义加剧。

（一）美国制裁加剧

俄认为来自美国制裁的最大危险在于，对俄制裁的一揽子新措施得到了美国民主共和两党的共同支持，执行起来阻力减少。据悉，美国国会正在考虑制定针对天然气管道"北流 – 2"的制裁法案。新制裁是随时可能飞起的"黑天鹅"，一旦实施将再次引发卢布贬值和外资的大规模撤离。

（二）国际油价波动

石油价格和国际金融市场相互关联，对俄经济有直接影响。2018 年前 9 个月的国际油价上涨使俄宏观经济形势得到改善，但第四季度的下跌几乎回吐了年内全部涨幅，使经济增长预期下降。2019 年上半年，国际原油背离了传统意义上的淡旺季，其走势显得无迹可寻。中美贸易谈判、美伊关系、OPEC+ 计划是影响油价的重要因素。世界银行预计，2019 年布伦特、WTI 和迪拜原油的平均价格将上涨至每桶 66 美元，但由于美国页岩油产量的增长以及中美贸易战导致的全球经济放缓引发油价下跌的可能性很高。油价走低将减少俄石油美元进项，进而拉低经济增速，直接影响俄的预算收入、外储和投资前景。

（三）国内改革的副作用

2019 年是俄一系列社会经济改革启动之年。俄自 2019 年 1 月 1 日起，将普通商品和服务的增值税率从 18% 提高至 20%，延长退休年龄的养老体制改革也于 1 月 1 日拉开大幕。增值税是俄预算收入中仅次于能源税的重要税源之一，占预算收入的 34%，增值税税率上调 2 个百分点后，俄联邦财政收入每年可增加 6200 亿卢布（约合 98.2 亿美元）。俄财政部门承认，提高增值税率将加速通货膨胀，建筑行业、汽车制造业、服装业、奢侈品业受影响最大，短期内还将影响消费者的购买行为。据测算，提税会使每个有支付能力的公民每年增加 5000 卢布支出，直接后果是居民收入下降。俄政府承认，"这种牺牲是痛苦的，但对国家发展却又是必需的"。

鉴于以上情况，近期内多家权威机构同时下调俄 2019 年经济增长预期。世界银行 2019 年 6 月公布的《俄罗斯经济报告》认为，在经历 2018 年的一次性加速后，2019 年俄经济仍将放缓，并将其增幅从 1.4% 下调至 1.2%；俄罗斯央行从 1.2%—1.7% 下调至 1%—1.5%；俄国内一些独立研究机构更为悲观，认为保住 1% 的增幅已是最好结果。评级机构惠誉预测，由于增值税提高和制裁前景不明，2019 年俄罗斯将成为独联体地区经济下降的"领头羊"，下一轮的经济增长需等到 2020 年之后。

参考文献

［1］Елена Павлова. Влияние санкций на экономику России в 2019 году，16. 04. 2019 http：//wikibusiness. ru/vliyanie – sankcij – na – ekonomiku – rossii – v – 2019 – godu/.

［2］Георгий Степанов. Сырьевые доходы ушли в отток капитала，13 – 11 – 2018，https：//news. ru/den – gi/neft – rossiya – dohody – ottok – kapitala – klepach/.

［3］Клепач. все доходы России от дорогой нефти ушли в отток капитала，13 – 11 – 2018，https：//www. vestifinance. ru/articles/110063.

［4］Николай Устименко：Российский ВПК и Запад – проблемы импортозамещения，8 – 07 – 2015. http：//www. ritmeurasia. org/news – – 2015 – 07 – 18 – – rossijskij – vpk – i – zapad – problemy – importozameschenija – 18851.

［5］Михаил Зубов. Пять лет под санкциями：когда закончится экономическая война Запада с Россией и кто ее проиграет，05. 04. 2019，https：//www. msk. kp. ru/daily/26962/4016832/.

［6］Указ Президента РФ от 6 августа 2014 г. N 560，"О применении отдельных специальных экономических мер в целях обеспечения безопасности Российской Федерации".

［7］Указом Президента РФ от 12 июля 2018 г. N 420 меры，предусмотренные настоящим Указом，продлены с 1 января по 31 декабря 2019 г.

[8] Указом Президента РФ от 30 июня 2017 г. N 293 меры, предусмотренные настоящим Указом, продлены с 1 января по 31 декабря 2018 г.

[9] Указом Президента РФ от 29 июня 2016 г. N 305 меры, предусмотренные настоящим Указом, продлены с 6 августа 2016 г. по 31 декабря 2017 г.

[10] Указом Президента РФ от 24 июня 2015 г. N 320 меры, предусмотренные настоящим Указом, продлены на 1 год с 6 августа 2015 г. http：//base. garant. ru/70711352/.

[11] Кудрин. В 2018 г. показатели федерального бюджета поставили несколько рекордов － как положительных, так и отрицательных, 19 Февраля 2019 г. http：//www. ach. gov. ru/press_ center/news/35956.

激活欧亚经济联盟科技发展的经济潜力

［俄］德·尤·米罗波利斯基
［俄］伊·布·洛玛基娜（著）
丁超（译）

摘要：联合创新发展是巩固欧亚经济联盟国家的唯一可能性因素。基于边际理论，在欧亚经济联盟的框架下不可能向创新发展过渡。因此需要一个基于欧亚政治经济学的新经济政策。本文将阐述该政策的理论原则。

关键词：储蓄；投资；利率；数量变量

为了推动欧亚经济联盟的进一步发展，联盟内部的经济联系应该比外部对成员国更有吸引力。与外部关系相比，内部关系得到根本性增强，当且仅当这些关系能够保障在创新的基础上加速形成整体生产链条才有可能。但是欧亚经济联盟目前还无法提供这样的创新发展以及整个再生产进程。欧盟的研发支出占世界的

［作者简介］［俄］德·尤·米罗波利斯基，经济学博士，圣彼得堡国立经济大学教授；［俄］伊·布·洛玛基娜，法学博士，俄罗斯联邦司法大学（圣彼得堡学院）教授。丁超，中国社会科学院俄罗斯东欧中亚研究所助理研究员。

24.1%，而在欧亚经济联盟仅为 2.7；欧盟出口的高科技产品占世界的 34.44%，欧亚经济联盟为 0.3%①。

由此可见，欧亚经济联盟应该采取封闭的政策，赋予联盟成员国创新发展的机会，而没有加入的，则不提供这种机会。

欧亚经济联盟构成极其不对称：与其他成员国相比，俄罗斯经济在规模上占主导地位。2017 年俄罗斯国内生产总值为 14693.4 亿美元，而作为欧亚经济联盟第二大经济体的哈萨克斯坦，GDP 仅为 1516.9 亿美元②。可见，俄政府推行的国内经济政策会明显影响到欧亚经济联盟的一体化进程。那么，俄罗斯的国内经济政策是否能促进欧亚经济联盟转变为世界创新发展中心之一？

俄罗斯国内经济政策遵循通货膨胀目标制。普遍认为，通货膨胀越低越有利于将储蓄转化为投资，而私人投资反过来也会拉动经济的增长，其中也包括创新基础。抑制通货膨胀的方法主要是限制货币流通数量。该项政策制定基于国际货币基金组织的建议，以货币主义的新古典宏观经济学为根据。

根据货币主义者的观点，通货膨胀是由流动性过剩造成的。因此，如果减少流通中的货币数量，那么，通货膨胀就会消失，利率下降。稳定、平稳的利率决定经济中的最佳储蓄和投资量。结果是，俄罗斯这种经济政策促进了创新发展，且不违背欧亚一体化。

但至少催生了两个问题。第一个问题，让我们暂时假设，消除通货膨胀确实是经济增长的主要条件，包括其创新成分。假设某种一开始不存在通货膨胀的市场经济，因为过度投放货币，通货膨胀就出现了。事实上，通过减少流通中的货币数量，我们消除了通货膨胀并回到了初始的非通胀状态，这（再次假设）创造了更有利的投资环境。

然而，在这种理论场景中，我们将历史上普遍存在的市场经济作为初始状态，没有考虑通货膨胀。在俄罗斯，这种情况并不存在。在最初的条件中，俄罗斯曾经实行垄断性的计划经济体制。通货膨胀不是由过剩货币产生的，而是由经济垄断产生的。

如果不使用强有力的货币手段抑制垄断型通货膨胀，那么经济中的货币约束将变得长期、硬性，并且会减少储蓄和投资。

第二个问题，与将储蓄转变为投资的新古典模型相关联，是更严重的。追随新古典主义者与国际货币基金组织，我们刚刚也假设，通货膨胀是创新经济

---

① Глазьев С. Экономика будущего: есть ли у России шанс? – М.: книжный мир, 2016 – С. 331.

② http://russiancouncil.ru/papers/EAEU2025 – Policybrief – ru. pdf, 18 декабря 2018 г.

增长的主要障碍。换句话说，不需要干扰市场的自由力量来优化经济发展。然而，为了使欧亚经济联盟的创新发展能够达到欧盟或者中国的水平，需要在长期亏损的行业进行大量投资。任何抑制通胀的做法都无法解决这个问题。非创新型经济部门的利润用于自身投资，或直接进行海外投资或投资外汇。在货币基金组织建议的政策框架内，无法解决俄罗斯或欧亚经济联盟向创新型转化的问题。原则上讲，需要其他政策，而放弃这些理论基础。以有条件的经济联盟为例，考虑这一政策的原则。

总之，我们的目标是在有条件的经济联盟框架内生产一定数量的创新产品。这就需要适当的投资（见图1）。

图1显示了所需投资数量（I）和创新产品的计划产出（P）之间的依赖关系。其中，创新产出规模——估计总量为 P_{u0}。我们通过函数 I（P_u），确定投资额 I_0。函数的斜率由创新产品资本密集度的平均值表示。

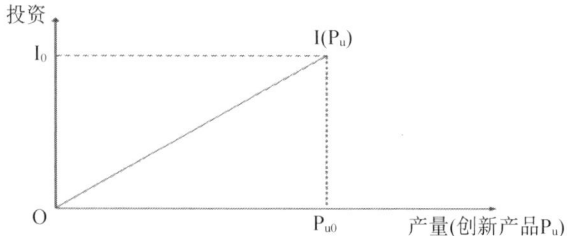

图1　投资量和创新产品产量的关系

第二步，确定有条件的经济联盟的预算收入（见图2）。

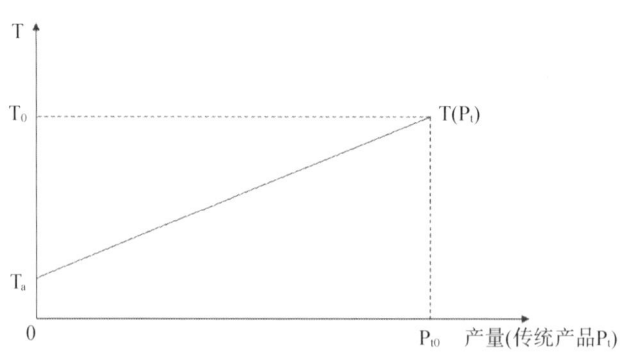

图2　税收收入和传统产品产量的关系

在图2中，函数 T（P_t）由传统产品的平均税率确定。OT_a 是税收总量，其值不受产出影响。我们继续将创新部门的收入和支出联系起来（见图3）。

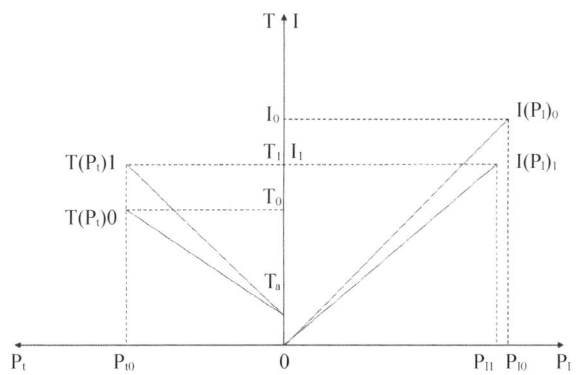

图 3　税收收入和创新部门投资的关系

从图 3 中可以看出，计划税收收入少于投资需求（$T_0 < I_0$）。在这种情况下，一方面可以尝试降低资本密集度，不以计划创新产品的质量优先。这时，函数 $I(P_1)_0$ 移动到 $I(P_1)_1$。另一方面，可尝试增加传统行业的税收。保持市场关系是底线，同时强化措施防止税收违约和资本外逃。

如图 3 所示，在可容许的范围内增税导致 T_1 增长。当 T_1 和 I_1 达到平衡时，创新产品的产出势必会降低，到 P_{11}。

图 3 简明概括地展示了经济政策的备选方案，基于完全不同的理论前提。其中扮演主要角色的不是市场价格，因此也不是利率。在向这种政策过渡的过程中，价值量起到主要作用，而价格会不断地适应价值。

欧亚经济联盟目前所处的情况下，这是唯一的能够将其成员国从技术停滞中解救出来的政策，从而使其在欧亚经济联盟内部的互动比外部更为有利。

参考文献

[1] Глазьев С. Экономика будущего: есть ли у России шанс? – М.: книжный мир, 2016 – С. 331.

[2] Георгий Степанов. Сырьевые доходы ушли в отток капитала, 13 – 11 – 2018, https://news.ru/den – gi/neft – rossiya – dohody – ottok – kapitala – klepach/.

[3] Клепач. все доходы России от дорогой нефти ушли в отток капитала, https://www.vestifinance.ru/articles/110063.

[4] Николай Устименко: Российский ВПК и Запад – проблемы импортозамещения, http://www.ritmeurasia.org/news – – 2015 – 07 – 18.

俄罗斯再工业化问题探析

郭晓琼

摘要：在激烈的转型和"自然资源诅咒"的作用下俄罗斯出现了明显的去工业化趋势，然而俄罗斯的去工业化与发达工业化国家的去工业化不同，这也决定了俄罗斯的再工业化道路也与发达国家有所不同。本文以去工业化和再工业化为视角对俄罗斯工业发展进程进行解读，剖析了俄罗斯的去工业化的特性、诱因及主要表现，阐述了俄罗斯再工业化的特点及主要政策措施，并对未来发展趋势进行了预判。

关键词：俄罗斯；去工业化；再工业化

[作者简介] 郭晓琼，中国社会科学院俄罗斯东欧中亚研究所，副研究员。

工业化及相关概念解析

(一) 工业化的含义

多年来,众多经济学家从不同角度对工业化赋予了不同的定义,但在众多定义中大多具有以下两点共识。

第一,工业化是指工业(特别是其中的制造业)的发展,具体表现为工业产值比重和就业人口比重不断上升,同时农业产值比重和就业人口比重不断下降的过程。根据《新帕尔格雷夫经济学词典》的定义:"工业化是一种过程。首先,一般来说,国民收入(或地区收入)中制造业活动和第二产业所占比例提高了;其次,在制造业和第二产业的劳动人口的比例一般也有增加的趋势。在这两种比例增加的同时,除了暂时的中断以外,整个人口的人均收入也增加了。"① 刘易斯(A. Lewis)、钱纳里(H. Chenery)、库兹涅茨(S. Kuznets)等经济学家也持有相同观点,认为工业化是指制造业和第二产业的连续上升。

第二,工业化不仅是社会生产力的突破性变革,同时也包含着生产组织和国民经济结构各层次相应的调整和变动。张培刚指出,工业化就是国民经济中一系列主要的生产函数(或生产要素组合方式)连续发生由低级到高级的突破性变化(或变革)的过程②。此外,他还提出,工业化不仅是一场生产技术革命,工业化还引起了整个国民经济的进步和发展。这种变化将对农业、制造业等生产结构产生巨大影响,工业和服务业等部门的产值比重和劳动力就业比重都将在国民经济中达到优势地位,农业产业或部门的地位逐渐下降;工业化能够引起整个经济体制或社会制度的变化,以及人们生活观念和文化素质的变化③。从这个意义上讲,它首先强调工业化是一个过程,强调工业化是动态的,从一国开始工业化那时起,就是一个不断发展,并且具有阶段性特征的过

---

① [英]约翰·伊特韦尔等编:《新帕尔格雷夫经济学大辞典》(第二卷)(中译本),陈岱孙等译,经济科学出版社1996年版。

② 张培刚:《农业与工业化》,哈佛大学出版社1949年(英文版),华中工学院出版社1984年(中文版)。

③ 张培刚:《发展经济学教程》,经济科学出版社2001年版。

程。二是强调工业化是一个经济结构变动的过程，在此过程中，产业结构不断高级化，城乡结构更趋城市化；要素投入结构逐渐向资本密集型和技术密集型过渡，消费结构也日趋多样化。最后还强调，工业化的作用不仅是工业部门自身的发展，同时还会带动整个国民经济的进步和发展，推动制度日趋完善，改变人们的观念和提高人们的素质。

（二）后工业化的主要特征

后工业化这一概念最早是由美国经济学家丹尼尔·贝尔在1973年提出的。贝尔认为如果工业社会以机器技术为基础，那么后工业社会则是由知识技术形成的。如果资本与劳动是工业社会的主要结构特征，那么信息和知识则是后工业社会的主要结构特征[1]。根据他的推测，美国将是第一个进入后工业社会的国家。

贝尔在其著作《后工业社会的来临——对社会预测的一项探索》中提出，后工业社会是一个广泛的概念，可以用五方面特征来加以说明：一是后工业社会的经济已经从产品生产经济转变为服务性经济。二是后工业社会的职业分布中专业和技术人员处于主导地位；三是中轴原理，即理论知识是后工业社会的中轴，是社会革新和制定政策的主要源泉。四是后工业社会通过技术预测和技术评估对技术的发展进行控制，工业化初期，人们为了追求更高的生产效率，忽视了技术发明的一些副作用，导致工业技术的发展给人类社会带来环境污染等危害，随着工业化程度的提高，应有意识、有计划地推动技术变革，减少技术发展为人类社会带来的不利因素。五是在政策制定方面，后工业社会创造新的"智能技术"进行决策[2]。

（三）去工业化的含义

去工业化（De-industrialization）一词最早指的是，第二次世界大战后盟国作为战胜国对德、日等战败国的工业生产进行限制和改造，以削弱其经济基础的经济制裁方式。对去工业化的公开讨论则始于20世纪70年代末期至80年代初期的英国和美国。

去工业化的定义可以分为地理学意义上的和宏观经济学意义上的两种界

---

[1] 丹尼尔·贝尔：《后工业社会的来临——对社会预测的一项探索》，新华出版社1997年版。
[2] 丹尼尔·贝尔：《后工业社会的来临——对社会预测的一项探索》，新华出版社1997年版。

定。地理学意义上的去工业化大多指的是产业转移,这既包含国际产业转移,即制造业从发达国家向发展中国家转移①,也包含国内梯度的转移,即在曾经以传统制造业生产活动而闻名的大都市中,大量工业企业面临倒闭和破产,被迫转移到生产成本更低的地区②。这个意义上的去工业化可以从产品生命周期的角度去理解。经济学意义上的去工业化又分为广义和狭义两种。狭义的去工业化是指,曾经作为国家经济繁荣基础的工业,特别是制造业逐渐走向衰落的过程,具体表现在制造业的就业和产出的份额不断下降③。广义的去工业化则并不拘泥于就业和产值方面的变化,而是从更宽泛的意义上去界定经济的去工业化进程,全面地反映出发达国家经济及社会结构等各方面的变化。Philip 等(2007)认为,去工业化就是由工业经济向服务经济的转型④。Doussard 等(2009)认为去工业化反映了资本和劳动之间关系的调整,预示着制造业结构调整的滞后以及服务业的巨大增长,也意味着向新的不平等和不稳定增长转型的开始⑤。Jefferson 和 Heathcott(2003)则提出,去工业化不仅是指就业数量、质量方面的变化,而且包括与工业化本身相关的社会结构等多方面的基本变化。这种去工业化即政治社会经济结构变化的观点,在某种意义上是向钱纳里、库兹涅茨等结构主义发展经济学家有关经济增长与结构变化一般理论的回归⑥。

对俄罗斯工业化所处阶段的研判

根据上文对工业化和后工业化的描述,可以说,俄罗斯早在苏联时期就开

---

① Fligstein Neil, Is Globalization the Cause of the Crises of Welfare States. University of California, Berkeley, Working Paper, 1999.

② Gary P. Green, and Landy Sanchez, Does Manufacturing Still Matter? Population Research and Policy Review, 2007, vol. 26, P529 – 551.

③ Pieper Ute, Deindustrialization and the Social and Economic Sustainability Nexus in Developing Countries: Cross – Country Evidence on Productivity and Employment, The Journal of Development Studies, 2000, vol. 36, No. 4, P66 – 99.

④ Mavow Philip, Kersbergen van Kees, and Gijs Schumacher. Sectoral Change and the Expansion of the Welfare State: Re – visiting the "Deindustrialization" Thesis. http://www.tcd.ie/iiis/documents/.../dublin_sectoral%20change.doc, 2007.

⑤ Marc Doussard, Jamie Peck, and Theodore Nik. After Deindustrialization: Uneven Growth and Economic Inequality in "Postindustrial" Chicago. Economic Geography, 2009, vol. 85, No. 2, P183 – 207.

⑥ 王展祥、王秋石、李国民:《发达国家去工业化与再工业化问题探析》,《现代经济探讨》2010年第10期。

始了工业化进程，但到目前为止尚未进入后工业化阶段，然而俄罗斯目前到底处于工业化的什么水平和阶段？这里参照钱纳里和塞尔奎的"标准产业结构模型"，结合人均收入水平、三次产业结构以及城市化水平等多方面因素进行判断。

世界银行经济顾问钱纳里和塞尔奎通过对多国数据的分析，发表了著名的"标准产业结构模型"。他们认为随着经济的不断发展，产业结构的变动具有很大的一致性，大体上可分为三个阶段，即初级产品生产阶段、工业化阶段、后工业化阶段，其中工业化阶段又分为前期、中期和后期。上述五阶段的划分标准主要参照人均收入水平：以1964年的购买力平价计算，初级产品生产阶段的人均收入水平在100—200美元；工业化前期的人均收入水平在200—400美元；工业化中期对应的人均收入水平为400—800美元；工业化后期对应的人均收入水平为800—1500美元；后工业化阶段人均收入水平须达到1500美元以上。

参照钱纳里的计算方法，以美国实际GDP和GDP平减指数推算出换算因子，将1964年的基准收入水平换算到2010年，以2010年的人均收入水平为标准判断工业化所处阶段。根据世界银行的统计，2010年俄罗斯实际GDP为9092.66亿美元（按2005年价格计算），换算成2010年的购买力平价①为16421.34亿美元，2010年俄罗斯人口为1.428亿人，则人均GDP为11494美元。参照表1，以人均收入水平判断，俄罗斯处于工业化后期阶段。

表1　　　　　　　　　　工业化不同阶段的标志

基本指标	前工业化阶段	工业化阶段			后工业化阶段
		初期	中期	后期	
基准收入水平（人均GDP，美元）					
1964年	100—200	200—400	400—800	800—1500	1500以上
2004年	720—1440	1440—2880	2880—5760	5760—10810	10810以上
2005年	743—1486	1486—2973	2973—5945	5945—11158	11158以上
2010年	818—1636	1636—3271	3271—6542	6542—12278	12278以上
三次产业产值结构（产业结构）	A>I	A>20% A<I	A<20% I>S	A<10% I<S*	A<10% I<S
制造业增加值占总商品增加值的比重（工业结构）	20%以下	20%—40%	40%—50%	50%—60%	60%以上

---

① 根据国际货币基金组织提供的俄罗斯历年的GDP平减指数，我们推算出换算因子为1.806。

续表

基本指标	前工业化阶段	工业化阶段			后工业化阶段
		初期	中期	后期	
人口城市化率（空间结构）	30%以下	30%—50%	50%—60%	60%—75%	75%以上
第一产业就业人员占比（就业结构）	60%以下	45%—60%	30%—45%	10%—30%	10%以下

注：A、I、S分别代表第一、第二和第三产业增加值在GDP中所占的比重。

* 引用文献中为I>S，但基于产业经济学基本理论，工业化后期第三产业比重已占支配地位（苏东水：《产业经济学》，高等教育出版社2000年版），故在此进行了修正。

资料来源：1964年和2004年数据来源于：陈佳贵、黄群慧、钟宏武：《中国地区工业化进程的综合评价和特征分析》，《经济研究》2006年第6期。2005年和2010年数据为作者参考其计算方法计算得出。

然而，仅仅参照人均收入水平还不够全面，这里还加入三次产业产值结构、制造业增加值占总增加值的比重、人口城市化率和第一产业就业占比这四个指标，对俄罗斯工业所处工业化的阶段进行综合判断：按产业结构标准衡量，2014年俄罗斯三次产业的产出占比依次为4.3%、34.9%和60.8%，对照标准值判断，俄罗斯处于工业化后期或后工业化时期；按工业结构标准衡量，2014年俄罗斯工业增加值占总商品增加值的比重为45%[1]，处于工业化中期水平；按人口城市化率衡量，2013年俄罗斯城市人口比例为74%[2]，属于工业化后期指标范围；按照第一产业就业人员占比，2014年俄罗斯农业就业人口占比为6.7%[3]，属于后工业化范围。

综上所述，按照基准收入水平、产业结构、城市化来衡量，俄罗斯处于工业化后期水平，按照就业结构衡量，俄罗斯处于后工业化范围，但按照工业结构来衡量，俄罗斯仍处于工业化中期水平。由此进行综合判断，俄罗斯大约处于工业化中、后期阶段，但并未进入后工业化时期。

---

[1] 这里的"制造业增加值"实际上是俄罗斯统计中的"加工工业"，因此实际制造业（包括：食品工业、纺织和缝纫工业、皮革及制品的生产和制鞋业、化学工业、橡胶和塑料制品生产、机器和设备的生产、电子设备和光电仪器生产、运输工具和设备生产、其他制造业）的增加值在总商品增加值中的比重比45%还要低。

[2] 俄罗斯联邦国家统计署数据，2014年5月19日更新。http：//www.gks.ru/wps/wcm/connect/rosstat_main/rosstat/ru/statistics/population/demography/#。

[3] 俄罗斯联邦国家统计署数据，2015年5月8日更新。http：//www.gks.ru/wps/wcm/connect/rosstat_main/rosstat/ru/statistics/wages/labour_force/#。

俄罗斯去工业化的特性、诱因及表现

(一) 俄罗斯去工业化的特性

根据上文对去工业化定义的解析,去工业化的含义既包括以制造业为代表的工业经济在地域之间的转移,同时也包含经济结构、增长方式及社会结构等多方面的变化。其中,经济结构的变化中,既可以指从制造业为主导的工业经济向服务业为主导的经济的过渡,也可以指以制造业为主导向第一产业为主导的经济的过渡。从生产要素的角度看,工业化的过程是从劳动转向资本,而去工业化的过程则是从资本转向劳动。

发达国家的去工业化一般是从制造业为主导的工业经济向服务业经济的过渡,其外部诱因主要源于经济全球化和国际贸易。国际贸易的意义在于,世界各国可以根据本国的比较优势组织生产,通过贸易达到效益最大化。发达国家的比较优势在于技术、资本和技术熟练的劳动力,因此,发达国家大多出口的是技术、资本密集型的产品和服务,进口的则是低技术含量的初级产品和劳动密集型产品。由此,高技术含量的产品和熟练工人的需求逐渐增加,继而推动第三产业的产值和就业份额的增长,技术含量较低的制造业和劳动密集型制造业的产值和份额不断下降。随着经济全球化,发展中国家劳动力和资源的低成本优势不断强化,发展中国家不断抢占低端制造业市场。随着低端制造业的产业转移,发达国家的去工业化趋势也不断加强。

根据"配第—克拉克"定理,产业结构演进的基本规律是,随着经济发展和人均收入的提高,第一产业的国民收入和劳动力比重逐渐下降,第二产业的国民收入和劳动力比重逐渐上升,随着经济进一步发展,第三产业的国民收入和劳动力的比重逐渐上升。因此,发达国家从制造业为主导的工业经济向服务业经济过渡的去工业化进程可以看成是一种产业结构升级的过程。但近年来理论界中越来越多的学者更强调去工业化的负面影响。Du(2005)认为,发达国家去工业化对经济增长的负面影响来源于两个因素:一是劳动生产率的损失。劳动力从劳动生产率较高的制造业部门流向低劳动生产率的服务业部门,导致效率损失,这将不利于经济增长和福利增加。二是资本投入的减少。一般情况下,服务业的资本—劳动比率较低,随着劳动力从制造业部门流向服务业，整个经济中的资本投入将会减少，继而导致经济增长受阻①。从发达国家经济发展历程看，从制造业主导到服务业主导产业升级的过程是人类社会发展的又一次质变，需要相当长的时间。在此过程中，如果在经济中没有形成支持服务业发展所需的坚实的工业基础，那么去工业化就会对经济产生负面影响，就需要进行再工业化，重振制造业。

尽管理论界关于去工业化的研究大多针对发达工业化国家，但去工业化不仅仅出现在发达国家，在一些发展中国家也出现了去工业化现象。Kassem（2010）在研究哥伦比亚的案例时，将这种出现在收入水平较低的发展中国家中的去工业化现象称为"早熟的去工业化"（Premature Deindustrialization）②。与发达国家的去工业化相比，"早熟的去工业化"具有两个特点：一是在人均收入水平较低的情况下出现；二是出现这类工业化的国家大多没有完成工业化，也没有实现现代化，这类去工业化实际上是正常工业化进程的一种停滞、倒退甚至是逆转。

从俄罗斯的情况看，首先，苏联解体之后，俄罗斯以激进的方式进行了从计划经济向市场经济的转型，随着经济的大幅下滑，人均收入也大幅降低，这符合"早熟的去工业化"的第一个特点；其次，根据上文中对俄罗斯工业化所处阶段的判断，俄罗斯至今为止尚未完成工业化，这符合"早熟的去工业化"的第二个特点。但同时值得注意的是，俄罗斯的去工业化又与这种发展中国家的"早熟的去工业化"有所不同。在俄罗斯的工业化进程中经历了从计划经济到市场经济的转型，在制度转型过程中，工业基础遭到破坏，工业发展严重倒退，而此后的工业化进程更多的是一个重建的过程。

综上所述，俄罗斯去工业化的发生并不意味着从以制造业为主导向以服务业为主导的经济的过渡，而是正常工业化进程中出现了停滞、倒退，因此，俄罗斯的去工业化具有与发达国家去工业化和发展中国家去工业化都不一样的特性，而导致出现去工业化的原因则主要归结为激进的转型方式和"自然资源诅咒"对工业化的影响。

---

① Yong Kang Du. Macroeconomic consequence of deindustrialization – the case of Korea in the 1990's. Economic Papers, 2005, 7 (2).

② Diana Kassem. Premature Deindustrialization – The Case of Colomiba. http：//www.cseg.ynu.ac.jp/doc/dp/ 2010 – CSEG – 06. pdf.

(二) 俄罗斯去工业化的诱因：激进的转型方式和"自然资源诅咒"

1. 激进的转型方式。从制度经济学的角度看，经济转型有利于产业结构的调整升级，因为经济转型的同时伴随着制度的变迁，而制度通过决定交易和生产成本来影响经济绩效①，高质量的经济制度有助于提高经济增长的速度。然而俄罗斯的经济转型并不是伴随着制度经济学理论中的"制度变迁"，而是出现了"制度突变"。

由于俄罗斯采用了激进式的转型方式，在转型过程中没有考虑好各项制度安排的次序关系，导致财政赤字以及资本外逃等原因引起恶性通货膨胀，市场经济的价格信号失真，在这样的情况下市场主体表现出投机和各种短期化行为，导致工业生产持续下降。此外，在激进的转型过程中，伴随着私有化的过程：一方面，大规模的证券私有化导致工业企业股份分散，经营和决策权难以统一，由此造成工业生产下滑；另一方面，由于俄罗斯的工业大多为资本密集型产业，货币私有化导致大量货币用于购买企业股份，削弱了实际投资，而在通货膨胀的条件下，本币的贬值也造成投资能力的下降，继而导致工业生产下降。

2. "自然资源诅咒"。"资源诅咒"是指从长期的增长状况来看，那些自然资源丰裕、经济中资源类产品占主导地位的发展中国家的经济增长反而要低于那些资源匮乏的国家，尽管资源丰裕的国家可能在短期内由于资源价格上涨而实现经济增长，但最终又会陷入停滞状态，丰裕的自然资源最终反而成为"赢者的诅咒"。

"资源诅咒"的传导机制可以解释为，自然资源行业的发展对制造业产生了挤出效应，因此，可以说"资源诅咒"在一定程度上对工业化进程起了阻碍的作用。自然资源出口带来了巨额外汇收入，这为国内经济注入了购买力，导致非贸易商品和非贸易生产要素价格的上涨，同时，由于制造业产品价格取决于国际市场，不会因国内价格而变化，这样，制造业成本的提高导致其在国际市场上竞争力下降。此外，国内的生产要素，如劳动力、人力资本、资本等也会相继从制造业部门涌入不断扩大的自然资源部门，最终导致制造业的萎缩，工业化遭遇阻碍。

---

① [美] 道格拉斯·C. 诺斯：《制度、制度变迁与经济绩效》，刘守英译，三联书店上海分店1994年版。

更可怕的是，无论在固定汇率还是浮动汇率制度下，"资源诅咒"对工业化的阻碍作用都会实现。在固定汇率制度下，非贸易行业随着不断增加的国内需求而承受通胀压力，然而制造业产品的价格是由国际市场决定的，随着工资和物价水平的上升，投资逐渐流向资源部门，国内制造业部门生产成本提高，产品在国际市场上失去价格优势，制造业逐渐萎缩。这种现象因荷兰获得天然气而失去制造业而闻名，被称为"荷兰病"。在浮动汇率制度下，由于市场预期具有放大效应，资源出口国将受到更快更剧烈的负面影响。这里，英国可以作为一个很好的例证。20世纪70年代中期，布雷顿森林体系已经瓦解，世界主要货币开始实施浮动汇率制度，英国发现并开采了北海油田，而当时又处于油价不断上涨的时期，因此，人们预期英国将会赚取大笔外汇。然而，英国人还没来得及赚取这笔收入，货币投机者就突然推高了英镑汇率，结果使英国失去了价格优势，进而严重损害了英国制造业。从20世纪70年代中期到80年代早期，北海油田占英国GDP的份额由0上升到5个百分点，而英国的制造业占GDP的份额却由30%下降到24%[1]。此外，在浮动汇率和资本自由流动的条件下，自然资源丰富不仅会阻碍工业化进程，还加剧了国家宏观经济的不稳定性，那些经济高度依赖资源出口的国家往往会受到商品价格波动的影响。

"资源诅咒"也是俄罗斯去工业化的又一大诱因，即制造业在挤出效应下长期发展滞后。从固定资产投资看，2005年，矿产资源开采业的固定资产投资额为5019亿卢布，低于加工工业的5939亿卢布（见表2），到2017年，矿产资源开采业的固定资产投资增长了485%，达到29367亿卢布，而加工工业的固定资产投资额增长了239%，达到20147亿卢布，无论从增长速度还是从投资额看均低于矿产资源开采业。如将加工工业中的原材料行业进行简单剔除，则2005年制造业[2]固定资产投资额为2768亿卢布，是该年矿产资源开采业固定资产投资的55%，2017年制造业固定资产投资增长至10341亿卢布，仅为当年矿产资源开采业的35%。也就是说，矿产资源开采业固定资产投资增长速度快于加工工业，更快于制造业，自然资源行业的发展对制造业产生了挤出效应，去工业化趋势不断强化。

---

[1] 大野健一：《学会工业化 从给予式增长到价值创造》，陈经伟译，中信出版社2015年版。
[2] 制造业包括：食品工业、纺织和缝纫工业、皮革及制品的生产和制鞋业、化学工业、橡胶和塑料制品生产、机器和设备的生产、电子设备和光电仪器生产、运输工具和设备生产。

表2　　　　工业各部门固定资产投资比较（按现价计算）　　　　单位：亿卢布

	2005年	2010年	2014年	2015年	2016年	2017年
矿产资源开采业	5019	12640	21448	23852	28304	29367
加工工业	5939	12076	20846	21726	21237	20147
其中：食品工业（包括饮料和烟草）	1126	1765	2514	2471	2428	2316
纺织和缝纫工业	38	113	210	118	95	136
皮革及制品的生产和制鞋业	12	42	78	60	36	14
木材加工和木制品生产	205	277	494	581	599	608
造纸和印刷业	269	430	498	519	675	668
焦炭和石油制品生产	510	2013	4865	4783	3642	4247
化学工业	568	1129	2615	3477	4113	4326
橡胶和塑料制品生产	168	275	439	538	404	348
其他非金属矿石加工	472	1227	1365	1042	799	543
冶金和金属制品生产	1372	2162	2475	2762	3391	3449
机器和设备的生产	319	620	1032	1117	990	475
电子设备和光电仪器生产	196	351	753	975	849	894
运输工具和设备生产	341	1010	2284	2168	2040	1832
水、电、气的生产与调配业	2441	8188	11862	9800	9402	8853

资料来源：俄罗斯联邦国家统计署。

（三）俄罗斯去工业化的主要表现

根据去工业化的定义，去工业化指的是制造业的就业和产值不断出现下降，这里既包括制造业就业和产值绝对额的下降，也包括制造业就业和产值的相对下降，即份额的下降。从俄罗斯工业发展数据看，苏联解体之后，俄罗斯的制造业产值经历了从绝对下降到相对下降的过程，而制造业的就业则呈持续下降状态。

1. 就业下降。从就业看，俄罗斯的工业及加工工业既出现了绝对下降也出现了相对下降，也就是说，工业及加工工业的就业人数及就业在整个经济中的占比均呈现持续下降的趋势。1990—2013年，工业就业人数从2280万人下降至1307.6万人，工业就业在整个经济中的占比从30.3%下降至19.3%（见表3），相应地，服务业就业人数和占比均持续增长。值得注意的是，俄罗斯经济中的劳动力从工业流向服务业的前提是工业生产下降或增长缓慢，服务业就业尽管一直呈现增长状态，但这种增加并不能满足全部就业需求，即经济没有实现充分就业，可以说俄罗斯的去工业化是阻止经济达到潜在经济增长和充分就业的一种失衡状况。

表3　　　　　　　　　俄罗斯工业（加工工业）的就业

	1990年	1995年	2000年	2005年	2010年	2015年	2016年	2017年
人数（万人）								
工业	2280.9	1716.1	1454.3	1446.9	1329.4	1338	1335.7	1293.2
加工工业	–	–	1229.7	1150.6	1026.0	1029.6	1024.7	1017.3
占比（%）								
工业	30.3	25.8	22.6	21.7	19.7	18.4	18.6	18.1
加工工业	–	–	19.1	17.2	15.2	14.2	14.2	14.2

资料来源：俄罗斯联邦国家统计署。

2. 产值的相对下降。转型初期，在制造业产值绝对下降的同时也伴随着其在整个经济及工业中份额的下降。1994年后，随着工业和制造业产值的增长，在"资源诅咒"的作用下，俄罗斯去工业化更多表现为制造业份额的下降。

苏联解体前的1990年，制造业产值在工业中的比重达到66.5%，1995年该比例已经下降至42.7%。2000年，制造业在俄罗斯工业结构中的比例尚能维持在40%以上（见表4）。2004年之后，国际能源价格高涨，在"资源诅咒"传导机制的作用下，形成了对制造业的挤出效应，劳动力、人力资本、资本等生产要素不断从制造业涌入自然资源部门，能源和原材料行业不断扩大。2008年国际金融危机后，国际能源价格暴跌，俄罗斯获取的出口收入也相应减少，在固定资产投资大幅下滑的条件下，制造业增加值以超过自然资源行业的速度下降。2011年，制造业增加值在工业中的比重仅为32.8%。2012年起，随着国民经济的复苏，在政府的扶持下，制造业固定资产投资保持增长态势，制造业在工业中的比例也略有回升。2013年俄罗斯经济增速出现明显放缓趋势，2014年，在西方制裁、国际油价暴跌等因素的影响下，经济仅维持了0.6%的增长，制造企业资金紧张，发展步履维艰，制造业在工业中的比重维持在35.8%。2015年，国际油价大幅下跌导致油气行业萧条，为振兴经济，俄罗斯政府实行了进口替代战略，从实际数据看，此时起制造业比重开始略有提高。

表4　　　　　　　　俄罗斯工业结构变化　　　　　　　　单位:%

年份	工业	能源和原材料工业	制造业
1990	100	33.5	66.5
1995	100	57.3	42.7
2000	100	58.4	41.6
2005	100	65.9	34.1
2008	100	64.5	35.5
2009	100	64.8	35.2
2010	100	64.5	35.5
2011	100	67.2	32.8
2012	100	64.4	35.6
2013	100	64.3	35.7
2014	100	64.2	35.8
2015	100	62.3	37.7
2016	100	61.1	38.9

注：能源和原材料工业包括采掘业，木材加工和木制品生产，造纸和印刷，焦炭和石油制品生产，其他非金属矿石加工，冶金和金属制品生产和水、电、气的生产与调配业；制造业包括食品工业、纺织和缝纫工业、皮革及制品的生产和制鞋业、化学工业、橡胶和塑料制品生产、机器和设备的生产、电子设备和光电仪器生产、运输工具和设备生产、其他制造业。

资料来源：根据俄联邦国家统计署每年各部门产值经计算得出。

俄罗斯再工业化的特点

再工业化是工业化国家针对本国出现的去工业化现象所制定的一种"回归"战略及政策。2008年国际金融危机之后，世界主要发达国家都对本国制造业发展进行了反思，提出了相应的再工业化战略。而对俄罗斯而言，由于其去工业化与发达工业国家的去工业化有很大不同，因此，俄罗斯的再工业化战略也与传统意义上的再工业化和发达国家的再工业化有所不同。

（一）不同于传统意义上的再工业化

传统意义上的工业化，是从农业社会向工业社会转变的过程，从这个意义上讲，早在苏联时期，就已完成了这一过程。传统意义上的再工业化一般是指对传统工业基地的改造和振兴。然而，随着知识经济和网络时代的到来，微电子技术、信息技术快速发展，信息和知识成为重要的资源和财富，信息、知识应用于传统产业的速度大大加快，进而引起全球经济增长方式发生根本性变革，工业化与信息化变得密不可分。因此，当前俄罗斯的再工业化不同于传统意义上的工业化，在经济全球化背景下，在以信息技术为代表的第五次技术革命的推动下，全球化、信息化、网络化、虚拟化、集成化、绿色化等一系列特征都对俄罗斯再工业化产生重要影响，并提出更高的要求。

（二）不同于发达国家的再工业化

近几十年来，世界主要发达国家陆续进入后工业社会，其制造业占国民经济的比重出现逐步降低的趋势，呈现"去工业化"发展趋势。此外，随着新兴经济体的日益发展壮大，发达国家在很多传统产业的竞争优势逐步减弱。2008年国际金融危机下，德国受到的冲击较小，且迅速从危机中恢复，这主要得益于德国有着强大的制造业。在经济复苏步履维艰的情况下，西方发达国家被迫调整立场，反思全球化背景下工业发展与经济增长的关系，纷纷提出再工业化战略，强调回归实体经济，重新认识制造业价值，强化工业地位，巩固全球竞争优势。

俄罗斯的再工业化从起点、内容和目标上都不同于发达国家的再工业化。

从起点上看，发达国家已经完成工业经济向服务经济转型升级的过程，进入后工业社会，制造业在国民经济中的比重下降是建立在制造业继续增长的基础之上的。此次发达国家的再工业化则是在进入后工业社会后，针对金融创新快速发展导致金融市场过度扩张、实体经济空心化而提出的。与之相比，俄罗斯再工业化的起点则要低得多。根据上文对俄罗斯工业化所处阶段的判断，俄罗斯仍处于工业化的中、后期，尚未进入后工业社会。由于产业结构畸形发展，制造业在国民经济中的地位日益下降，因此，俄罗斯的再工业化是指在工业化进程中出现倒退、工业结构逐渐低度化情况下，让工业发展恢复到工业化的轨道上来的战略措施。

从内容上看，俄罗斯的再工业化包含两方面内容：一是对传统工业部门的现代化改造。俄罗斯的传统工业，如石油天然气行业、森工综合体等传统的资源部门，技术设备落后，需要进行彻底的更新换代和现代化改造。二是巩固和强化航空航天、原子能工业、军事工业、纳米、生物和遗传工程等部门的技术优势，增强产品在国际市场上的竞争力。欧美等发达国家的再工业化则是发展以绿色和高效为核心的先进制造业，控制全球分工体系的战略制高点。欧美等发达国家将经营重点从产品制造环节向微笑曲线的两端转移，致力于研发和品牌营销，发展技术领先、附加值高的先进制造业，淘汰低技术含量、资源浪费和环境污染的传统产业，从而形成以发达国家先进制造业为主导的国际产业化分工体系。在这种体系中，发达国家引导和满足世界范围内的市场需求，掌握着制造业的核心技术，控制着世界制造业领域的技术标准、产品规范和业务流程，控制和管理加工制造环节，获取比物质产品生产多得多的利润①。

从目标上看，发达国家再工业化的目标是要维持和重塑其在国际市场上的竞争优势，抢占新兴产业发展先机。因此，西方发达国家再工业化的政策导向更注重技术应用和新兴产业发展。全球金融危机之后，主要发达国家展开了对未来主导产业选择的激烈竞争，通过各国的战略部署，推动节能环保、信息技术、生物等新兴产业的发展，力图通过新兴产业的发展刺激实体经济增长，继而形成新的主导产业。对它们而言，再工业化的实质是产业升级，是发展能够支撑未来经济增长的高端产业。与发达国家相比，由于目前俄罗斯机器设备仍主要依赖进口，因此，俄罗斯再工业化的目标首先仍是满足国内对机器设备的需要，其次才是增强其产品在国际市场上的竞争力。

（三）不同于英美等国的内生模式

俄罗斯的再工业化不同于英美等国的内生模式，具有明显的国家主导、政府干预的特点。

英国是工业革命的发源地，其工业化进程具有一定的自发性特点，英国的工业化经历了一个相当漫长的过程。美国的工业化与英国的发展模式相类似，都是市场经济发展到一定程度，以市场的发展推动工业化的发展。这种内生模式是在私有制的基础上，资本的原始积累、劳动力市场的形成和世界市场的开辟为工业化创造了条件，技术的革新使得工业的劳动生产率高于农业，通用制和股份制的产生实现了社会化大生产。市场在英美工业化进程中起到了决定性作用，而政府对市场的干预手段是运用财政政策和货币政策进行间接调控，很少直接参与资源配置。政府在工业化进程中的主要任务是创造有利条件，从而保证市场能够充分发挥其功能。

---

① 金碚、张其仔等著：《全球产业演进与中国竞争优势》，经济管理出版社2014年版。

斯大林时期的苏联工业化完全由国家主导，自上而下推进，国家通过挤压农业、压缩消费、扩大积累等特殊手段为重工业积累资金。为了统一调度和集中使用全国的人力、物力、财力，确保重工业的高速发展，建立并巩固了高度集权的国家统制经济体制，实行指令性计划经济，并以行政手段作为推进工业化和实现经济赶超的主要方法。这种国家主导的模式之所以可行，主要还是要归功于其丰富的资源禀赋和粗放的增长潜力。

苏联解体之后，俄罗斯实行了从计划经济到市场经济的转型，然而新建立起来的市场机制并不完善，依靠市场配置资源完成工业化所需的资本积累尚存在障碍，只能靠政府干预为工业化创造有利条件。在推进在工业化的过程中，俄罗斯政府制定战略规划及实施纲要，配套相应的财政资金，由政府干预推进相关产业的发展，如支柱产业、主导产业等。

此外，与英美等内生模式的工业化不同的是，英美等国的工业化经历了漫长的过程，而无论是苏联的工业化，还是当前俄罗斯的再工业化都具有"赶超"的性质。这就意味着要加快工业化进程，这种非常规的发展模式也需要依靠政府强有力的干预手段。

俄罗斯再工业化的政策措施

为了改变俄罗斯工业内部结构不均衡、机器制造业发展严重滞后的现状，俄罗斯政府制定了一系列战略规划和政策措施，以促进工业尤其是制造业的发展，其中在2008年11月7日政府批准的《2020年前俄罗斯社会经济发展构想》和2011年12月8日政府批准的《2020年前俄罗斯创新发展战略》中，都对工业发展有相关表述。然而，这两个规划都是俄罗斯经济发展的宏观规划，并没有对工业及其子部门进行具体的规划和设计。

2013年1月，俄联邦政府批准了《发展工业和提高工业竞争力国家纲要》①（以下简称《纲要》），旨在激发工业领域发展潜能、提高工业企业在国内外市场上的竞争力。《纲要》是在俄罗斯政府总理2010年11月30日ВП-П13-8165号文件的授权下制定的。《纲要》指出，21世纪之初的发展经验表明，俄罗斯应当制定国家工业政策，形成系统的工业发展战略及相应的实施手段，在俄罗斯，没有国家的参与，工业领域重大的基础设施、投资和创新任务

---

① Министерство промышленности и торговли Российской Федерации.《Развитие промышленности и повышение ее конкурентоспособности》. http://minpromtorg.gov.ru/.

很难完成，在国内和国际市场上的竞争力水平也很难有所提高。这份国家纲要是俄罗斯政府专门针对工业发展而制定的系统的长期政策，是研究俄罗斯再工业化政策的主要参考文件。

《纲要》实施的期限为2012—2020年，分为两个阶段，第一阶段为2012—2015年，第二阶段为2015—2020年（子纲要7实施阶段与其他子纲要不同，2012—2016年为第一阶段，2017—2020年为第二阶段）。

《纲要》根据不同市场类型制定了不同的优先发展方向。针对新兴市场（目前尚不存在或规模并不大，但从长期看属于未来新兴工业，比如，新材料行业）的优先发展方向是：复合材料、稀有金属和稀土金属。针对传统消费领域工业部门，其优先发展方向是汽车工业、轻工业、民族工艺。针对生产投资品的传统工业部门，优先发展方向是冶金、重型机械制造、运输工具制造、电机制造、车床制造、森林工业、农机制造、食品工业、专业化生产部门的机械制造、化学综合体。在技术标准方面的优先发展方向是：根据WTO贸易技术壁垒的标准，建立本国标准化体系；在后苏联空间（包括关税同盟和独联体），制定并实施统一的跨国标准；使国家标准与国际标准相衔接；制定创新领域及优先发展领域的标准；在制定国家标准的过程中吸引商业团体参与；提高俄罗斯国家标准的技术要求。

《纲要》的目标是在俄罗斯建立有竞争力的、稳定的、结构平衡的工业，与世界技术领域接轨，研发世界领先的工业技术和工艺，在此基础上保证工业有效发展，形成创新产品的新市场，保证国家的国防能力。

《纲要》根据不同优先发展领域制定了不同的任务：在建立新兴行业和新兴市场方面，要完成两项重要任务：一是针对新兴产业，建立领先的创新基础设施；二是消除壁垒，为进入创新产品市场创造平等条件。对于发展国内消费领域工业部门，需要完成的任务包括：刺激预算外投资；逐步削减国家直接拨款；采取措施刺激消费。对于生产投资品的工业部门，需要完成的任务主要为：对相关工业部门进行技术更新；激励新技术和新材料的生产和研发；保证俄罗斯企业以平等的条件参与国内及国际市场的竞争；鼓励高附加值产品出口；培育竞争机制，逐步削减国家在企业中的资本份额；协调工业部门技术发展规划与能源消费部门技术产品需求。发展国防工业综合体需要完成的任务是：为保证新型武器和新型军事装备的研发和生产，提高军工综合体生产潜力的利用率。在技术标准的制定方面，需要完成的任务为：在俄罗斯建立有效的技术调控体系；完善国家标准化系统，使俄罗斯国家标准与国际标准接轨；为保证人民生活水平和经济竞争力的提高，实行统一的度量单位；不允许俄罗斯在技术上落后于世界公认的精确水平;维护俄罗斯在度量领域的主权。

《纲要》下设 17 个子纲要,前 16 个子纲要针对专门的工业领域,为相关行业领域制定相应的政策措施,最后一个子纲要则为了保证国家纲要顺利贯彻执行而制定。具体子纲要包括:汽车工业;农用机械、食品及深加工;专业生产部门的机械制造业;轻工业及民族手工艺品制造业;国防工业综合体;运输工具制造业;车床及工具制造业;重型机械制造业;动力工程和电机工程机械制造业;冶金业;森林工业综合体;技术标准;化学工业综合体;复合材料及制品的生产;稀有金属和稀土金属工业;完善煤矿工人的生活保障体系;保障本国家纲要的实施。

为了保障国家纲要及相关子纲要的顺利执行,《纲要》中还规定了一系列的优惠措施。例如,国家及政府机构将向重点企业提供各种形式的补贴,用于支付投资项目和创新项目的贷款利息;以关税及非关税措施限制机器设备的进口,并鼓励其出口;对俄罗斯本国生产的技术设备制定长期的国家订货目标参数;打击盗版,保护俄罗斯高技术附加值产品的法律权益;扩大国营企业与私营企业的合作伙伴关系;对相关部门提供税收优惠等。此外,为了保证《纲要》的顺利执行,国家从联邦预算资金中划拨 2408 亿卢布,在 17 个子纲要中,对其中 11 个子纲要的实施提供了预算资金。

未来趋势的预判

(一)发展道路的选择

未来俄罗斯面临着发展道路的选择问题。

一条是"能源之路",延续目前依靠能源出口拉动经济的模式,巩固并加强俄罗斯在国际能源格局中的地位和作用,将俄罗斯打造成为能源超级大国。如果沿着这条道路发展,俄罗斯将面临一系列问题:第一,经济增长具有高度的脆弱性和外部依赖性。俄罗斯出口的主要商品为能源产品,而这类商品的定价权并没有掌握在俄罗斯手中,而是取决于国际市场行情。这样就形成了经济增长依赖出口,而出口收入取决于国际能源价格和俄罗斯在国际能源格局中的地位两方面因素。一方面,一旦国际能源暴跌,俄罗斯经济就会陷入危机,在民生、社会领域的改革也会难以为继。2008 年和 2014 年国际油价两度出现大跌行情，俄罗斯经济都因此遭受了沉重的打击，这充分暴露了能源出口导向型经济的脆弱性；另一方面，国际金融危机和美国"页岩气革命"后，国际能源格局发生深刻变化，俄罗斯在全球能源格局中的地位被严重削弱，这也将在一定程度上影响能源出口。第二，经济发展具有不可持续性。首先，自然资源具有不可再生的特点；其次，从国际分工的角度看，尽管在资源出口的支撑下俄罗斯经济保持较为快速的增长，但这种增长并没有提升俄罗斯的国际竞争力，反而使其逐渐沦为世界经济的"原料附庸"；最后，在应对国际金融危机和全球气候变化的过程中，世界许多国家开始将以碳基能源为基础的经济发展模式转向以低碳经济为特征的绿色发展模式，可持续的经济增长方式成为未来发展的主流。这将引起国际能源市场供需关系发生重大变化，碳减排和能源结构的多元化将会降低石油和天然气价格，这也将对俄罗斯经济发展的可持续性造成威胁。第三，俄罗斯国内行业间和地区间的贫富差距将会继续加大，引发更多社会问题。油气行业与非油气行业，乌拉尔、西伯利亚和远东等产油区与其他地区间的不平衡将会加剧。显然，随着国际能源格局和全球能源供需关系的变化，在全球经济低碳化、绿色化的背景下，"能源之路"将会越走越窄。对于俄罗斯而言，调整产业结构、寻找新的经济增长点、改变传统发展模式的紧迫性越来越强。

另一条是"创新之路"，在这条道路上，俄罗斯将致力于经济结构的改革，提高高新技术产业和知识经济的比例，重振制造业，增强制造业产品的国际竞争力，逐步实现经济和出口的多元化，增强国家的综合实力。毫无疑问，这才是未来俄罗斯应选择的正确方向。

（二）改革的突破口

2012 年，普京在竞选总统期间连续发表了 7 篇阐述其执政理念的纲领性文章，其中在《论我们的经济任务》[①] 一文中，他对俄罗斯未来创新型经济发展道路的规划思路并不是单单加大对教育、科研的投入，发展高新技术产业从而带动经济发展，而是基于俄罗斯的自然禀赋，在改革中将能源行业涵盖在内，甚至作为其重点。放弃发展能源行业，转而发展高新技术产业，在俄罗斯是行不通的。在普京看来，能源等传统行业恰恰是改革能够向前推进的突破口，提高能源行业的加工度和出口附加值，从单一能源经济向现代能源经济过

---

① Путин В, О наших экономических задачах. http://putin2012.ru/events.

渡，同时保住制药、化工、复合材料、航空航天、通信技术、纳米技术和核工业等领域的传统优势①是向创新型发展道路迈进的第一步。正如《2020年前俄罗斯社会经济长期发展战略》中提及的，"巩固和增强俄罗斯在传统领域中的全球竞争优势"是向创新型经济过渡的重点方向之一②。从普京的一系列论文和观点表述来看，普京对俄罗斯经济发展道路的选择表现出更加务实、稳健的特征。即在稳定增长的前提下谋求经济结构的突破③。

（三）未来发展趋势

对俄罗斯而言，再工业化和结构改革是一项长期且艰巨的任务，仍将面临一系列阻力。

首先，能源价格的影响。当国际能源价格走高时，俄罗斯经济坐收能源红利，国内改革的压力和动力不强，而当能源价格下跌时，财政收入减少，改革所需要的资金得不到保障，政府疲于应对危机，改革依然难以进行④，这也是俄罗斯结构改革多年来一直未能取得良好成效的重要原因之一。

其次，国际分工的困境。目前，以发达国家先进制造业为主导的国际产业化分工体系已经形成，发达国家掌握着最先进的技术，控制着世界制造业领域的技术标准、产业规范和业务流程。相比之下，新兴市场国家和发展中国家虽然能够依靠承接发达国家产业转移来提高自身制造业水平，然而，这些国家一方面受本国技术水平的限制，另一方面还要承受来自发达国家的技术保密、专利包围等手段的控制和打压⑤，很难摆脱处于价值链低端的宿命。在这样的背景下，禀赋着资源先天优势的俄罗斯能否走出"全球原料基地"的国际分工困境，能否在短期的政治、经济利益和长期的经济发展之间找到一个兼顾的折中方案，也是一项严峻的挑战。尽管俄罗斯已经意识到，提高自主创新能力，重振制造业，推进结构改革是打破现有国际分工体系的根本途径，但真正去实现这一目标却非常困难。

最后，制度环境的约束。市场经济体制的确立为产业结构调整奠定了制度基础，经济体制改革的深化则是产业结构调整的前提条件。然而，普京总统执

---

① 李建民：《新普京时代的基本政策走向》，《中国党政干部论坛》2012年第7期。
② Концепция долгосрочного развития Российской Федерации. http://www.economy.gov.ru/minec/activity/sections/strategicPlanning/concept/.
③ 郭晓琼：《俄罗斯经济增长动力与未来发展道路》，《俄罗斯研究》2014年第4期。
④ 李建民：《新普京时代的基本政策走向》，《中国党政干部论坛》2012年第7期。
⑤ 金碚、张其仔等著：《全球产业演进与中国竞争优势》，经济管理出版社2014年版。

政以来，尤其是第二任期之后，国家对经济的干预范围进一步扩大，干预程度进一步加深。这样，市场经济体制对结构调整功能的释放就会受到一定程度的限制，还会因各种形式垄断的加强导致生产要素难以在竞争中实现优化组合，进而导致产业结构难以优化。发达国家的工业化之所以经历了如此漫长的时期，就是因为在此过程中，制度建设与技术创新交织前行。技术创新的不断涌现、先进制造业的发展必须建立在国家综合实力全面提升的基础上，这既体现在技术水平方面，也体现在经营模式和管理手段上，都需要经历一个长期培育和市场竞争的过程。因此，法律体系的完善、竞争机制的培育、知识产权的保护、创新激励机制的建立、产业化渠道的拓展等一系列制度因素都会在俄罗斯再工业化道路中形成约束，而要突破这种约束又将是既得利益者之间的一场激烈博弈。

参考文献

［1］约翰·伊特韦尔等：《新帕尔格雷夫经济学大辞典》（第二卷中译本），陈岱孙等译，经济科学出版社1996年版。

［2］张培刚：《发展经济学教程》，经济科学出版社2001年版。

［3］丹尼尔·贝尔：《后工业社会的来临——对社会预测的一项探索》，新华出版社1997年版。

［4］王展祥、王秋石、李国民：《发达国家去工业化与再工业化问题探析》，《现代经济探讨》2010年第10期。

［5］大野健一著：《学会工业化：从给予式增长到价值创造》，陈经伟译，中信出版社2015年版。

［6］金碚、张其仔等：《全球产业演进与中国竞争优势》，经济管理出版社2014年版。

［7］郭晓琼：《俄罗斯经济增长动力与未来发展道路》，《俄罗斯研究》2014年第4期。

［8］李建民：《新普京时代的基本政策走向》，《中国党政干部论坛》2012年第7期。

［9］Fligstein Neil, Is Globalization the Cause of the Crises of Welfare States. University of California, Berkeley, Working Paper, 1999.

［10］Gary P. Green, and Landy Sanchez, Does Manufacturing Still Matter? Population Research and Policy Review, 2007, vol. 26, P529 – 551.

[11] Pieper Ute, Deindustrialization and the Social and Economic Sustainability Nexus in Developing Countries: Cross – Country Evidence on Productivity and Employment, The Journal of Development Studies, 2000, vol. 36, No. 4, P66 – 99.

[12] Mavow Philip, Kersbergen van Kees, and Gijs Schumacher. Sectoral Change and the Expansion of the Welfare State: Re – visiting the "Deindustrialization" Thesis. http: //www. tcd. ie/iiis/documents /.../dublin _ sectoral%20change. doc, 2007.

[13] Marc Doussard, Jamie Peck, and Theodore Nik. After Deindustrialization: Uneven Growth and Economic Inequality in "Postindustrial" Chicago. Economic Geography, 2009, vol. 85, No. 2, P183 – 207.

[14] Yong Kang Du. Macroeconomic consequence of deindustrialization – the case of Korea in the 1990' s. Economic Papers, 2005, 7 (2).

经济一体化对中俄竞争力的影响

[俄] 奥·德·科利（著） 丁超（译）

摘要：本文根据全球竞争力指数（WEF）和全球竞争力评级（管理发展研究所），对上海合作组织和金砖国家（包括俄罗斯和中国）的竞争力水平进行了研究，结果清晰地表明，一体化对这些国家的竞争力水平产生了不同的影响。

关键词：国民经济竞争力；一体化组织；全球竞争力指数和评级

国民经济的竞争力是任何国家活动的主要指标。提高国家经济竞争力是提高人民生活水平和改善公共福利的主要工具，其中包括高水平的社会发展和可持续的经济增长。

对国民经济竞争力进行评估，能够显示国家发展的问题、优势和趋势。在分析的基础上，制定战略、预测，并确定国家经济现代化和完善的方向。对全球竞争力进行研究，能够确定具有相似经济状况的国家并引进其先进的经验。

[作者简介] [俄] 奥·德·科利，俄罗斯圣彼得堡国立经济大学，E-mail: kol.o@unecon.ru。丁超，中国社会科学院俄罗斯东欧中亚研究所助理研究员。

今天，全球经济的发展呈现两个相反的趋势——全球化和区域化。与此同时，区域化进程越来越强大，导致形成各种专业的国际（地区）机构。其中包括本文研究的涵盖中国和俄罗斯参与的一体化组织：上海合作组织（SCO）、金砖国家和欧亚经济共同体。由于中国和俄罗斯只是前两个组织的共同成员，因此，将仅考虑这两个一体化组织的竞争力水平。

目前正在开发和引入各种综合分析国家竞争力水平的工具。其中，最著名的是：

全球竞争力指数（The Global Competitiveness Index）——世界经济论坛发布的世界各国在经济竞争力方面的排名。

世界竞争力年度报告（The IMD World Competitiveness Ranking）——国际管理学院发布的世界各国在经济竞争力方面的排名。

2017—2018年上合组织成员国和金砖国家竞争力水平与发达国家（G7）在全球竞争力指数方面的对比研究结果见表1。

表1 世界经济论坛发布的全球竞争力指数

发达国家			上合组织成员国			金砖国家		
排名	国家	指数	国家	排名	指数	国家	排名	指数
2	美国	5.9	中国	27	5.0	巴西	80	4.1
5	德国	5.7	俄罗斯	38	4.6	俄罗斯	38	4.6
8	英国	5.5	印度	40	4.6	印度	40	4.6
9	日本	5.5	哈萨克斯坦	57	4.3	中国	27	5.0
14	加拿大	5.3	塔吉克斯坦	79	4.1	南非	61	4.3
22	法国	5.2	吉尔吉斯斯坦	102	3.9			
43	意大利	4.5	巴基斯坦	115	3.7			
均值		5.37	均值		4.3	均值		4.52

资料来源：Индекс глобальной конкурентоспособности. Информация об исследовании и его результаты [Электронный ресурс] //Гуманитарные технологии. Аналитический портал. - Режим доступа: https://gtmarket.ru/ratings/global-competitiveness-index/info, - свободный.

通过表1可以看出，上合组织所有成员国①均未能进入全球竞争力排名的前十位。其中，排名最高的是中国（第27位），俄罗斯位居第38位，印度排在第40位，指数为4.6。巴基斯坦全球竞争力指数为3.7，在137个国家中位列第115

---

① О Шанхайской организации сотрудничества [Электронный ресурс] // Шанхайская организация сотрудничества. —Режим доступа: http://rus.sectsco.org/about_sco/, - свободный.

位。乌兹别克斯坦未被列入世界经济论坛和国际管理学院的全球竞争力排名。

需要指出的是,除哈萨克斯坦外,2017年所有上合组织成员国的全球竞争力指数均有所提升。与此同时,俄罗斯的全球竞争力指数稳步增长,中国则多年来一直保持在同一个位置(见图1)。可以看出,上合组织成员国经济和创新发展水平各异,而未来的合作应考虑到这一因素,区分结成联盟的潜力。

分析包括中俄两国在内的另一个一体化组织——金砖国家(巴西、俄罗斯、印度、中国和南非)的竞争力,在当前世界经济和政治形势下尤为重要。

金砖国家是发展最快的大国群体。这些国家的优势在于它们既是强大的发展中经济体,同时也为世界经济提供大量的重要资源:

巴西——按购买力平价计算的全球第七大经济体,拥有丰富的农产品;

俄罗斯——按购买力平价计算的全球第六大经济体,拥有最大的矿产资源储备,领土面积世界第一,也是两个拥核大国之一;

印度——按购买力平价计算的全球第三大经济体,拥有廉价的智力资源,拥有10亿以上人口的两大国家之一;

中国——按购买力平价计算的全球第一大经济体和第一大出口国("世界工厂"),拥有最大的外汇储备和最大规模的人口;

南非——按购买力平价计算排名全球第30位,拥有各种自然资源①。

然而,从表1中可以看出,世界经济论坛发布的全球竞争力排名中,金砖国家也没有任何一国进入前十位。

中国、印度和俄罗斯的竞争力排名有所上升,同时南非和巴西则呈相反趋势。随着竞争力指数显著下降,巴西竞争力排名降低了20位。

对上述一体化组织的全球竞争力水平进行对比分析可以看出,上合组织国家竞争力指数平均为4.3,而金砖国家为4.5。因此,可以说,金砖国家比上合组织更具竞争力。对于竞争力指数在3附近波动的一些国家(塔吉克斯坦、巴基斯坦、吉尔吉斯斯坦)来说,参与上合组织能够显著提高其在全球市场上的竞争优势。但是,对俄罗斯、中国和印度来说,这些成员国过低的指数很难提升总体水平,也不可能提升组织在全球范围内的竞争力。

中国显示出稳定但缓慢的增长率,无论是指数还是排名(见图1)。俄罗斯竞争力评级和指数均在增长,四年多提升了26位,尽管一些主要的宏观经济指标与其他国家相比,俄罗斯经济目前还处于衰退之中,除了相对较高的通货膨胀率。印度的竞争力指数虽有所增加,其评级却从39位下降到了40位,

---

① БРИКС [Электронный ресурс] // Википедия: свободная энциклопедия. —Режим доступа: https://ru.wikipedia.org/wiki/БРИКС, свободный. —Загл. с экрана.

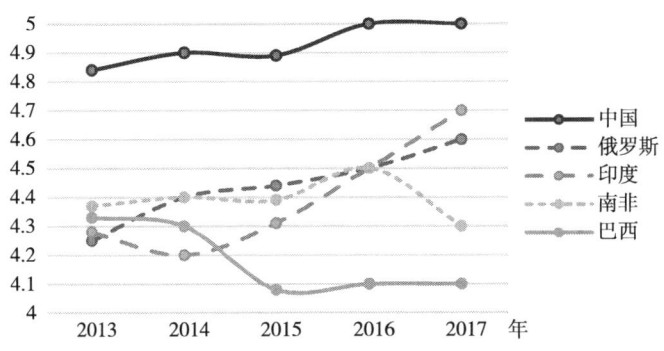

图1　金砖国家全球竞争力指数排名动态趋势

2014年以来又出现了实质性增长。

世界经济论坛专家根据全球竞争力指数来确定一国的发展阶段,包括因素性、效率性和创新性三个阶段。俄罗斯、中国和巴西属于有效发展的国家,效率和竞争力水平较高。印度和南非,尽管诸多指标有显著改善,依然属于因素性国家,因为主要宏观经济指标尚不发达[①]。

2017年国际管理学院对67个国家进行了竞争力评估。每个国家均根据对该国经济生活具有关键影响的四大主要领域的333项指标进行分析,分别为:(1)经济状况;(2)执政效率;(3)营商环境;(4)基础设施条件[②]。

核算时还使用了国际组织的数据,如联合国、经合组织、世贸组织、世界银行、国际货币基金组织等,以及全球57伙伴机构。

2017年上合组织成员国和金砖国家的竞争力水平与世界发达经济体的对比评估结果见表2。

表2　国际管理学院发布的2017年全球竞争力指数

发达国家		上合组织成员国		金砖国家	
排名	国家	国家	排名	国家	排名
4	美国	中国	18	巴西	61
13	德国	俄罗斯	46	俄罗斯	46

---

① Саенко В. И., Смирнова Е. В. Конкурентоспособность стран БРИКС как элемент развития мировой экономики // Теория и практика общественного развития. – 2015. – № 11. – С. 72 – 75.

② Рейтинг стран мира по уровню глобальной конкурентоспособности по версии IMD: информация об исследовании и его результаты [Электронный ресурс] // Гуманитарные технологии: аналитический портал. —Режим доступа: http://gtmarket.ru/ratings/the-imd-world-competitiveness-yearbook/info, свободный. —Загл. с экрана.

续表

	发达国家	上合组织成员国		金砖国家	
19	英国	印度	45	印度	45
26	日本	哈萨克斯坦	—	中国	18
12	加拿大	塔吉克斯坦	—	南非	53
31	法国	吉尔吉斯斯坦	—		
44	意大利	巴基斯坦	—		

资料来源：Рейтинг стран мира по уровню глобальной конкурентоспособности по версии IMD：информация об исследовании и его результаты.

从表2中可以看出，大多数上合组织成员国甚至没有被列入管理研究所评估竞争力水平的国家名单。这表明，它们的经济竞争力在世界市场上尚不可能实现。

根据管理学院的评估，2017年俄罗斯竞争力排名同比下降了两位，位于印度和土耳其之间（见表3）。

表3 俄罗斯和中国在全球竞争力评级中的排名情况（国际管理学院）

国家	排名		
	2017年	2016年	2015年
香港	1	1	2
瑞士	2	2	4
新加坡	3	4	3
美国	4	3	1
中国	18	25	22
哈萨克斯坦	32	47	34
印度	45	41	44
俄罗斯	46	44	45
土耳其	47	38	40
南非	53	52	53

资料来源：Рейтинг стран мира по уровню глобальной конкурентоспособности по версии IMD：информация об исследовании и его результаты.

研究人员指出，促进俄罗斯竞争力提升的积极因素包括高水平的教育和就业、劳动力的专业度和整体宏观经济的稳定性。然而，经济多样化程度较低、金融市场不发达、国家机构效率不足、创新潜力薄弱、行政障碍和腐败也限制了俄罗斯竞争力的发挥。所有这些因素都会导致国家资源的低效分配，阻碍竞争力增长。

基于上述情况,可以得出结论,一体化组织对各参与国的竞争力水平会产生不同的影响。因此,一体化组织更多是从政治上肯定成员国在国际社会中的地位,而推动其发展和新竞争优势的出现则为其次。

参考文献

[1] О Шанхайской организации сотрудничества. Режим доступа: http://rus.sectsco.org/about_sco/, - свободный.

[2] Саенко В. И., Смирнова Е. В. Конкурентоспособность стран БРИКС как элемент развития мировой экономики // Теория и практика общественного развития. - 2015. - №11. - С. 72 - 75.

[3] Рейтинг стран мира по уровню глобальной конкурентоспособности по версии IMD: информация об исследовании и его результаты.

"一带一路"倡议下中亚国家面临的外部风险分析

张居营

摘要：中亚国家作为"一带一路"倡议的重要节点地区，与中国的对外经贸合作日益密切。但由于自身单一的产业结构、对能源与外资的过度依赖，导致中亚国家经济发展面临着较大的外部风险，具体体现为中亚各国经济受到大国地缘战略与国际能源战略博弈的影响，并通过贸易、投资、侨汇等传导渠道，对部分大国经济贸易、国际大宗商品市场呈现出一定的依赖性。本文通过对中亚国家出口贸易中的国别依赖、外资依赖、侨汇收入依赖等分析，结合中亚各国经济增长与能源价格波动的协同性、出口贸易中的商品依赖程度分析等，对中亚国家面临的外部风险进行分析，并探讨外部风险对"一带一路"倡议推进的影响及其应对措施。

关键词：中亚；经济风险；外部依赖性；"一带一路"倡议

［作者简介］张居营，中央财经大学财经研究院博士研究生。

引 言

作为连接欧亚大陆和中东的枢纽,中亚地区一直是一个重要的地缘战略区域,在此区域中的主要国家——哈萨克斯坦、塔吉克斯坦、吉尔吉斯斯坦、土库曼斯坦和乌兹别克斯坦,由于其独特的地理位置和丰富的资源禀赋,在全球经济发展中成为不容忽视的关键角色。从古代"丝绸之路"贸易文化往来的重要通道,到国际能源市场上具有影响力的战略区域,加之中亚五国通过自身的统筹规划,不断提升经济竞争力,中亚国家对全球政治经济的影响愈加明显。尤其是作为与中国毗邻的国家,中亚国家是"一带一路"沿线重要的支点国家,"一带一路"倡议中的"丝绸之路经济带"也是2013年首次在哈萨克斯坦提出的,同时,基于长期与中国密切的经贸合作关系与各自经济进一步发展的诉求,中亚五国也积极响应与参与"一带一路"倡议,在多个领域与中国进行了深入合作。

贸易方面,根据 Uncomtrade 数据显示,2009—2017 年,中亚五国与中国的进出口贸易总额由 143.61 亿美元增长至 245.80 亿美元,年均增长率为 6.95%,中国目前是哈萨克斯坦、塔吉克斯坦、吉尔吉斯斯坦的第一大进口来源国,是土库曼斯坦第一大出口目的国,是哈萨克斯坦、乌兹别克斯坦第二大出口目的国。对外投资方面,根据《2017 年度中国对外直接投资统计公报》显示,2009—2017 年,中国对中亚五国的外商直接投资总流量由 3.45 亿美元增至 22.60 亿美元,年均增长率为 26.49%,总存量由 22.56 亿美元增至 117.66 亿美元,年均增长率为 22.93%。目前,中国是吉尔吉斯斯坦、乌兹别克斯坦最大的投资来源国,是塔吉克斯坦的第二大、哈萨克斯坦的第四大投资来源国。

但是,中亚国家的经济发展历程存在着一定的曲折性、波动性与不稳定性,在20世纪20年代至90年代中亚五国一直作为苏联的加盟共和国,各地区经济社会运行完全受联盟中央确定的计划框架调控,各国缺乏自身经济自主权,形成了以农业、能源化工为主的单一产业结构,以及对资本、技术等经济依附型较强的发展特征。自20世纪90年代初独立以来,中亚五国均经历了一段时间的适应期,在此期间各国纷纷进行改革,以实现由计划经济向市场经济的转轨。由于经济增长模式尚未形成,加之政局极度动荡导致经济不稳定,各国经济体系混乱、结构单一且对外开放程度较低,其经济风险众多但又个性化突出。从各国自身的发展状况来说,部分国家过度依赖本国丰富的油气或矿产资源,导致其产业结构单一且易受大宗商品价格周期的影响。而部分国家则由于经济基础较差,工业化水平、基础设施等方面不是很发达,在经济发展上又很难摆脱欧美等世界主要经济体的外资依赖,以及长期以来俄罗斯对其经济的影响,经济对外依赖性较强,这些都导致中亚国家形成了自身独特的外部经济风险,这些外部风险也对"一带一路"倡议下中亚国家与中国的合作带来了影响。鉴于此,本文对当前中亚国家经济发展面临的外部风险进行评估与分析,并探讨其对"一带一路"倡议落实的影响,从而为"一带一路"倡议的推动与发展提供参考与借鉴。

相关文献综述

针对中亚国家的外部风险,大多数学者是从经济依赖性的角度进行不同层次的研究。А. 米格拉尼昂(2009)指出,全球金融危机对中亚国家经济的影响主要集中在金融投资领域,危机特征和表现形式根据各国经济发展水平和融入世界经济的程度而有所区别。为克服资金短缺的危机,中亚五国不得不依附于周边大国,主要是俄罗斯。У. Ж. 艾尔格什巴耶夫(2009)考察了中亚劳务移民在俄罗斯的生存状况,指出,劳务移民对中亚国家有利,甚至是解决其国内社会经济问题的唯一方法。О. Б. 谢尔涅茨基(2013)指出,从国家战略层面来看,保障中亚国家经济的稳定发展是俄罗斯中亚政策的目标之一。大量资金流入中亚地区有利于其经济转型的进一步深化。О. Б. 列兹尼科娃(2016)指出,中亚五国经济发展模式虽各不相同,其经济增长却都严重依赖于外部因素,尤其是与中俄之间的经济合作。徐坡岭(2016)指出,中亚五国经济属于资源型小国开放经济,输入型增长和易受外部冲击是中亚五国经济的普遍特征。中亚国家经济开放的方向选择和竞争优势定位决定着未来一段时间这些国家的经济前景。张文中(2015)运用贸易互补性、集中度和多样化三个指数对中亚五国对外贸易进行了分析,认为中亚国家严重依赖于外部市场,出口与世界各国互补性不强。刘华芹(2016)也从外向型经济发展模式和国际合作格局两个层面分析了中亚国家经济困境的成因。他认为,着眼于长远发展,中亚国家面临调整经济结构的艰巨任务,在扩大对外开放的同时,进一步深化市场经济改革。

许朝凯(2017)通过构建质量评价体系,对中亚国家的经济发展质量进行了评价研究。经过分析认为，中亚国家普遍存在过度依赖资源的问题，同时国家经济开放质量不高，经济开放容易受到大国博弈的影响。在稳定性水平上，由于哈萨克斯坦的经济水平相对较高而经济稳定性较强，其他国家经济运行风险较多。陈静、卢进勇（2017）构建了一个包括政治环境、安全环境、宏观经济发展程度、外商投资环境以及基础设施发展水平五个指标的投资环境评价体系，研究中亚五国的投资环境状况。结果表明，中亚五国的投资潜力较大，但由于其在经济发展水平与基础设施建设方面的落后，再加上腐败与法制化不健全等政治、社会风险，企业投资需要充分评估，切忌盲目。张栋、张怡（2017）基于金融危机之后的2009—2016年各国数据，对中亚五国的贸易和外商直接投资（FDI）情况进行了分析比较，发现金融危机后中亚五国的对外贸易呈现先下降后增长的U型发展趋势，各国外贸依存度较高。特别是对中国贸易的依赖性较强，在吸引外资方面各国均采取各种措施引入外资，取得良好效果，特别是中国企业的投资力度不断加强。

随着"丝绸之路经济带"倡议在中亚地区的不断推进，中亚国家与中国之间的经济联系日益紧密，以"一带一路"为背景，研究哈萨克斯坦等中亚国家外部风险对"一带一路"倡议影响的文献日益增多。Plakans（2013）指出由于俄罗斯对于中亚地区的利益诉求以及较高的影响力，中国与中亚国家的合作存在竞争性，特别是基于"欧亚经济联盟"与中国"丝绸之经济带"的战略博弈，影响中国在中亚的投资合作。Fazilov、Xiang ming Chen（2013）认为随着中国工业化进程加速，特别是2020年工业化的基本实现导致其对能源需求加大，由于中东地区的局势不稳，油气资源丰富的中亚地区是中国石油进口的有效保障。С. 日里佐夫（2015）指出，中亚国家尚未且很难突破其在矿产资源开发方面的技术难题；"一带一路"倡议对中亚国家能源出口路径选择和能源基础设施建设带来了巨大的契机，他坚持认为"能源决定中亚国家的未来"。А. Ч. 莫科列茨基（2017）指出，丝绸之路经济带的推进本质是中国在后苏联空间地缘政策的表现。中亚国家都希望成为"一带一路"的过境国，通过吸引投资来确保基础设施的联通，推动国家经济转型。何文彬（2017）探讨了"一带一路"背景下中国—中亚金融合作路径与安排，指出当前中国与中亚国家金融合作的问题有：中亚国家金融体制不完善、基础较差，经济一体化程度较低使得金融合作协调成本较高，政治环境的不稳定也为金融合作带来障碍，中国与中亚国家的金融合作需要从金融基础设施建设、人民币国际化、防控风险等角度来逐步完成。杨恕、王术森（2018）研究了中亚与西亚的地缘经济联系，指出由于中亚与西亚间交通基础设施落后、产业结构单一、贸易结构相似与贸易便利化水平低等问题,中国—中亚—西亚经济走廊建设存在障碍,需要中国注重"一带"与"一路"的联通,发挥两个战略中均有所涉及国家的重要节点作用,推进"一带一路"倡议协调发展。

上述文献研究,从中亚国家的内部经济特征、地缘政治条件、资源能源优势、对外贸易投资等多个角度、多个层次探讨与分析了中亚国家经济发展面临的外部环境、存在的经济风险,尤其是其对外的经济依赖性。本文以此为基础,通过对上述研究的归纳与总结,结合对中亚国家经济发展的外部经济特征,系统性地对中亚国家的外部经济风险进行评估、分析,并探讨其对"一带一路"倡议的影响。

中亚国家外部经济风险的主要来源

由于中亚国家所处的重要地缘位置,自身拥有的独特资源优势,以及在经济发展中对资源的相对依赖,中亚国家经济发展面临的主要外部风险来源有:一是影响中亚国家经济发展的大国战略博弈因素,世界主要经济大国针对中亚地区的不同战略政策,及其相互间博弈,对中亚国家经济发展都有一定影响;二是国际大宗商品市场价格波动带来的外部冲击,国际商品市场需求过度萎缩或者价格大幅下跌等,都或多或少对中亚五国的经济增长、贸易、通胀等产生冲击。

(一) 影响中亚国家经济发展的大国战略博弈因素

作为连接欧亚大陆和中东的枢纽,中亚地区一直是一个重要的地缘战略区域,俄罗斯、美国以及欧洲诸国等都一直在此开展战略竞争、互动与碰撞,这些国家有的侧重加强对中亚地区的联系与控制,如俄罗斯,有的侧重实现其地缘战略部署,如美国、日本,有的侧重促进双边合作实现共赢发展,如中国。这些地缘战略或合作倡议,在中亚地区形成了各种外部力量的博弈态势,影响着中亚五国的经济发展。

俄罗斯在中亚地区具有传统优势地位,中亚五国与俄罗斯共同构建了苏维埃联盟,解体后的中亚地区更是俄罗斯巩固其"后苏联空间"、打造欧亚一体化的重要阵地。因此,俄罗斯是独立以来对中亚国家施以援助最多的国家,在2015年之前是中亚国家最大的贸易伙伴,也是塔、吉、乌等国侨汇收入的主要来源国。俄罗斯本身经济增长对油气资源的依赖性也较大，其与中亚五国都有长期深入的油气合作，包括俄国家能源战略企业在中亚地区的油气勘探开发与加工、油气管道建设和维护、工程设计等，特别是中亚国家向西方出口油气的部分管道路线都要经过俄罗斯，这极大制约了中亚国家的对外能源输出。另外，俄罗斯还通过欧亚经济联盟与哈萨克斯坦和吉尔吉斯斯坦建立了非常密切的关系，间接限制了两国对外经贸合作，并通过数百万务工人员，收买和兼并关键领域企业，控制了两国的油气、金融等行业，以掌握吉、塔两国的经济命脉。因此，俄罗斯通过贸易、投资和侨汇等多种渠道影响着中亚国家经济发展。特别是2014年之后，俄罗斯经济危机及西方国家持续对俄经济制裁等，也对中亚国家经济发展产生较大冲击。但随着俄罗斯国力的衰退，中亚五国也在积极摆脱对俄的依赖，期待以更加独立的身份参与对外经济合作，并在各国博弈中获取更大的经济收益。

美国、日本两国地理位置上离中亚地区相对较远，且在贸易上与中亚五国的互补性比较低，因此，美、日主要通过对中亚地区的投资、经济援助等方式，以提升各自在中亚地区的影响力，实现地缘战略部署。美国先后于2005年、2012年提出了"大中亚计划""新丝绸之路"等计划，其目的包括削弱俄罗斯等国对中亚国家的传统影响，解决美军撤离阿富汗后的经济发展问题，构建中亚与南亚的经济关联网络，寻求更加安全的能源供应通道等。通过与中亚国家的能源合作，美国建立阿富汗与中亚地区的天然气管道、输电线路等，并于2015年建立起"C5+1"对话机制，向中亚国家提供一系列援助计划，加强双边的合作机制。日本则是通过官方经济援助保持对中亚国家的经济联系，其多年来对中亚五国的经济援助位居援助国家的前三位。除此之外，日本还通过"欧亚大陆外交""丝绸之路能源计划"等战略，加强与中亚地区的经贸和能源合作。特别是安倍上台以后，日本加大了无偿援助的力度，并在援助对象上向土库曼斯坦倾斜，这些都极大提升了日本在中亚地区的影响力。

中国和中亚地区有着天然的地缘纽带，交往密切，从古"丝绸之路"的商贸与交通往来，到苏联解体后中国最早承认中亚国家独立地位，并一直保持友好的合作关系，中国在中亚地区经济发展中逐步占据重要位置。一方面，中国与中亚地区的双边贸易有较强互补性，在农产品、能源、工业制品上的贸易往来较密切，特别是近几年，中国已超过俄罗斯成为中亚地区的最大贸易伙伴；另一方面，随着中国经济的高速发展，对中亚地区的投资也不断加大，特别是在中亚的油气管道建设打破了俄罗斯的垄断，在"一带一路"合作框架下，中国在中亚国家的基础设施建设、工业园区建设、金融合作等双边经贸合作日益加强，中国对中亚国家经济发展的影响力越来越大，中亚国家也期望成为"一带一路"倡议的参与国，以促进基础设施与产业等多方面的升级，拉动经济增长，实现共赢发展。但是在"一带一路"建设中，中国又面临着中亚国家对"中国威胁论"的一些疑虑，以及俄罗斯对中国影响力提升的警惕与担忧，形成对中亚经济发展的一些战略博弈。

除此之外，欧盟也是中亚国家重要的贸易和投资伙伴，是中亚国家能源主要出口国之一，并向中亚国家积极提供技术、资金等各种援助，其目的在于推动中亚国家的政治经济改革，实现价值同化和规则共享，由此提升其在该地区的软实力和影响力。但是由于欧盟在地缘优势上不如中俄，经济实力上不如美国，对中亚的援助缺少系统性和针对性，因此，欧盟经济与地缘战略部署对中亚国家经济发展的影响相对较低。

在上述主要国家和地区中，中、俄是目前对中亚国家经济发展影响较大的国家，二者经济的波动、对外政策的调整都可能形成对中亚国家经济发展的外部风险，并通过贸易、投资、侨汇等渠道传导，造成对中亚国家内部经济结构的冲击。美、日、欧盟等由于缺少地缘优势，且与中亚国家的经济贸易关联较小，对中亚国家发展的影响程度较低，主要依靠经济援助、投资合作等成为中亚地区地缘政治的博弈者，参与到对中亚地区地缘政治经济的竞争。但是，美国较为强大的经济实力与国际影响力，也会通过不同渠道间接影响到中亚国家的经济发展，比如联合欧洲部分国家对俄的经济制裁、金融市场上对商品价格或汇率的打压等；另外，俄罗斯也对中国在中亚地区日益密切的联系保持警惕与竞争，而近些年来的中美贸易摩擦又促进了中俄的经济合作。这些错综复杂的大国战略博弈在一定程度上共同形成了中亚国家的外部经济风险。

（二）国际大宗商品市场价格波动带来的外部冲击

大宗商品是指在市场上流通的、有大量需求，并且供给无质量差异的产品，按照一般分类主要包含3大类：能源类（原油、煤炭、天然气等）、基础原材料类（有色金属、铁矿石等）、大宗农产品类（大豆、大米、小麦等）。大宗商品具有完全或部分不可替代的性质，其价格由整个市场机制决定，并往往基于指定的有效现货与期货市场交易来完成。由于这一特性，在经济全球化以及国家间商贸往来日益紧密的条件下，国际大宗商品市场价格的波动所带来的影响非常广泛，尤其是市场行情的大跌或大涨可能会波及多个国家。对于大宗商品进口国而言，大宗商品的大幅上涨可能会带来本国物价水平的上涨，其至引发通货膨胀；对于出口国而言，大宗商品的大跌虽然可能增加商品的出口贸易，但是其价格的过度下降却会导致本国出口贸易额的缩水，从而影响国家经济增长，特别是依赖大宗商品出口的国家，会加大本国经济下行压力，而大宗商品价格的上涨则会促进经济增长。

中亚地区拥有非常丰富的石油、天然气、煤等资源，尤其是石油、天然气的储量在世界上占相当高的比例，其石油储量为42.8亿吨，占世界总量的2.1%；天然气储量为11.8万亿立方米，占世界总量的6.2%，主要分布在哈萨克斯坦、乌兹别克斯坦和土库曼斯坦等国。除此之外，中亚国家还拥有丰富的铀、铁、锰、铬、铜、金等矿产，其储量和产量均位列世界前列[1]。由于独立之初，中亚国家均缺少资金、技术等，且经济基础较差，因此，以哈萨克斯坦、乌兹别克斯坦和土库曼斯坦为代表的资源型国家大都走上了依赖油气为主资源出口的经济增长道路。特别是2000—2007年，国际市场上油气等能源价格不断上涨，极大地带动了哈、乌、土的出口贸易与经济发展，但也导致了三国经济增长对能源出口贸易的依赖。2007年之后由于国际经济形势的变化，国际大宗商品市场价格的过度波动，对哈、乌、土等国的出口贸易带来一定冲击并将风险传导到国内经济上。而对于非资源型国家——塔吉克斯坦和吉尔吉斯斯坦，由于与其他中亚国家的经济关联，特别是侨汇收入主要来自于相邻资源型国家（俄罗斯和哈萨克斯坦），国际能源价格的大跌也会导致塔、吉的侨汇收入减少，从而在一定程度上影响塔、吉的经济发展。从上述角度来讲，油气等国际大宗商品市场价格波动也是中亚国家经济发展所面临的外部风险因素。

如图1所示，这里国际能源价格采用国际货币基金组织（IMF）发布的能源类大宗商品价格指数[2]进行衡量。通过国际能源价格与中亚五国GDP增速的变动趋势可以发现，国际能源价格的波动与中亚五国经济增长的波动具有一定的同步性，表现在：2000—2008年，国际能源价格呈现不断上涨的态势，中亚五国的经济增速也保持较高水平或者呈现一定幅度的上涨；2009年，国际能源价格出现大幅调整，中亚五国GDP增速也出现不同程度的下滑；2010—2013年，国际能源价格再度上涨，各国经济增速也逐步提升；2014年之后，国际能源价格出现持续下跌，各国经济增速也有所下降。

---

① 宋圭武：《"一带一路"背景下中国与中亚经济优势分析及中国对策》，《丝绸之路》2017年第12期。

② 该指数以2005年为基础（2005年=100），年度数据为该年12个月度数据的平均值，涵盖的商品包括原油、天然气、煤等。

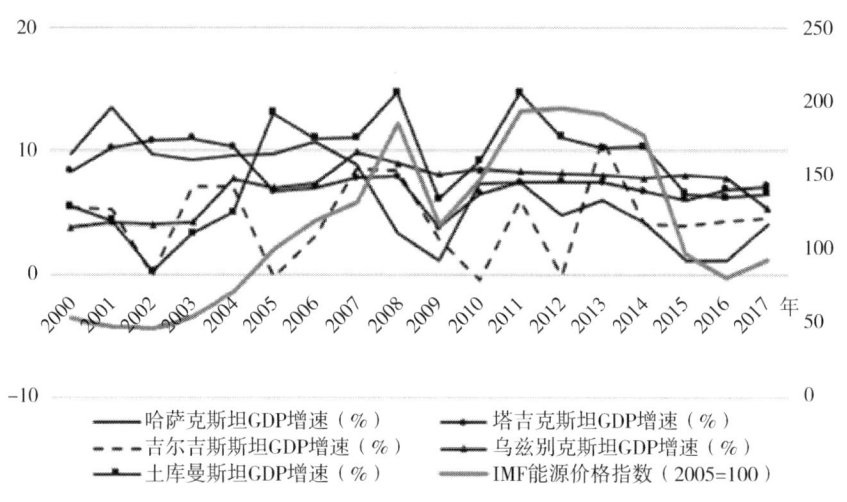

图 1　国际能源价格与中亚五国 GDP 增速的变动趋势

资料来源：IMF 大宗商品价格数据库、世界银行 WDI 数据库。

在中亚五国中，哈萨克斯坦、土库曼斯坦与国际能源价格波动的同步性较强，乌兹别克斯坦的经济增长较为稳定，而塔吉克斯坦、吉尔吉斯斯坦由于自身国内政局不稳定，或者经济发展对资源的依赖较低，与国际能源价格波动的同步性较弱，但是在 2009 年、2014 年国际能源价格过度下跌的情况下，乌、塔、吉的经济也受到了较大的影响。总体看来，国际大宗商品市场价格波动带来的外部冲击，对中亚国家的经济发展带来一定的风险。

四 中亚国家经济发展面临的外部风险分析

中亚国家经济发展面临外部风险，主要是通过贸易、投资、政策协调等渠道传导的，同时这种传导机制强弱还具有放大或缩小风险的效应。本文从中亚国家在贸易、投资等方面的对外依赖性来分析中亚国家的外部经济风险。除此之外，由于中亚国家的特殊性，部分国家的外部经济风险还通过外汇收入等进行传导。外汇主要来自中亚国家向俄罗斯劳务移民所产生的侨汇收入。因此，本文还从侨汇收入的对外依赖性角度来探讨中亚国家的外部经济风险。

（一）大国战略博弈因素引发的外部风险分析

1. 中亚五国出口贸易国别依赖程度分析。2017 年中亚五国出口贸易前 5

名的国家中，俄罗斯是与中亚五国经贸往来最为密切的国家，表现在中亚五国出口贸易额前5国家均有俄罗斯，特别是吉尔吉斯斯坦、乌兹别克斯坦与俄罗斯的出口贸易比重在10%以上。随着中国与中亚五国贸易关系的增强，其在哈、乌、土的出口贸易中排名前5，特别是土库曼斯坦出口贸易额中，中国占69.8%，呈现了较大的出口贸易依赖性，但塔、吉两个经济发展水平较低、非资源依赖型、且与俄地缘战略关系较为紧密的国家，与中国的出口贸易依赖较低。部分欧洲国家，意大利、土耳其、瑞士也在中亚五国的出口贸易占据重要地位。如表1所示。

表1　　中亚五国出口贸易排名前五国家及其占比情况（2017年）

排名	哈萨克斯坦	塔吉克斯坦	吉尔吉斯斯坦	乌兹别克斯坦	土库曼斯坦
第1名国家及其占比	意大利（20.3%）	土耳其（22.3%）	瑞士（45.5%）	瑞士（37.5%）	中国（69.8%）
第2名国家及其占比	中国（11.5%）	哈萨克斯坦（21.7%）	哈萨克斯坦（16.6%）	中国（21.1%）	土耳其（5.3%）
第3名国家及其占比	俄罗斯（9.5%）	瑞士（11.0%）	俄罗斯（14.6%）	俄罗斯（10.0%）	意大利（5.3%）
第4名国家及其占比	荷兰（8.9%）	阿富汗（8.3%）	乌兹别克斯坦（8.8%）	土耳其（9.3%）	阿富汗（4.5%）
第5名国家及其占比	瑞士（7.3%）	俄罗斯（5.6%）	土耳其（6.3%）	哈萨克斯坦（7.7%）	俄罗斯（4.2%）

注：括号内为出口相应国家贸易额占该国总出口额的比重。
资料来源：https://www.trademap.org/countrymap.

2. 中亚五国外资依赖程度的国别分析。哈萨克斯坦、土库曼斯坦FDI流量与存量占GDP的比重在中亚五国中仍然比较高，特别是土库曼斯坦，在2008年之后国际经济整体较为低迷的情况下，吸引外资流量占比（8.00%）相比2008年之前仍有一定增长，其2009—2016年存量占比也达到了64.00%，与哈存量占比水平相差不大。吉尔吉斯斯坦2009—2016年的FDI流量占GDP比重（6.82%）相比2000—2008年（3.99%）也有增加，且整体FDI存量占GDP比重在五国中也较高。塔吉克斯坦、乌兹别克斯坦的FDI流量与存量占GDP的比重在中亚五国中都相对较低，特别是塔的FDI流量占比在2009—2016年还有所下降，这反映了塔、乌经济发展对外资依赖的程度较低（见图2）。

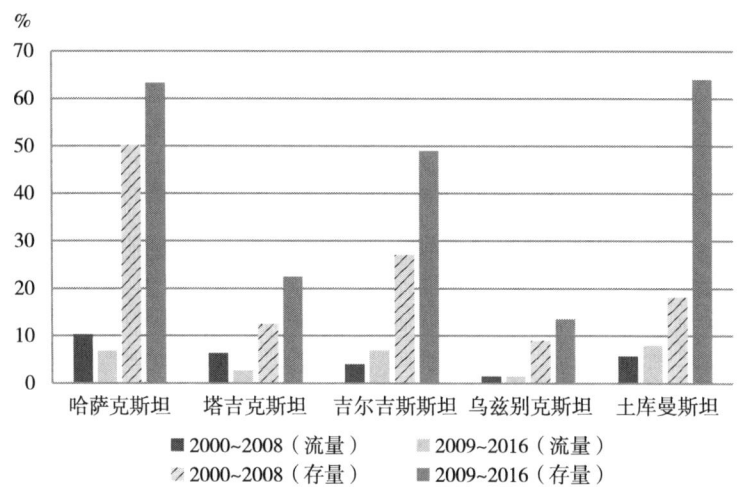

图2 中亚国家外国直接投资（流量和存量）占GDP的比重

资料来源：根据世界银行WDI数据库、联合国贸易和发展会议UNCTAD数据库数据计算。

在外商直接投资的国别依赖上，商务部发布的中亚五国《对外投资合作国别（地区）指南》显示，各国主要外资来源国，哈萨克斯坦为荷兰、美国、法国、日本、俄罗斯、中国等；塔吉克斯坦为中国、俄罗斯、哈萨克斯坦等；吉尔吉斯斯坦为哈萨克斯坦、中国、俄罗斯、土耳其等；乌兹别克斯坦为俄罗斯、美国、日本等；土库曼斯坦为中国、日本、韩国等。可以看出，美国、俄罗斯、中国、日本、欧盟部分国家等是中亚五国的主要外资来源国家。

3. 中亚五国外资依赖程度的国别分析。由2011—2017年间侨民从俄罗斯汇往中亚五国的汇款情况，可以看出，中亚国家中，哈萨克斯坦和土库曼斯坦经济增长受汇款收入的影响非常微弱。受俄罗斯经济形势影响，无论是在收入规模还是占GDP的比重方面，中亚五国均呈倒U型，2013年出现峰值，之后俄经济陷入衰退，劳动力市场相应萎缩，中亚国家劳务移民收入也随之减少。从汇款规模上看，乌兹别克斯坦获得的收入远高于其他四国，其次是塔吉克斯坦和吉尔吉斯斯坦。若从汇款收入占GDP的比重来看，塔已远超过乌，2010—2014年占比在40%左右波动，2013年甚至接近GDP的一半，2015年开始下跌，2016年仅为7%；吉次之，来自俄罗斯的侨汇收入占GDP的25%左右，2016年也降至7%；乌排第三位，侨汇收入占GDP的比重在7%—12%之间波动，2016年下降到1%。如表2所示。

表2 2010—2016年中亚国家来自俄罗斯的汇款及其占GDP的比重   单位:%

国家	2010年	2011年	2012年	2013年	2014年	2015年	2016年
来自俄罗斯的汇款收入（百万美元）							
乌兹别克斯坦	2858	4276	5693	6689	5653	3059	728
塔吉克斯坦	2229	3039	3651	4173	3854	2220	496
吉尔吉斯斯坦	1128	1572	1859	2106	2062	1383	457
哈萨克斯坦	308	443	461	561	577	514	140
土库曼斯坦	35	35	37	40	31	16	2
占GDP的比重（%）							
乌兹别克斯坦	7.27	9.31	10.99	11.59	8.96	4.57	1.08
塔吉克斯坦	39.51	46.59	47.83	49.04	41.73	28.27	7.13
吉尔吉斯斯坦	23.53	25.36	28.14	28.71	27.61	20.71	6.98
哈萨克斯坦	0.21	0.23	0.22	0.24	0.26	0.28	0.10
土库曼斯坦	0.15	0.12	0.11	0.10	0.07	0.04	0.01

资料来源：俄罗斯中央银行网站，http：//www.cbr.ru/statistics/print.aspx？file = CrossBorder/C – b _ trans_ countries_ 10. htm&pid = svs&sid = TGO_ sp。

需要说明的是，由于劳务移民和汇款规模的统计存在一些漏洞，俄联邦统计局只统计合法劳务移民数量，但有一半或者一大半的劳务移民没有取得合法身份[1]，并且汇款数据也通常隐藏在中亚经济劳动力和资本流出和流入的非官方渠道中，因此，实际上塔、吉等国的侨汇收入规模更大，其占GDP的比重更大，由此在侨汇上对俄罗斯的依赖更大。另外，哈萨克斯坦经济快速增长，逐渐拉大与中亚其他国家在GDP上的差距，哈萨克斯坦也成为塔、吉等国移民的去向国，但与俄罗斯相比，哈劳务移民汇款微不足道。据哈央行公布的数据，2012—2014年吉来自哈的汇款共计3.46亿美元，分别占其GDP的1.41%、1.60%和1.82%；塔收到的汇款更少，三年累计0.53亿美元，仅占其GDP的0.2%左右[2]。

---

[1] 根据吉尔吉斯斯坦官方统计，2011年该国在俄罗斯务工的移民数量为41.6万人，然而欧洲复兴开发银行宣称，"专家预测"上述规模应该在100万人以上。2005年塔吉克斯坦首次有了可靠的移民数据，经济移民的规模达到41.21万人，2013年增长到77.94万人，但非官方估计的经济移民数量也高达100万人。

[2] 根据哈萨克斯坦中央银行欧亚经济共同体跨国汇款数据和世界银行GDP（现价美元）数据计算而来，http：//www.nationalbank.kz/？getpg = Search%20For%20Page。

(二) 大宗商品市场价格波动带来的外部风险分析

1. 中亚五国经济增长与能源价格波动的协同性分析。由于中亚国家经济增长对资源有一定依赖性，国际商品价格波动会导致中亚国家经济的波动性。本文采用经济波动协同性理论，根据协同性测度方法，基于相关系数来衡量中亚各国经济波动与外部因素的协同性，计算公式为：

$$\text{Corr}_{ij} = \frac{\frac{1}{T}\sum_{t=1}^{T}[(d_{i,t}-\bar{d}_i)(d_{j,t}-\bar{d}_j)]}{\sqrt{\frac{1}{T}\sum_{t=1}^{T}(d_{i,t}-\bar{d}_i)^2}\sqrt{\frac{1}{T}\sum_{t=1}^{T}(d_{j,t}-\bar{d}_j)^2}} \quad (1)$$

其中，Corr_{ij} 表示 i 国与 j 国 GDP 增长率的交叉相关系数，$d_{i,t}$、$d_{j,t}$ 代表了两国 GDP 增长率。相关系数越大，越接近于 1，说明两国经济协同性越强。

选取的数据包括：哈萨克斯坦、塔吉克斯坦、吉尔吉斯斯坦、乌兹别克斯坦、土库曼斯坦五国的经济增长率，以中国、俄罗斯、美国等国为代表的经济增长率，IMF 国际能源价格指数，样本区间为 2000—2017 年。数据来源于 IMF 大宗商品价格数据库、世界银行 WDI 数据库。由于 2008 年前后中亚经济增长、能源价格波动明显有两个不同趋势，故分别作 2000—2008 年、2009—2017 年的经济协同性分析。得到结果见表 3。

表 3　　　　　中亚各国与国际能源价格波动的协同性分析

国家	2000—2008 年	2009—2017 年
哈萨克斯坦	-0.75	0.74
塔吉克斯坦	-0.67	0.43
吉尔吉斯斯坦	0.35	0.15
乌兹别克斯坦	0.86	0.46
土库曼斯坦	0.90	0.89

如表 3 所示，2000—2008 年，中亚五国中只有乌兹别克斯坦与国际能源价格（0.86）以及土库曼斯坦与国际能源价格（0.90）的波动协同性较大，说明此时能源价格上涨对乌、土经济增长有较大影响。2009—2017 年，哈萨克斯坦、塔吉克斯坦、乌兹别克斯坦、土库曼斯坦与国际能源价格波动协同性比较强，分别为 0.74、0.43、0.46、0.89，2008 年金融危机、2014 年之后的国际能源价格大跌都对其 GDP 增速下滑有较大影响。对于吉尔吉斯斯坦，根据表 3 该国的经济增长趋势，其经济增长仍具有较大的不确定性，且对资源依

赖较低，因而未表现出与国际能源价格的波动协同性。

2. 中亚各国出口贸易商品依赖程度分析。2017 年中亚各国出口贸易前 5 名的商品类别中，矿物燃料及其制品是中亚五国中最重要的出口商品，特别是哈萨克斯坦、土库曼斯坦的出口商品中矿物燃料及其制品贸易额分别占 63.5%、85.2%，体现出对能源类商品的高度依赖性。另外，部分矿产品，如矿石、铜及其制品、铝制品等，以及棉花也在中亚五国出口贸易商品中占据重要地位。从中亚五国出口商品结构的多样性来看，各国都严重不足，除了塔、土过度依赖能源类商品外，吉尔吉斯斯坦出口商品主要以珍珠宝石与黄金（49.7%）为主，塔吉克斯坦以矿石、矿渣和灰（26.6%）、铝制品（23.3%）、棉花（15.3%）为主，乌兹别克斯坦以珍珠宝石与黄金（38.0%）、矿物燃料及其制品（11.0%）、棉花（10.5%）为主。另外，根据经济相互依赖理论，中亚五国出口主要商品多以劳动密集型产品为主，加工制造或者高科技商品严重缺乏，因此中亚五国的出口商品过度依赖能源类、矿物类商品，出口贸易的脆弱性较大，商品结构单一，呈现出高度的依赖性、可替代性等特点，如表 4 所示。

表 4 中亚各国出口贸易排名前五商品及其占比情况（2017 年）

排名	哈萨克斯坦	塔吉克斯坦	吉尔吉斯斯坦	乌兹别克斯坦	土库曼斯坦
第 1 名商品及其占比	矿物燃料及其制品（63.5%）	矿石、矿渣和灰（26.6%）	珍珠宝石与黄金（49.7%）	珍珠宝石与黄金（38.0%）	矿物燃料及其制品（85.2%）
第 2 名商品及其占比	钢铁及其制品（8.7%）	铝制品（23.3%）	矿石、矿渣和灰（4.8%）	矿物燃料及其制品（11.0%）	棉花（6.0%）
第 3 名商品及其占比	无机化学品（6.6%）	棉花（15.3%）	水果类（4.4%）	棉花（10.5%）	船舶（2.8%）
第 4 名商品及其占比	铜及其制品（5.2%）	矿物燃料及其制品（11.0%）	汽车及其零附件（3.9%）	铜及其制品（6.0%）	塑料及其制品（1.0%）
第 5 名商品及其占比	矿石、矿渣和灰（4.4%）	汽车及其零附件（4.4%）	矿物燃料及其制品（3.4%）	塑料及其制品（5.7%）	化肥（0.8%）

注：商品类别按照 HS 两位码区分的，括号内为出口相应商品贸易额占该国总出口额的比重。

资料来源：https://www.trademap.org/countrymap。

五

中亚国家外部经济风险对"一带一路"倡议的影响

中亚国家外部经济风险的特征在于对外经济依赖性较高,具体体现为中亚各国经济受到大国地缘战略与国际能源战略博弈的影响,并通过贸易、投资、侨汇等传导渠道,对部分大国经济贸易、国际大宗商品市场呈现出一定的依赖性。外部依赖性风险导致"一带一路"倡议下各国与中国的合作面临着大国地缘战略、能源市场波动的影响,对"一带一路"倡议带来的挑战包括大国战略博弈为"一带一路"项目推进带来干扰、能源价格波动为中资企业投资带来汇兑损失等。

(一)大国战略博弈为"一带一路"项目推进带来干扰

在不同国家针对中亚地区的地缘战略博弈下,部分中亚国家过度的外部依赖性会对"一带一路"倡议的推进带来一定的不利影响。虽然中国正逐步成为推动中亚地区经济环境变化的关键因素,但是由于历史原因、文化原因,俄罗斯对中亚国家的影响力仍然较强,特别是通过"欧亚经济联盟"以及侨汇、能源等手段,保持对哈萨克斯坦、塔吉克斯坦、吉尔吉斯斯坦等国的政治经济控制,也会影响部分中亚国家对"一带一路"倡议的倾向性。一些中亚国家依附于俄罗斯,同时又离不开美国等发达国家的经济援助,加之美国等西方国家在中亚地区大肆宣扬"中国威胁论",导致"一带一路"倡议的推进受地缘战略干扰严重,如中吉乌铁路计划就因吉尔吉斯斯坦、乌兹别克斯坦以及俄罗斯等多边关系的影响,多次延迟、搁置。

(二)能源价格波动为中资企业投资带来汇率风险

石油、天然气等大宗商品价格过度波动所引发的中亚国家汇率风险,为中资企业的贸易投资带来额外的汇兑损失。由于中亚国家经济发展对资源的依赖,国际大宗商品价格下滑会造成相关中亚国家经济急剧恶化,特别是货币的大幅贬值,2015—2017年因大宗商品暴跌导致中亚各国本币贬值达一半以上。目前中亚国家中除了哈萨克斯坦外,其他国家均未与中国建立直接货币兑换结算机制,中国企业与中亚进行跨境贸易、投资时还需将人民币兑换成美元,在项目结算时又需将支付的中亚各国货币兑换成美元,这种间接兑换机制会对中国企业的贸易投资带来额外的汇率风险。特别是中亚国家货币贬值时,东道国的本币结算会带来额外的经济损失。更重要的是,目前国际大宗商品基本上采用美元计价,加之目前大宗商品市场金融化的趋势,美国的全球经济政策(如美元加息)将直接形成对大宗商品价格的冲击,影响俄罗斯、中亚各国的经济增长与汇率波动,因而部分中亚国家对国际大宗商品市场价格的依赖,会成为美国掌控中亚地区经济的一种手段,为"一带一路"倡议在中亚地区的落实带来极大不确定性。

"一带一路"倡议下中亚国家外部经济风险的应对策略

对于"一带一路"倡议在中亚国家的落实而言,需要特别注意中亚国家的外部依赖性经济风险,表现在中亚各国经济发展会受到大国地缘战略与国际能源战略博弈的影响,并对"一带一路"倡议在中亚地区的落实带来相应挑战,包括大国地缘战略博弈的干扰、能源战略下国际经济形势的不确定性等,导致"一带一路"倡议的落实面临一些外部政治、经济、金融风险等。在一带一路"倡议下中国与中亚国家的合作,就要从中亚区域的大国地缘战略、能源战略出发,牢牢把握住中国与中亚地区合作的经济共赢理念,以及能源经贸关系的互补性,通过加强大国战略关系协调,提升"一带一路"倡议下中国与中亚地区合作的机会和空间,谋求区域的互利共赢与一体化,再结合双边能源合作的深化、区域人民币国际化的推进,提升双边合作的竞争力并防范金融风险。

(一) 加强大国战略关系协调,谋求区域互利共赢

中亚地区是中国"一带一路"倡议中的重要合作伙伴,中国与中亚国家的合作对"一带一路"倡议在全球的推进与落实都有重要的意义,因此这不可避免地面临着俄、美、日等大国在中亚地区的地缘战略博弈,特别是俄罗斯通过"欧亚经济联盟"以及侨汇、能源等手段,保持与哈萨克斯坦、塔吉克斯坦、吉尔吉斯斯坦等国政治经济关联,会影响部分中亚国家对"一带一路"倡议的倾向性。部分中亚国家在外资上又离不开美国等发达国家的经济援助,加之美国等西方国家在中亚地区大肆宣扬"中国威胁论",都严重影响了"一

带一路"倡议的落实。因此，只有从区域互利共赢发展出发，协调各方关系，才能更好地推动与中亚地区"一带一路"倡议合作的深入开展。

首先，要处理好与俄罗斯的竞合关系。虽然"一带一路"倡议在中亚地区的落实不可避免地与俄罗斯的地缘战略形成一定竞争关系，但是中俄的共同利益离不开中亚地区的和平与稳定，特别是近几年西方国家对俄罗斯的制裁、中美贸易摩擦等国际事件，都促使中俄两国加强合作以促进中亚区域经济稳定与繁荣，对中、俄自身的经济发展也具有重要意义。因此，中国要增强与俄罗斯在中亚问题的协作与理解，促进"一带一盟"对接，实现中俄间的更多合作机会。其次，要协调并处理好与世界其他发达经济体的关系，避免跟发达经济体在中亚地区的利益产生直接冲突，通过中国的地缘优势、经济互补性来加强与中亚各国的经贸合作，同时不去触碰美、日等国在中亚地区的利益重点，寻找各自合作的平衡点和影响力。最为重要的是，中国要秉承"一带一路"倡议的互利共赢理念，通过上合组织等区域合作框架，从经济发展的角度来推动与中亚地区的合作，与其他国家的部分地缘政治战略区分开，打消中亚各国，甚至其他国家对于中国经济综合实力过快发展的疑虑和担忧，协调好大国以及周边国家关系，共同推进中亚地区的繁荣与稳定，为"一带一路"倡议下中国与中亚国家的经贸合作创造有利的内外部环境。

（二）深化区域能源合作，提升与中亚能源合作的竞争力

从中国与中亚地区的能源合作，尤其是油气合作情况来看，业务领域主要集中在石油勘探与开发、油气运输等中上游石化产业链上，原油炼制加工、化工基础商品生产、批发零售等下游产业链条的参与明显不足。这种初级的合作方式导致中国与中亚国家的能源经贸关系较为脆弱，特别是在目前国际能源市场容易被欧美等国操控的情况下，一方面中亚国家的经济易受到国际能源市场波动的影响，导致各国内部经济的动荡，另一方面国际能源市场波动也会影响中国与中亚国家的能源经贸合作，导致双边贸易、投资的下滑等，从而对"一带一路"倡议下中国在中亚地区的项目落实、双边经贸关系都带来较大风险。

因此，在能源方面中国应深化与中亚地区的合作，中国企业要力争拓展在中亚国家的石化产业链下游业务，寻找双边能源合作的深入点，通过逐步掌握油气和制造相关高端技术，提升与中亚能源合作的核心竞争力。同时，积极推动能源产品的研发与创新，鼓励新能源企业开发，创新可再生能源利用方式，

提高能源利用效率。特别要注重与中亚国家在未来能源市场发展方向的合作，抢占市场先机，如加大天然气等绿色能源的使用。要在当前中亚天然气管道输送的基础上，加大中国天然气在一次性能源消费中的使用比例，继续推进中国—中亚天然气管道 D 线的建设，以保障天然气输入供给的可持续性。大力推进能源互联网建设，以中国在特高压、智能电网的技术优势，促进中亚国家能源的互联互通创新发展，引领世界能源转型与新兴战略产业发展，并推动中国与中亚国家在能源领域的合作升级。

参考文献

[1] 徐坡岭：《对中亚国家经济的几点思考》，《欧亚经济》2016 年第 4 期。

[2] 张文中：《中亚五国的贸易特征及向东发展的障碍》，《新疆财经》2015 年第 1 期。

[3] 刘华芹：《徘徊在十字路口的中亚国家经济》，《欧亚经济》2016 年第 4 期。

[4] 李金叶、许朝凯：《中亚国家经济发展质量评价体系研究》，《上海经济研究》2017 年第 6 期。

[5] 陈静、卢进勇：《投资环境指标视角下的中亚五国投资环境分析》，《现代管理科学》2017 年第 6 期。

[6] 张栋、张怡：《后危机时代中亚五国贸易和外商直接投资发展：回顾、比较和展望》，《金融发展评论》2017 年第 8 期。

[7] 何文彬：《中国—中亚金融合作的动力基础与路径设计——基于"一带一路"的框架视角》，《技术经济与管理研究》2017 年第 8 期。

[8] 杨恕、王术森：《中亚与西亚的地缘经济联系分析》，《兰州大学学报（社会科学版）》2018 年第 1 期。

[9] Plakans A. China and Central Asia in 2013 [J]. China Brief, 2013 (3).

[10] Fakhmiddin Fazilov, Xiangming Chen. China and Central Asia: A Significant New Energy Nexus – Analysis [J]. The European Financial Review, 2013 (5).

[11] А. Мигранян. Мировой экономический кризис и его влияние на экономическое развитие стран Центральной Азии. Центральная Азия и

Кавказ. № 4 – 5 (64 – 65). 2009.

［12］В. Панфилова. Центральная Азия становится китайской. https：//dlib. eastview. com/search/simple/doc？ art = 1&id = 35895511. С. Жильцов. В погоне за углеводородами Центральной Азии. Независимая газета, 2015, № 2.

［13］С. Жильцов. Энергетика определит будущее Центральной Азии. Независимая газета, 2017, № 31.

［14］О. Б. Резникова. Внешнеориентированное и внутриориентированное развитие в Центральной Азии в условиях глобализации. Серия 《Библиотека Института мировой экономики и международных отношений имени Е. М. Примакова》, 2016.

［15］И. В. Зеленева. Перспективы экономического и политического присутствия России и Китая в Центральной Азии. Управленческое консультирование. N 9. 2014.

［16］В. С. Ягья, Ли Минфу. Центральная Азия в условиях сопряжения Экономического пояса Шелкового пути и Евразийского экономического союза. Управленческое консультирование. № 2. 2016.

［17］С. Ю. Шенин. Текущая политика США в Центральной Азии：группы интересов и возможности для консенсуса.

第三篇
行业与区域经济发展

中国汽车企业国际化成长路径与能力演进

——以吉利并购沃尔沃为例*

马智辉　李斯好　张晓涛

摘要：已有的关于中国企业跨国并购案例研究，对中国企业区别于发达国家企业国际化异质性问题关注有限，对具有新闻效应的"新"案例研究较多，对已经完成交易案例的持续跟踪研究较少，尤其对并购整合问题深入研究较为少见，而并购整合是企业国际化理论与实践最重要的问题之一。本文尝试在此方面有所突破，以吉利汽车收购沃尔沃汽车案例为研究对象，采用理论驱动型、案头案例研究方法，探究了中国汽车企业采用跨国并购方式的国际化路径与能力进阶机制，重点分析"国际化"转化为

［作者简介］马智辉，中央财经大学国际经济与贸易学院博士研究生，天津理工大学国际工商学院讲师；李斯好，中国工商银行股份有限公司北京市分行；张晓涛，中央财经大学财经研究院教授、博士生导师，电子邮箱：xiaotaozh@ vip. sina. com。

* 本文为中央财经大学 2019 年度一流学科建设项目"中国与'一带一路'国家贸易投资跟踪研究"的阶段性成果。

① 逆向投资：中国企业在许多领先行业，通过海外建厂、跨国并购、设立海外研发机构等方式，向发达国家投资的行为。(吴先明，2007)

"成长型动态能力"过程,通过构建中国汽车企业"成长型动态能力"国际化模型,以动态视角研究案例企业国际化特殊性与一般规律。脱胎于计划经济体制的中国汽车工业通过"以市场换技术"方式开启了国际化的序幕,现实情况是合资汽车企业一直无法摆脱技术上对外资的依赖。本文探究了企业如何通过跨国并购的外延式融合实现内涵式发展,为发展中国家汽车工业提供一个新的发展思路。

关键词:汽车企业;国际化;成长路径;能力演进

引言

近年来,中国对外直接投资步伐加快,表现出不同于传统发达国家投资理论的"中国企业国际化独特模式"(Deng,2012)。中国企业为实现"组织学习"和寻求战略性资产(Deng,2009;Meyer,2013),以发达国家和地区优质企业为投资目标(黄益平等,2013),通过跨国并购方式进入国际市场(Deng,2012;Peng,2012;Sun & Peng,2012),显示出了强大的资金实力,"逆向投资"实力背景强大的企业,"蛇吞象"式的并购频频上演。然而作为企业异质性"本源"的组织能力具有"黏性",中国企业无法通过跨国流动来获得,这不仅是企业获得竞争优势的关键,也是中国实现产业升级和工业强盛的关键。(路风、封凯栋,2004)

汽车工业作为"工业中的工业"[①],不仅是推动新一轮科技革命的重要力量,同时也是中国制造业实现产业升级的重要支撑。脱胎于计划经济体制的中国汽车产业,一直希望通过"引进来"振兴中国汽车工业,但中国汽车企业一直没能摆脱对外资技术的依赖,反而丧失了中国汽车企业的自主成长能力,中国汽车工业由"神"沦落到了"猴"(路风,封凯栋,2004)。与此同时,以互联网、人工智能为基础的科技变革,也将给中国汽车工业带来挑战。因此,中国"以市场换技术"汽车工业路径须让位于更具有创新意识的企业,代替国有企业实现中国汽车产业的自主崛起(赵晓庆,2013),实现产业的升级,开创出一条具有"中国特色"的汽车工业发展之路。

在中国汽车企业国际化实践中,吉利以"亮眼"的表现引起了学界与业

---

① 管理学之父彼得·德鲁克曾将汽车工业比喻为"工业中的工业"(路风、封凯栋,2004)。

界的关注。吉利通过"并购式的进化"① 使得企业实现了利润增长（见图1）：2017年净利润较2009年增长713.89%，高达107.35亿元，2017年净利润率为11.57%，在同类车企中排名前列。同时也让吉利在盈利增长方面领跑中国品牌汽车企业，成为极具发展潜力的全球型汽车企业。

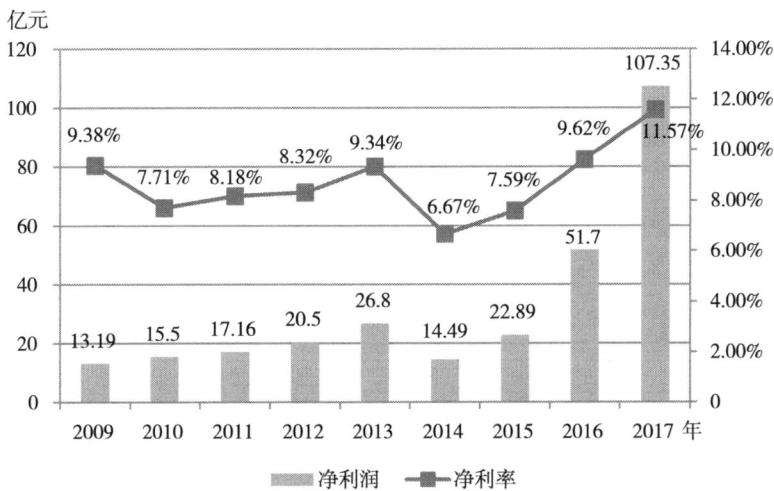

图1　2009—2017年度吉利净利润与净利润率

资料来源：吉利汽车控股有限公司（http：//www.geelyauto.com.hk/sc/index.html）；根据各汽车企业年报整理得到。

然而并非所有的跨国并购都是成功的，诸多中国汽车海外并购失败案例表明②，中国企业在并购目标选择、并购整合、企业能力提升和企业成长方面存在诸多问题。哪些因素影响了并购后获得性优势的发挥？并购后如何构建企业内部组织能力？汽车企业以并购方式国际化路径的实质是什么？企业如何实现并购后的发展？本文尝试借助吉利并购沃尔沃的案例回应上述问题。

---

① 张延陶、修思禹：《用技术和资本换市场，吉利的并购式进化》，http：//news.pedaily.cn/201806/432114.shtml。

② 2004年上汽集团收购韩国双龙失败，最终以破产清算收尾；2009年四川腾中重工收购悍马失败，导致一家大型民营工业集团破产陨落。（海外并购八大失败案例：http：//www.sohu.com/a/215481748_155306）。

理论基础与分析框架

（一）理论基础

企业国际化是按照阶段性的步伐（Bamberger &Evers, 1993）逐步嵌入全球商业网络的过程（Johansson & Mattson, 1998），实现企业国际关系网络的发展（郑准，王国顺，2008）。在这个国际关系网络中，使企业在全球市场竞争中获得营销、融资、技术研发与生产组合能力、国际化管理协调以及品牌推广能力等。传统国际化理论中，以企业"有形资源"的垄断优势论忽视了企业的战略性"知识性资源"；内部化理论尽管抓住了企业内部无法复制的独特知识，但并未从动态的角度看待企业内部的知识变化，也没对外部资源的影响作出反应；而邓宁的国际生产折中理论主要研究对象为发达大型企业，不适用于中国企业。不同于用主流国际化理论来解释企业竞争优势，Johnson 和 Vahlne（1977）基于瑞典企业的案例研究而提出 U－M 阶段模型，认为某些企业国际化过程是伴随着企业的成长和发展的，是一系列增量的产物。在该阶段过程中，企业呈现"一边学习，一边投资"的动态化特征（见图2）。许多学者结合资源论、网络论等发现，更具有隐性知识性的领会资源知识的能力（Mitchell, Smith, Seawright & Morse, 2000）是企业能够更迅速地实现国际化进程的关键（Liesch & Knight, 1999），而这种能力是体现在企业成长过程之中的。

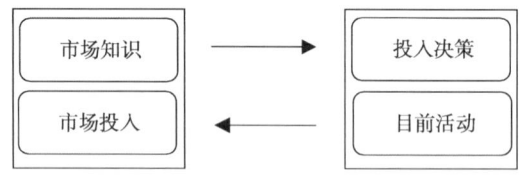

图2　乌普萨拉国际化成长阶段模型

资料来源：Johanson J, Vahlne J E. The Internationalization Process of the Firm——A Model of Knowledge Development and Increasing Foreign Market Commitments [J]. Journal of International Business Studies, 1977, 8（1）：23 – 32.

企业成长是企业在管理、知识、组织结构等方面实现纵向性增长，以突破"彭罗斯效应"，找到企业成长阶梯极点的过程（Penrose, 1959）。企业可同时利用外生因素和内生因素，在逐步挖掘外部资源、利用资源、内化资源的过程中实现潜在能力的开发，主要依赖于"企业资源——企业能力——企业成长"这一机制。随着产品生命周期的缩短和企业经营日益的国际化，企业具有不断开发新产品、开拓新市场的特殊能力是企业"异质性"的核心能力（Prahald & Hamel，1990）。Teece、Pisano 和 Shuen（1997）结合演化经济学，提出了"动态能力企业观"框架，企业对稀缺资源的管理与控制是企业的一种动态能力，如技能的获取、知识和诀窍的管理以及学习，就是企业感知（Teece，2000，2007；Reilly & Tushman，2008）、构建、整合和重构（Teece & Pisano，1994，1997）的企业能力，企业成长源于企业能力提升。企业能力是与行为活动相伴而生的（Grant，1991；Dosi & Marengo，1994）。从内部看，企业能力可以通过"干中学"形成组织管理能力（Penrose，1959），也可通过研发来形成技术和创新（Teece，Pisano & Shune，1997）。

（二）分析框架

基于以上的文献研究，本文构建企业国际化成长分析框架。以 Uppsala 企业国际化阶段理论为代表的知识理论派认为，企业在国际化过程中组织知识资源的创造是企业在国际中生存和发展的最关键资源（Takeuchi，1995）。企业的核心竞争力的"根源"就来源于组织的知识，如组织中的集体学习能力、嵌入式技能等。而吸收能力作为企业知识基础观的一个分支，被用来分析如何获取和保持竞争优势，实现知识创造和应用。Lane（2006）等人基于组织学习层面将吸收能力总结为探索性学习、转化性学习和应用性学习（见图3），经过组织内部的学习机制识别、学习和吸收外部新知识，并应用于知识产出和商品产出，这些产出能够再次反馈到企业内部并形成反馈后的新吸收能力。

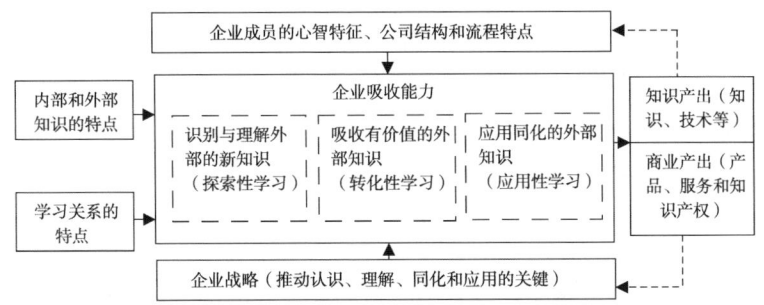

图3 基于"组织学习"的吸收能力演变模型

资料来源：Lane P J，Koka B R，Pathak S. The Reification of Absorptive Capacity: A Critical Review and Rejuvenation of the Construct [J]. Academy of Management Review，2006，31（4）：833 – 863.

本文基于企业生命周期理论将企业组织获得分为四个阶段，重点分析资源与能力形成过程，以此来探究企业如何通过获得外部资源吸收为企业的能力以及在企业并购后的知识吸收能力的进阶过程。

研究设计与方法

（一）研究方法与案例选择

本文采取理论驱动型单案例研究，并选取吉利公司为研究对象。浙江吉利控股集团（简称"吉利"）由李书福创建于1986年，总部位于杭州，1997年开始生产汽车，长期以来坚持自主创新，发展迅速，是中国第一家民营汽车企业。从没有造车资质到上演"蛇吞象"的跨国并购，从最初没有核心技术到如今成为中国汽车第一自主品牌，研发设计体系遍布全球，从默默无名的中国民营汽车企业成为世界500强，吉利只用了不到20年的时间。本文选取吉利汽车以"蛇吞象"的方式收购瑞典沃尔沃汽车这一案例，主要基于以下原因：

首先，2010年吉利完成对沃尔沃的收购，已有对该案例的研究大多基于新闻热点，但持续跟踪研究较少，尤其对两家企业并购整合问题，即企业间"融合"与"成长"缺乏细致研究，而这方面研究却是企业国际化理论与实践的最重要的问题。企业经营是动态的，只有采用动态、持续跟踪的研究理念才能发现跨国并购中的风险，总结成功的经验。

其次，在跨国并购中，并购后的3—5年为企业关键时期，并购后的七年被称为"七年之痒"。吉利并购沃尔沃后已跨过了并购整合的"阵痛期"，并取得了很好的绩效。7年的观测期，能够给研究提供足够的资料。

再次，吉利汽车作为中国汽车自主品牌的代表，不仅通过并购沃尔沃等优质企业，实现企业资源整合，同时在汽车电动化、智能化和无人化技术方面表现突出，成为极具潜力的中国全球型汽车跨国公司。2014年李克强总理说："吉利汽车的发展史，就是中国经济不断升级的缩影。"[①] 其开创的成长模式和路径将成为指导中国汽车企业发展的最有利的案例实践。微观企业的升级是国家产业升级的根本。吉利的升级经验，将为国家产业升级提供借鉴。

---

① 李克强：《吉利汽车发展史是中国经济升级的缩影》，http：//www.gov.cn/zhuanti/2014 – 11/21/content_ 2782101. htm。

(二) 数据与资料来源

由于条件所限,本文无法获得企业内部一手资料,主要通过对已有大量的公开信息进行搜集、梳理与筛选,建立了"吉利—沃尔沃国际化"文本资料库,这些资料主要来源于资深媒体人通过对吉利和沃尔沃历时3年的调研和访谈所形成的《新制造时代:李书福与吉利、沃尔沃的超级制造》以及大量媒体的报道和学者研究成果等。

四 案例分析

国际化伴随着吉利汽车整个发展史,不能只局限在收购沃尔沃这一事件。自2002年开始吉利汽车的创始人李书福就开始关注拥有80多年历史的沃尔沃高档轿车。本案例研究的时间跨度起始于并购目标锁定的2002年,截止于2018年。在企业成长阶段的划分中,很多学者在企业生命周期理论划分的初创期、成长期和成熟期基础上衍生出企业发展阶段(高洋等,2015;曹兴,2010;霍彬,2013;雷善玉,2012)。本文将并购阶段与企业生命周期理论相结合,将吉利并购沃尔沃发展的16年分为4个阶段:战略准备与并购阶段、并购整合初级阶段、并购整合发展阶段和创新成长阶段。

(一) 战略准备与并购阶段 (2002—2010年)

1. 发展背景。1997年才进入准垄断汽车行业的创始人李书福一直放眼全球,希望吉利集团能够成为全球型汽车企业。但企业竞争力的限制使得吉利更加注重资金、技术和人才的积累。2002年吉利聘请职业经理人,在内部治理结构上从家族企业向现代化股份制转型;2005年吉利通过在香港上市开始寻找海外资本的帮助;从2005年开始吉利与马来西亚、印尼等合作开厂并出口东南亚国家,与英国锰铜控股公司合资生产伦敦出租车;2007年李书福发表"宁波宣言"①,转型品牌战略,将原来"造老百姓买得起的好车",转变为

---

① 寇建东:《吉利:深入转型 践行宣言》,http://www.chinatimes.net.cn/article/22217.html。

"造最安全、最节能的好车,造每个人的精品车",从品牌理念上"焕新"①;2007年成立北京吉利大学;2009年收购全球第二大自动变速器公司——澳大利亚DSI;同年吉利将新能源汽车作为未来五年的重点投资项目,并被列为国家电动汽车重大专项开发项目;2010年3月吉利以18亿美元获得沃尔沃轿车公司的100%股权以及包括研发、人才、技术体系等知识产权在内的全部资产;2012年3月沃尔沃与吉利达成技术转让协议。

2. 阶段特征及核心要素。该阶段是企业创业初级阶段,吉利根据自身所需要的要素和资源,注重对有价值的、稀缺的资源进行识别,而外部的富有价值的资源成为吉利成长的关键,这其中包括通过香港上市参与国际资本融资。企业不断完善内部治理结构,为吉利日后的发展提供了稳定保障。在东南亚国家合作开厂是吉利借助合作伙伴的资源来拓展国际市场的重要策略,为吉利积累了国际市场运营经验。最为关键的是,吉利注重建立战略性的人才开发体系和内生性的人才培养体系,创建的服务于吉利集团的教育培训机构为吉利汽车国际化和成长储备了大量的国际化人才。这一时期吉利对沃尔沃的关注主要体现在企业战略层面,战略是企业发展的方向,李书福认为汽车在于技术取胜,品牌能创造企业价值。沃尔沃的安全、环保技术成为吉利的战略发展目标。

(二) 并购整合初级阶段(2010—2012年)

1. 发展背景。吉利并购沃尔沃完成后,吉利对沃尔沃在组织管理、战略、品牌和技术方面采取了适用性的整合。2010年8月,李书福加入沃尔沃董事会,并组建了包括13名成员的国际化管理团队,他们来自于4个不同的国家,中国管理层只有2人。袁小林作为李书福私人代表、董办主任常驻瑞典。2010年沃尔沃中国与瑞典对接,沈峰负责沃尔沃中国的研发、制造和质量控制,张然负责沃尔沃中国的采购。2010年12月,沃尔沃第一次以独立的品牌发布新战略远景(2010—2020年);2011年吉利推出沃尔沃中国"五年计划",沈晖负责组建沃尔沃中国区高管团队,沃尔沃工厂总经理拉尔斯·邓被派往中国负责沃尔沃中国工厂建设。同时,为了能够快速在中国复制出一个瑞典的沃尔沃,在沃尔沃中国实施"配对计划",瑞典方面派遣团队入驻中国区办公室。2011年沃尔沃高级副总裁彼得·霍布里加入吉利汽车,负责吉利汽车的外形设计,同年成立了沃尔沃—吉利对话合作委员会、成本委员会、采购委员会

---

① 朱耘:《解码吉利:"造每个人的精品车"背后管理之道》,http://edu.sina.com.cn/bschool/2017-08-08/doc-ifyitamv7112930.shtml。

等。吉利于2012年被允许使用沃尔沃汽车授权的先进技术。2011年吉利通过交响乐团欧洲巡演,沃尔沃环球帆船赛上中国船队"三亚号"的亮相让更多人了解吉利。

2. 阶段特征及核心要素。吉利并购沃尔沃后,双方在各个方面表现出了隔阂,这不仅来源于跨文化差异,也是吉利在汽车领域作为"弱小"企业如何完成对沃尔沃这个"庞然大物"的整合问题。整合方式是并购企业能否产生协同效应的关键,吉利通过组织管理、人才管理、技术管理和文化管理四个方面对沃尔沃进行整合。组织管理上,沃尔沃新组建的董事内阁具有全球一流的汽车行业管理背景,这是对沃尔沃全球知名品牌的管理定位。在品牌和运营上充分尊重沃尔沃作为豪华汽车品牌特有的经营方式和保持高端技术和品牌需求,独立运营、独立发展。在人才管理上,多名中国高管参与沃尔沃(中国)的组建和运营,为企业增加国际化运营管理经验,并促进内部人才国际化发展,加快了沃尔沃汽车的国产化。与此同时,沃尔沃方面的人才被引进到吉利汽车的体系中,参与吉利汽车的设计、研发和制造。技术管理上,通过对话委员会,吉利借助沃尔沃授权的技术和平台,提升了车型设计、整车制造和安全性能的技术能力。在该阶段整合的关键是实现沃尔沃的国产化,并通过"逆向工程"对沃尔沃技术整合。一个重要的举措是在中国建立沃尔沃整车生产工厂和在上海设立沃尔沃中国区总部及上海研发中心,还聘请国际咨询公司罗兰贝格研究技术整合可行性和操作性。在文化管理上,努力吸收和了解欧洲瑞典文化,将音乐和帆船赛与企业宣传融合,加入到吉利集团的企业文化之中。

(三) 并购整合发展阶段 (2012—2015年)

1. 发展背景。对沃尔沃优质资源顺利消化后,吉利开始凸显其真正的研发能力。2012年吉利宣布与沃尔沃联合开发绿色高性能环保发动机,以及混合动力新能源总成技术;2013年吉利控股集团欧洲研发中心(CEVT)成立,开发可拓展平台(CMA)架构,曾担任萨博汽车研究院院长的方浩瀚(Mats Fagerhag)担任研发中心主任;2013年沃尔沃中国投产沃尔沃S60L;2012年吉利在海南大学三亚学院成立全球型企业文化研究中心;2013年吉利派员工海外学习培训,开展"千名吉利研究生"计划,全球招募高科技人才;2014年装载CMA框架的吉利汽车下线。

2. 阶段特征及核心要素。在这一阶段,吉利在整合和提炼资源的过程中以自身的方式理解和重新定义资源的价值和开发方式,将外部资源成功内化,融入企业运营,这主要体现在技术转化、文化适应和人才培养等方面。在技术转化上,吉利借助沃尔沃现有的 P1、P2、P3 制造平台研发出新的 CMA 框架平台;借助沃尔沃变速箱技术、汽车安全技术和混合动力技术的优势,开创了吉利独立的技术品牌体系——人性化智能驾驶技术(INTEC),在汽车关键动力部位实现了跨越性突破。在文化适应上,吉利为了跨越中西文化间的差异,聘请具有国际化视野的教授学者,以增强企业自身文化建设与国际化运营文化适应能力。在人才培养上,吉利重视人才的学习和创造能力,并通过职业培训和国际化培养将外部优势信息转化到企业员工的思想和行动中,通过精英员工的智慧创造将企业文化与理念传播开来。

(四)创新成长阶段(2015—2018 年)

1. 发展背景。2015 年吉利发布并购沃尔沃后的"扛鼎之作"——首款高端自主品牌汽车博瑞,被网友评为"最美中国车",并成为中国外事礼宾车;2015 年底,吉利汽车发布未来 5 年的新能源战略——BLUE STRATEGY;2016 年发布新车型——吉利博越,该款车在 C-NCAP 评价结果中,超越宝马和福特等合资汽车,获得五星安全评定;2016 年搭载吉利自主研发的 1.8T 甲醇发动机的吉利帝豪在冰岛亮相;同年 9 月,吉利与沃尔沃合资新品牌 LYNK&CO 领克发布,欧洲设计研发,全球制造销售;2017 年发布首款纯电动汽车——吉利帝豪 EV300;2017 年吉利品牌以第 472 名首度进入 Brand Finance 的全球品牌 500 强,成为上榜的唯一中国本土自主汽车品牌;2018 年,在以互联网+为基础的科技生态系统中,吉利联合 BITJ 等打造吉客智能生态系统(GKUI)。

2. 阶段特征及核心要素。这一阶段是吉利将内部化的资源外化输出的过程,如果说前一个阶段是蓄势待发,这一个阶段就是喷薄而出,企业的竞争力逐渐显示出来。这一阶段吉利的产品和技术创新表现突出。在吉利新发布的汽车产品外形上不仅融入了沃尔沃的设计元素,同时也加入了西湖断桥、波水涟漪等中国元素,吉利的设计能力逐渐彰显。同时,吉利开发的技术系统也在新车型中有广泛应用,新品牌领克是完全来自于吉利与沃尔沃的联合研发——CMA 模块构架与全球设计体系,博瑞到领克的变化是吉利创新能力跃升的体现。

结 论

本案例研究给那些处于全球化竞争、产业升级背景下的中国企业，尤其是民营企业通过"走出去"的方式获得外部优质资源、培育企业内生优势提供了重要的理论依据和实践指导意义。

本文以动态的视角将企业国际化与企业成长相结合，创新地提出了具有中国企业特征的"成长型动态能力"国际化模型。企业可以借助国际化并购的方式整体获得组织资源，在整合与吸收的过程中，逐渐形成企业资源与能力，并呈现进阶式特征。企业获得某种竞争优势后，又可以通过国际市场的并购活动，再次进行以上的循环活动和能力获得。这种循环模式是具有发展中国家企业的国际化成长特征的，既是一种对天生缺陷的弥补，又是一种后发优势之所在。

传统理论多关注于发达国家企业国际化的外部性，深入到企业内部组织因素的研究有限。本文从企业组织学习因素出发，根据彭罗斯企业成长框架"企业资源—企业能力—企业成长"，创新出中国企业并购后从外延式发展到企业内涵式成长，并获得企业自主能力的演变路径：外部资源—核心要素提炼—企业能力—自主能力"。

本文讨论的案例属于经典的"蛇吞象"——小企业并购大企业。这一类型并购，小企业对大企业的"消化吸收"和"内生成长"是成功与否的关键。本研究通过对中国企业国际化故事的阐释，为企业国际化理论增加了中国案例与中国经验。

参考文献

[1] 李克强：《吉利汽车发展史是中国经济升级的缩影》，中国政府网，http://www.gov.cn/zhuanti/2014-11/21/content_2782101.htm。

[2] 寇建东：《吉利：深入转型 践行宣言》，华夏时报，http://www.chinatimes.net.cn/article/22217.html。

[3] 朱耘：《解码吉利："造每个人的精品车"背后管理之道》，http://edu.sina.com.cn/bschool/2017-08-08/doc-ifyitamv7112930.shtml。

[4] 高洋、葛宝山、杜小民：《机会—资源一体化能力的衍生机理——基

于亚泰集团的案例研究》,《管理案例研究与评论》2015年第4期。

[5] 曹兴、陈琦、郭然:《高技术企业成长模式重构及实现方式》,《管理学报》2010年第4期。

[6] 霍彬:《企业动态能力的演变研究——基于特变电工持续成长的案例》,《管理案例研究与评论》2013年第1期。

[7] 雷善玉、王振兴:《草根企业动态能力的演化——基于创业者二面能力的视角》,《管理案例研究与评论》2012年第1期。

[8] 杨柳:《从<菊与刀>看露丝·本尼迪克特的文化模式理论》,《重庆文理学院学报》(社会科学版),2012年第3期。

[9] 露丝·本尼迪克特:《菊与刀》,北方文艺出版社2015年版。

[10] 吴先明:《中国企业对发达国家的逆向投资:创造性资产的分析视角》,《经济理论与经济管理》2007年第9期。

[11] 吴晓云:《全球营销管理》,高等教育出版社,2008年版。

[12] 路风、封凯栋:《发展自主汽车工业是必由之路》,《科技日报》,2004-03-22。

[13] 黄益平、何帆、张永生:《中国对外直接投资研究》,北京大学出版社2013年版。

[14] 赵晓庆:《中国汽车产业的自主创新——探析"以市场换技术"战略失败的体制根源》,《浙江大学学报》(人文社会科学版)2013年第3期。

[15] 郑准、王国顺:《企业国际化成长的过程理论及其演进》,《现代管理科学》2008年第5期。

[16] 路风、封凯栋:《加强自主开发中国振兴汽车工业的惟一出路》,《新财经》2004年第4期。

[17] 路风、封凯栋:《中国汽车业:从神到猴的蜕变》,《中国改革》2004年第4期。

[18] Deng, P. The internationalization of Chinese firms: A critical review and future research. International Journal of Management Reviews, 2012, 14, 408 – 427.

[19] Deng P. Why do Chinese firms tend to acquire strategic assets in international expansion? Journal of World Business, 2009, 44 (1): 74 – 84.

[20] Meyer K E, Thaijongrak O. The dynamics of emerging economy MNEs: How the internationalization process model can guide future research. Asia Pacific Journal of Management, 2013, 30 (4): 1125 – 1153.

[21] Johanson J, Vahlne J E. The Internationalization Process of the Firm—A Model of Knowledge Development and Increasing Foreign Market Commitments. Journal of International Business Studies, 1977, 8 (1): 23 – 32.

[22] Ronald K. Mitchell, Brock Smith, Kristie W. Seawright, et al. Cross – Cultural Cognitions and the Venture Creation Decision [J]. The Academy of Management Journal, 2000, 43 (5): 974 – 993.

[23] Liesch P W, Knight G A. Information Internalization and Hurdle Rates in Small and Medium Enterprise Internationalization [J]. Journal of International Business Studies, 1999, 30 (2): 383 – 394.

[24] Johanson J, Mattsson L G. Internationalisation in Industrial Systems — A Network Approach [J]. 1988, 119 (13): 6635 – 6646.

[25] Teece D, Pisano G, Shuen A. Dynamic capability and strategic management [J]. Strategic Management Journal, 1997, 18: 509 – 533.

[26] Penrose E. Theory of the Growth of the Firm [J]. Journal of the Operational Research Society, 1959, 23 (2): 240 – 241.

[27] Teece D J. Explicating Dynamic Capabilities: The Nature and Micro foundations of (Sustainable) Enterprise Performance. Strategic Management Journal, 2007, 28 (13): 1319 – 1350.

[28] Teece D, Pisano G. The Dynamic Capabilitu of the Firm [J]. Industrial and Corporate Change, 1994, 3: 538 – 556.

[29] Peng M W. The global strategy of emerging multinationals from China. Global Strategy Journal, 2012, 2 (2): 97 – 107.

[30] O'Reilly C, Tushman M. Ambidexterity as a dynamic capability [J]. Research in Organizational Behavior, 2007, 28: 185 – 206.

[31] Makadok R. Toward a synthesis of the resource – based and dynamic – capability views of rent creation [J]. Strategic Management Journal, 2001, 22 (5): 387 – 401.

[32] Sun, S. L., Peng, M. W., Ren, B., & Yan, D. A comparative ownership advantage framework for cross – border M&As: The rise of Chinese and Indian MNEs. Journal of World Business, 2012, 47 (1), 4 – 16.

[33] Makadok R, Barney J B. Strategic Factor Market Intelligence: An Application of Information Economics to Strategy Formulation and Competitor Intelligence [J]. Management Science, 2001, 47 (12): 1621 – 1638.

[34] Wernerfelt B. A resource - based view of the firm [J]. Strategic Management Journal, 1984, 5 (2): 171 - 180.

[35] Lane P J, Koka B R, Pathak S. The Reification of Absorptive Capacity: A Critical Review and Rejuvenation of the Construct [J]. Academy of Management Review, 2006, 31 (4): 833 - 863.

[36] Xing Y, Liu Y, Starik M. Storytelling as Research Method: A West - Meets - East Perspective [J]. Research Methodology in Strategy & Management, 2012, 8: 143 - 171.

[37] Edmondson A C, Mcmanus S E. Methodological Fit in Management Field Research. Academy of Management Review, 2007, 32 (4): 1155 - 1179.

[38] Søderberg A M. Narrative interviewing and narrative analysis in a study of a cross - border merger. Management International Review, 2006, 46 (4): 397 - 416.

[39] Almor T, Tarba S Y, Benjamini H. Unmasking Integration Challenges [J]. International Studies of Management & Organization, 2009, 39 (3): 32 - 52.

[40] Gertsen M C, Søderberg A M. Intercultural collaboration stories: On narrative inquiry and analysis as tools for research in international business [J]. Journal of International Business Studies, 2011, 42 (6): 787 - 804.

[41] Margaret. An anthropologist at work: writings of Ruth Benedict [M]. Houghton Mifflin, 1959.

[42] J. A. Schumpeter, R. Opie, A. H. Hansen. The theory of economic development [J]. Journal of Political Economy, 1934, 1 (2): 170 - 172.

[43] Yang Q, Mudambi R, Meyer K E. Conventional and Reverse Knowledge Flows in Multinational Corporations [J]. Social Science Electronic Publishing, 2008, 34 (5): 882 - 902.

[44] Mudambi R, Navarra P. Is knowledge power? Knowledge flows, subsidiary power and rent - seeking within MNCs [J]. Journal of International Business Studies, 2004, 35 (5): 385 - 406.

美国对俄罗斯能源领域制裁及对中俄能源合作的影响分析

毕明　王海燕

摘要： 自2014年3月以来，美国对俄罗斯发动了以经济制裁为主、辅以军事、外交等领域对抗的综合"制裁战"，其中分别以"克里米亚危机""干预美国大选问题"和"俄前特工在英国中毒事件"为由发起了三轮制裁，旨在全面打压俄罗斯，迟滞其发展速度。针对俄支柱产业的能源领域，美国通过金融、技术、装备与服务封锁手段对其进行精准打击。短期看，制裁并未严重影响俄油气行业的发展，对现阶段俄油气生产的影响并不突出，但制裁迟滞了俄接替资源的开发，削弱了俄能源长期产出能力。美制裁下的俄能源行业负重前行，客观上也为中俄油气合作的进一步深化发展带来了机遇和挑战。

关键词： 美国；俄罗斯；制裁；中俄能源合作

自2014年3月"克里米亚危机"发生以来，美国对俄罗斯

[作者简介] 作者均为从事中俄能源合作的实务工作者。

发动了以经济制裁为主、辅以军事、外交等多个领域制裁的综合"制裁战"。截至2018年8月,美对俄已累计实施数十起制裁措施,有143名俄罗斯公民、76家俄罗斯企业和30家俄金融机构被列入制裁名单。五年的制裁一定程度上延缓了俄罗斯的经济发展,也成为俄重新崛起的制约因素。作为俄罗斯支柱产业的能源领域在美"精准"打击之下负重前行,这为中俄能源合作带来了挑战,也提供了战略契机。

美国对俄罗斯的制裁举措(侧重能源领域分析)

近年来,美国集中对俄发起了三轮制裁:一是2014年3月至9月,因"克里米亚危机"实施的制裁;二是2017年下半年,以俄罗斯涉嫌"干预美国大选"为由实施的制裁;三是2018年3月以来,借俄前特工在英国中毒一事发起的新一轮制裁。

(一)因"克里米亚危机"实施的制裁

2014年3月6日,时任美国总统奥巴马签署13660号总统行政令,启动对俄罗斯制裁。这是冷战结束后,美国首次宣称美俄关系进入"紧急状况",自此正式拉开对俄制裁战的序幕。该阶段美国对俄实施的制裁主要是针对涉及"克里米亚脱乌入俄"的包括能源行业在内的多个俄官员和企业。

1. 2014年3月20日,奥巴马签署13662号令,将俄金融、能源、金属矿业、工程、国防及相关物资等行业纳入可能实施制裁的对象。随后美财政部与国务院协商制定具体制裁名单,诺瓦泰克公司大股东季姆琴科名列其中。制裁的具体内容包括:禁止美国自然人或实体向被制裁对象提供金融、物资、技术和服务方面的帮助,禁止与其交易,冻结被制裁对象的财产等。与此前13660号行政令主要针对直接卷入克里米亚危机的个人和实体不同,13662号行政令开始将制裁扩大到俄的重要经济实体,标志着美对俄制裁进入实质性阶段。该行政令也成为美对俄制裁的主要依据,此后的一系列制裁是美有关主管部门依据该行政令将新的制裁对象添加至相关清单中①。

2. 2014年4月28日,美宣布对俄7名高官和17家公司实施制裁,制裁内

---

① 姜毅:《解析美国对俄制裁新法案》,《俄罗斯东欧中亚研究》2018年第1期。

容是对这 7 名俄高官实施资产冻结并拒发签证,对 17 家俄公司在美资产予以冻结。同时,美商务部还对其中 13 家公司增加限制,吊销其销售美国产品的执照。在被制裁的 7 名俄高官中包括俄罗斯国家石油公司总裁、俄罗斯政府原副总理谢钦。根据美国财政部的解释,限制性制裁是针对谢钦个人,不涉及其任职的俄罗斯国家石油公司,主要是禁止美国自然人或实体与谢钦个人开展业务联系①。

3. 美国财政部下属的"海外资产控制办公室"(以下简称 OFAC)将俄被制裁人员、实体和行业划分为两大类,以进行差别化处置。

第一类是纳入"特别指定国民清单"(以下简称 SDN)。这是美国传统的对具体对象实行制裁的方法,对纳入 SDN 的个人和实体采用"封锁制裁",即禁止入境、冻结资产和禁止所有交易,同时可能处以吊销销售美国产品执照、取消出口许可证等处罚。SDN 是动态的,OFAC 会根据新的信息和证据进行增加或删减。

截至目前,俄罗斯国家石油公司总裁谢钦、俄罗斯天然气工业股份公司总裁米勒、诺瓦泰克公司大股东季姆琴科、俄罗斯苏尔古特石油天然气公司总经理博格丹诺夫被列入 SDN 清单(个人)。俄罗斯主要油气企业中的多数未被列入 SDN 清单(实体)。

第二类是开列"行业制裁识别清单"(以下简称 SSI)。由于对俄制裁主要是打击其支柱产业,OFAC 为俄罗斯专门制定了受制裁行业的实体清单,通过发布指令对其实施"行业制裁"(Sectoral Sanction)。原则是不冻结资产,交易受具体指令约束,仅禁止美国的个人或实体(以及其他国家的个人或实体在美国境内期间)从事被列入"行业制裁"范围内的交易。从 2014 年 7 月起,OFAC 先后发出了 4 份指令,对俄相关行业的具体限制作出规定。

2014 年 7 月 16 日,OFAC 颁布了指令 1 和 2,分别针对俄金融实体和能源实体的融资活动,规定除非政策豁免或获得 OFAC 特许,否则美国个人和实体或在美国境内交易的个人和实体均不得给予受制裁对象新的权益或提供超过 90 天期限的新债务(包括债券、贷款、授信、贷款保函、信用证、汇票、银行承兑、票据贴现或商业票据)。

同年 9 月 12 日,OFAC 将指令 1 中对金融机构的融资期限缩短为 30 天,同时,颁布了指令 3 和 4。指令 3 针对国防和相关物资部门,禁止美国个人和实体或在美国境内交易的个人和实体参与这类实体债务期限超过 30 天的交易。

---

① "U. S. levels new sanctions against Russian officials, companies". Haaretz. 28 April 2014. https://www.haaretz.com/u-s-to-levy-new-russia-sanctions-1.5246473.

指令 4 针对原油开采项目，禁止美国或在美国境内的个人和实体向俄直接或间接提供深水石油（500 英尺以上）、北极海上和大陆架油田、俄境内的页岩油开发生产相关的物资、技术和服务（金融服务除外）①。

截至目前，俄罗斯天然气工业股份公司、俄气石油公司、俄罗斯国家石油公司、诺瓦泰克公司、俄罗斯卢克石油公司、俄罗斯苏尔古特石油天然气公司、俄罗斯管道运输公司、俄天然气工业银行、俄储蓄银行、俄外贸银行、俄外经银行等大多数俄大型能源和金融企业均被列入 SSI 实体清单。其中，俄罗斯国家石油公司和俄气石油公司受指令 2 和指令 4 约束，诺瓦泰克公司和俄罗斯管道运输公司受指令 2 约束，俄罗斯天然气工业股份公司、俄罗斯卢克石油公司和俄罗斯苏尔古特石油天然气公司受指令 4 约束。

为防止制裁被规避，OFAC 还同时实行 50% 的原则，即 SDN 或 SSI 对象如拥有某实体 50%（含）以上的股份（权益），该实体也同样被纳入相对应的制裁名单。如个人或实体在被制裁名单中，其拥有 50%（含）以上股权的公司也被认定为属于被制裁之列②。

（二）以俄罗斯涉嫌"干预美国大选"为由实施的制裁

2016 年下半年起，所谓俄干涉美国大选的"黑客门"和特朗普"通俄门"受到热炒，美俄关系雪上加霜。在此背景下，美国颁布《反击俄罗斯法》，对俄实施了第二轮制裁。

1. 《反击俄罗斯法》的出台。2016 年底美国总统大选后，因怀疑大选被俄罗斯势力干涉，美国国内主要政治力量集结起来，将有关伊朗、俄罗斯和朝鲜的制裁议案综合打包为一部法案，起草了《以制裁反击美国对手法案》，于 2017 年 7 月 25 日和 27 日在国会众参两院获得通过，并于 8 月 2 日经特朗普签字后生效。《以制裁反击美国对手法》中有专门的章节针对俄罗斯，即《2017 年反击俄罗斯在欧洲和欧亚地区影响法》，简称《反击俄罗斯法》。

该法堪称美俄关系史上最严厉、最全面的对俄制裁法律，展示了对俄"干预美国大选"进行报复的态度和与俄对抗的决心，也表现出美国国会对特朗普的对俄政策不信任。该法将此前聚焦于克里米亚问题的对俄指责扩大到了两国几乎所有存在重大矛盾的领域，进一步扩大了制裁范围，加大了制裁力度，特别是要求美国总统对与俄进行有关合作的非美国个人或实体进行次级

---

① 指令 1、2 和 4 在之后的美《反击俄罗斯法》中又有修改，后文详述。
② 《UKRAINE/RUSSIARELATED SANCTIONS PROGRAM Updated June 16 2016 by OFAC》.

制裁。

2.《反击俄罗斯法》涉及能源领域的制裁。

(1) 该法第223条规定,要求财政部在该法通过后60天和90天内,将此前OFAC的1、2、4号指令修改为禁止美国个人和实体或在美国境内交易的个人和实体:

——参与受制裁的俄金融机构发行的期限14天以上的融资项目的交易(原规定是30天);

——参与受制裁的能源企业发行的期限60天以上的融资项目的交易(原规定是90天),或者贸易、服务(金融服务除外)、技术支持等各种方式;

——参与有33%以上俄股份的深水石油、北极海上和大陆架石油、页岩油勘探开发项目(原规定中没有关于股份的限制及页岩油项目限俄境内)。

(2) 除非美国总统决定采取有关措施不符合美国国家利益,否则将对有下列行为的个人或实体实施制裁:

——第225条规定,"故意"对"俄特殊原油项目"(深水石油、北极海上和大陆架石油、页岩油)进行"重大投资";

——第226条规定,为受制裁的俄罗斯个人或实体故意促成重大金融交易的外国金融机构;

——第232条规定,以投资、租赁、提供货物、服务、技术、信息和便利等形式,直接和明显提高俄能源出口管道建设能力,帮助其实现能源出口管道现代化,且单笔交易价值超过100万美元或12个月内累计交易价值超过500万美元;

——第233条规定,参与俄罗斯国有资产私有化项目,单笔或组合投资100万美元以上,或在12个月内交易总金额达到1000万美元,且这类投资直接和明显有助于"俄罗斯政府官员或其亲属侵吞国有资产";

(3) 该法第257条以"乌克兰能源安全"为题,阐述了美国对乌克兰和欧洲能源稳定的态度。

该法指出,美国的政策是:遏制俄进一步破坏和侵略乌克兰及其他中东欧和高加索国家;协助推动乌克兰能源部门的监管和运作改革,帮助乌克兰和欧洲伙伴减少对俄能源特别是天然气的依赖;与欧盟合作,通过实现来源、供应商和路线的多样化来促进能源安全。

(4) 该法第257条还阐述了美国对"北溪-2"项目的态度。

该法指出,美国认为"北溪-2"项目对欧洲能源安全、中东欧天然气市场发展,以及乌克兰能源改革等将产生不利影响,美国将继续反对该项目。

此外，该法还明确提出：为了创造就业机会、帮助盟友和伙伴、加强美国的外交影响力，美国政府应该优先考虑向欧洲出口美国的能源①。

(三) 借口俄前特工在英中毒发起的新一轮制裁

2018年3月4日，俄前特工斯克里帕利及其女儿在英国中毒，西方国家指责这起事件是俄所为，但没有提供任何证据。美国以此为借口，并将其与此前的克里米亚危机、"黑客门""通俄门"等事件联系在一起，对俄发起了新一轮制裁。涉及能源行业的制裁包括：2018年4月6日，美国财政部宣布对38个俄个人及实体实施制裁，其中包括7名俄罗斯商业领导人及其拥有或控制的12家企业、17名俄罗斯高级官员、一家俄罗斯国有武器贸易公司及其下属银行，共计24个个人和14个实体，以回应所谓的"俄罗斯在全世界范围内的'全部恶意行为'"。俄罗斯天然气工业公司总裁米勒、俄罗斯苏尔古特石油天然气公司总经理博格丹诺夫在此名单中②。

此次制裁措施的内容为："冻结指定个人、实体以及其他因所有权属于受制裁方而受法律限制的实体在美国管辖范围内的一切资产，原则上禁止美国自然人和实体与上述个人或实体进行交易。另外，美国以外的自然人和实体故意协助或代表本公告所限制之个人或实体，为重大交易提供便利的，也可能面临制裁。"其中，与以往制裁类似，受制裁的个人和实体在美国境内的资产将被冻结，美国公民不得与其进行交易；值得注意的是，首次正式提出制裁管辖对象扩大到美国以外的自然人或实体③。

2018年8月27日，美国务院宣布因俄前特工在英国中毒事件，正式实施对俄新一轮制裁，期限为一年。制裁生效后，美国政府停止所有对俄的经济援助，禁止向俄出口武器部件、防务服务以及涉及美国国家安全的敏感商品和技术，取消美国政府部门对俄的信贷和信贷担保。此外，美国称将考虑禁止俄银行进行美元交易、禁止购买俄新发行的主权债券等制裁措施。

---

① 《Countering America's Adversaries Through Sanctions Act》（PUBLIC LAW115 – 44—AUG. 2, 2017）.

② https://home.treasury.gov/news/featured – stories/treasury – designates – russian – oligarchs – officials – and – entities – in – response – to.

③ https://home.treasury.gov/index.php/news/featured – stories/treasury – designates – russian – oligarchs – officials – and – entities – in – response – to.

二 美对俄能源领域实施制裁的目的、特点及影响

(一) 美对俄能源领域制裁的目的

1. 打压俄罗斯经济，削弱俄国力。能源是俄罗斯最重要的经济支柱，其中，能源出口占据俄罗斯出口一半以上，对俄联邦预算收入贡献率超过40%。美对俄能源领域制裁是抓住了俄经济发展的支柱产业下手，动摇外国投资者对俄经济环境特别是能源领域的投资信心，迟滞俄经济发展。2014年受美欧制裁影响，俄罗斯资本外流1541亿美元[1]，卢布币值腰斩，年初汇率维持在1美元兑32.66卢布，至当年12月16日，已狂跌至1美元兑79卢布。形势危急之下，俄政府不得不出手干预，此后卢布币值稍有恢复[2]。2014年俄GDP仅增长0.6%，此后连续两年负增长（2015年 - 2.8%，2016年 - 0.2%），直到2017年首次实现正增长1.5%[3]，2018年预计增长1.5%[4]。

2. 扩大美在欧能源市场的份额，削弱俄对欧的影响力。欧洲一直是俄能源出口的重要市场。对俄而言，双边能源合作对俄有重大经济利益，更是俄在地缘政治博弈中的重要筹码。美在对俄制裁措施中将提高俄能源出口管道能力列为制裁范围，同时，明确反对"北溪-2"项目，都旨在限制俄向欧洲的能源出口。近年来，美国凭借能源开采技术、设备和资源方面的优势，不断增加油气产量（包括页岩油气），不仅实现了能源独立，而且开始对外出口石油和天然气，改变了国际能源供需格局。特朗普政府对外推行美国"能源主导"战略与"油气走出去"政策，2017年美国的原油出口量达到4580万吨，液化天然气出口达到174亿立方米[5]。美希望逐步扩大在欧洲市场的份额，这客观上将形成与俄的竞争。同时，降低欧洲特别是中东欧国家对俄油气的依赖，也可以削弱俄对欧洲施加影响的能力，符合美地缘政治利益。

3. 迟滞俄接替资源开发，削弱俄油气长期产出能力。短期看，尽管石油

---

[1] https://www.interfax.ru/business/452674.
[2] https://ru.wikipedia.org/wiki/Валютный_кризис_в_России_(2014—2015).
[3] https://ru.wikipedia.org/wiki/Валовой_внутренний_продукт_России.
[4] http://investorschool.ru/vvp-rossii-2018-rost-vvp-rossii-v-2018.
[5] BP Statistics review, 2018年6月.

价格的下跌和美欧制裁对俄罗斯油气工业造成了冲击，但由于油气行业投资的长效性，以及俄政府通过税收调整（包括针对东西伯利亚油田开发提供税收优惠等措施）和卢布汇率的调整保证了油气开发所需的投资，自2014年以来俄油气工业发展总体稳定，油气产量并未受到显著影响①（见表1）。

表1　　　　　　　　　2014—2018年俄罗斯油气产量

	2014年	2015年	2016年	2017年	2018年
原油（万吨）	52675	53400	54700	54680	55584
天然气（亿立方米）	6403	6353	6400	6911	7251

资料来源：2014—2016年数据，《2018中石油经研院能源数据统计》；2017年、2018年数据，国际文传电讯社②。

中长期看，美欧对俄制裁将会削弱俄能源长期产出能力。近几年俄罗斯成熟老油田减产严重，产量维持及增产主要依靠提高采收率和新投产油田。受制裁影响，一方面，俄能源企业融资困难，用于常规油田维护和勘探开发的资金将更加紧张，既有油气产能将下降；另一方面，俄深海、北极的原油开采，以及页岩油开采（即制裁所定义的"特殊原油"项目）作为俄罗斯能源公司在后备储量勘探与开发方面的重点方向，对美西方技术设备依赖度高，在美重点制裁下，俄多数大陆架开发项目陷于停滞，难以及时接替供油。

2014年遭受欧美制裁后，俄罗斯政府研究启动实施油气行业的进口替代战略，以减少对国外技术和设备的依赖程度，并在2015年制定了《燃料能源行业进口替代计划》。进口替代主要涉及大陆架油气开采和提高采收率，包括水力压裂的设备和技术，这两个方向对未来俄罗斯油气产量的稳产和接替至关重要，但现实的执行情况显示进口替代计划的推进工作进展缓慢。

近年来，俄仅有3个大陆架项目顺利实现开发投产，包括2013年俄气石油在伯朝拉海投入开采的Prirazlom项目，2015年产品分成合同模式萨哈林–1项目中的Arkutun–dagi油田投产，以及卢克石油在里海的Filanov油田开始工业开采。根据俄罗斯专家的评估，如果美欧维持当前对俄的制裁措施，则2025年俄石油产量将降至5.4亿吨，相比2018年产量下降有限，2030年前石油产量则将下降至4.8亿吨，比2018年下降7600万吨③。如果制裁升级，则

---

① 俄罗斯的石油公司主要通过开发新的油田、使用新的工艺技术提高油田采收率、开发大陆架油田和开发陆上非常规储量来增加产量。

② https：//www.interfax.ru/business/644895，https：//www.interfax.ru/russia/644896。

③ Екатерина Грушевенко. Жизнь под санкциями – перспективы российской нефтедобычи в условиях внешних ограничений.《Нефтегазовая вертикаль》, 2018, №7.

需要重新评估俄罗斯的油气产量前景。长此以往，俄将面临资源接替上的困境，将会对俄油气工业造成后继乏力的长远影响。

（二）美对俄能源领域制裁的特点

纵观美国历次对俄制裁措施，不难发现，美对俄制裁的一个特点是"精准"打击，"精准"地选择了金融、能源和国防这三个俄核心行业作为重点制裁领域；其中，在能源领域，又"精准"地选择了两个自己具有很大优势、俄又急需发展且依赖的领域作为制裁方向：一是俄"特殊原油"项目（深海原油、北极海上和大陆架原油和页岩油勘探开发）所需的投资、技术、服务与设备；二是俄能源公司美元融资和美元结算的金融手段。

美欧对俄制裁的另一特点就是灵活性，既保留外交上的回旋余地，也预留制裁升级的空间，同时又不愿在经济上彻底丢掉俄市场。

（三）美对俄能源领域制裁的影响

由于普遍看好俄丰富的油气资源，已在俄油气领域有投资的外国公司并没有因为美欧的制裁而全部撤离俄罗斯，诸如 ExxonMobil、Shell、Total、BP、Statoil（Equinor）、日本企业和中国的石油企业仍选择了留下。但显然制裁迫使外国公司暂时停止了对一些新项目的投资，如 ExxonMobil 暂停了在俄北极大陆架的开发项目，Eni 暂停了俄黑海项目的实施等。西方公司的犹豫态度也给了亚洲公司一些参与俄上游油气开发的机会，典型的例子有印度企业参与收购万科尔油田股份、北京燃气收购上乔股份等。

虽然从目前来看，俄政府通过与亚洲国家开展合作、推行税收改革（新的石油税制包括在未来 6 年间逐步将原油出口关税下调至零，等比例提高原油的开采税①）和出口替代计划等反制裁措施，俄油气行业尚未受到重大冲击，美对俄制裁短期并未严重影响俄油气行业的发展，对现阶段俄油气生产的影响并不突出，但取消制裁仍有待时日，制裁对俄油气工业的负面影响会逐渐加重，中长期将抑制俄油气产量的增长。

---

① https://www.interfax.by/news/belarus/1252640.

美制裁对中俄能源合作的影响

(一) 制裁带来的风险和挑战

一是初级制裁,即禁止美国管辖范围内的实体和自然人与制裁名单上的俄个人或实体发生交易或为其交易提供协助。

在中俄能源合作中,如果以美元作为融资或支付手段,由于美元最终结算是在美国管辖范围内进行,而俄几乎所有大型能源公司和金融企业都被列入制裁名单,因此金融机构将面临较大困难和风险而更加谨慎。若不使用美元,理论上可以选择使用其他币种,如欧元、人民币或卢布,但本质上美元仍是计价货币,选择其他币种会存在汇兑损益问题。另外,清算路径和清算规模也是一个比较现实的问题。

二是次级制裁,即对与俄开展油气合作的非美国企业通过"长臂管辖"实施制裁。"长臂管辖"的合法性在国际法上存在争议,且容易受到其他国家抗议和抵制,美国在以往历次对俄制裁中多避免此类制裁措施。但随着美制裁不断加码,已经开始出现具有"长臂管辖"色彩的措施。在目前尚在酝酿的若干法案中,可能有更多此类措施。次级制裁将直接针对与俄开展能源合作的非美国企业,隐含的风险较大。

(二) 制裁带来的合作机遇

长期以来,中俄能源合作不断取得进展,俄罗斯已成为中国进口原油的最大来源国,未来还有望成为我国进口天然气的最大来源国。当前,面对难以解决的美俄矛盾,俄在经济、政治等方面对东方国家借重加深,对华能源合作意愿加强。

首先,从经济上看,中俄两国在能源领域高度互补。俄能源领域"一缺三"(有资源,缺资金、技术和市场),与中方"三缺一"(有资金、技术和市场,缺资源)形成强烈的互补,双边互为能源进出口多元化的主要选项,合作潜力巨大。由于美欧制裁,俄企业融资困难,能源出口收入下降,与西方技术合作受阻,俄将越来越难获得资金和技术设备,加之美国大规模开发页岩气、欧洲油气来源多元化,俄传统市场份额将逐步缩小。目前,有实力且能顶住美国压力为俄提供资金、技术设备和市场的只有中国,俄与中国开展合作的内生动力加强。

其次,从地缘政治上看,中俄两国共同面对美国霸权压力,双方与美都存在矛盾和摩擦,需要相互支持、抱团取暖。俄在乌克兰、叙利亚等问题上与美正面冲突,特朗普"通俄门"不断发酵更减少了双方的转圜空间,美国内部在对俄采取强硬立场上有高度共识,对俄制裁措施不断加码。而俄经济实力不足,局面较为被动,急需取得中国支持。总之,在当前背景下,俄罗斯需要"向东看",美欧对俄制裁可能会为中俄油气合作带来更多的机会。

(三) 加强中俄能源合作的可行方向

中俄能源合作面临有利契机,在充分评估法律风险、合理设计合作方案的基础上,可以从以下方面着手加强中俄能源合作。

1. 扩大中俄油气贸易。俄罗斯作为世界第二大石油出口国和最大的天然气出口国,需要寻找长期、稳定的出口消费市场和充足的资金,推动国内油气资源开采和管道建设,以此带动远东和西伯利亚地区经济社会发展。2017年中国首次成为全球最大原油进口国。在天然气方面,中国在2018年已超过日本成为全球第一大天然气进口国[①]。对我国而言,从俄罗斯进口更多的石油和天然气,有利于满足国内经济发展对资源的巨大需求,确保国家能源安全,实现进口多元化。

2. 参与俄境内上游勘探开发合作。进入俄罗斯上游资源领域一直是中国油气企业海外业务发展孜孜追求的目标。参与境外资源开发除了投资回报经济性的考虑,还可以更好地掌握权益资源。但是,俄《外资进入俄战略商业组织程序法》《矿产资源法》等国内法对外资涉足大型优质油气上游项目有严格限制。受制裁影响,很多美欧企业或从俄撤资,或暂停正在商谈的油气开发项目。我国的油气企业可抓住这一机会,积极参与俄境内上游勘探开发合作,特别是可优先考虑参与东西伯利亚、远东中俄油气管道沿线或其他有潜力的油气区块。

3. 参股俄油气企业。近几年,俄政府开始推行对本国部分国有能源企业实行新一轮私有化,在保持国家绝对控股的前提下,通过提高国有能源企业私

---

① 根据海关总署的统计数据,2018年中国进口天然气9038.5万吨,同比增长31.9%,超过日本的进口量。http://www.customs.gov.cn/customs/302249/302274/302275/2166536/index.html。

有股份的比重来增强企业活力，提高管理效率。在当前制裁背景下，部分私有化还会为俄政府带来一定的财政收入，缓解能源企业因融资渠道受限而投资不足的问题，这为中国油气企业以参股形式与俄罗斯油气合作提供了难得的机遇。

4. 参与俄境内重大油气项目。由中石油参与的亚马尔液化天然气项目无疑是近年来中俄能源合作最大的亮点之一。该项目不仅为中国每年提供400万吨的液化天然气，通过参与项目建设，中国企业经受住在北极地区项目管理和作业的重重考验，解决了多个世界级难题，和法国德西尼布、日本日挥和千代田三家国际知名公司同台竞技和协作，提升了国际化管理水平，锻炼了队伍，培养了国际化人才，为后续开展相关项目施工管理积累了丰富的宝贵经验。此外，将中方的融资与该项目更多地引入中国元素的挂钩方式，还带动和促进了国内钢铁、电缆、造船等众多产业技术创新和转型升级，国内产品出口额超百亿美元，可谓"一举多得"。这种示范效应有助于中国油气企业参与更多的俄重大油气项目。

5. 拓展油气工程技术服务和物资装备领域合作。俄罗斯油气行业在技术和设备方面的对外依存度较高，在2014年制裁开始前，其80%—100%的油气开发软件、70%的涡轮机和锅炉、50%—60%的压缩机、20%的管材、80%的大陆架开发技术均依赖进口①。在这样的背景下，美对俄能源行业实施先进技术和设备的出口禁令，迫使俄面临两种选择——暂缓部分油气勘探开发项目或寻找进口替代。无疑，这给中方提供了进入俄罗斯市场的良机。虽然中国目前的油气勘探开发技术和设备整体水平不高，但可以在物探、测井、提高油田采收率等具有技术优势的领域开展与俄合作，中国技术服务和设备的价格优势在俄市场也具有一定竞争力。此外，中俄油气企业还可以在深海钻探、极地勘探、页岩油开发等高端装备技术领域开展联合研发生产等合作，发挥各自人才和科研优势，共同提升高端装备和技术，降低进口依赖。

参考文献

[1] 姜毅：《解析美国对俄制裁新法案》，《俄罗斯东欧中亚研究》2018年第1期。

[2] 徐洪峰、王海燕：《乌克兰危机背景下美欧对俄罗斯的能源制裁》，

---

① 徐洪峰、王海燕：《乌克兰危机背景下美欧对俄罗斯的能源制裁》，《美国研究》2015年第3期。

《美国研究》2015年第3期。

［3］UKRAINE/RUSSIA RELATED SANCTIONS PROGRAM Updated June 16 2016 by OFAC》, https：//www. morganlewis. com/pubs/updateeconomic political environment ukraine russia_ 22july14.

［4］《Countering America's Adversaries Through Sanctions Act》（PUBLIC LAW 115 - 44—AUG. 2, 2017）https：//www. treasury. gov/resource - center/ sanctions/ Programs/Pages/caatsa. aspx.

［5］Екатерина Грушевенко. Жизнь под санкциями - перспективы российской нефтедобычи в условиях внешних ограничений. 《Нефтегазовая вертикаль》, 2018, №7.

欧亚一体化中的俄罗斯西伯利亚和远东跨境地区

[俄] 谢利采娃·塔·阿
[俄] 谢利采夫·阿·斯（著） 丁超（译）

摘要：本文探讨了加强欧亚国家经济合作的背景下，俄罗斯西伯利亚和远东跨境地区的经济情况。对于欧亚经济联盟与中国"丝绸之路经济带"倡议对接，尤其是国家之间区域经济合作予以了高度重视。

关键词：跨境地区；欧亚一体化；基础设施项目；外国投资

推动西伯利亚和远东地区经济增长是 21 世纪俄罗斯的国家优先事项。2014 年，俄罗斯政府正式出台"向东转"政策，对欧亚国家经济合作的发展具有决定性作用。2015 年，欧亚经济联盟和"丝绸之路经济带"开始对接，对西伯利亚和远东跨境

[作者简介] [俄] 谢利采娃·塔·阿，俄罗斯圣彼得堡国立经济大学经济理论和经济思想史系教授，经济学博士；[俄] 谢利采夫·阿·斯，经济学博士。丁超，中国社会科学院俄罗斯东欧中亚研究所助理研究员。

地区发展起了重要作用①。

为了俄罗斯远东和中国东北的经济振兴，正在实施一系列规划。在远东地区，计划建设一系列中资参与的大型深水港。俄中双方在北极开发方面进行了积极的合作，特别是中国船只在北极航道的通行问题上。

中方提议将12个经济部门的部分企业转移到俄罗斯境内，包括机械制造、造船、能源、冶金、水泥工业、化学工业、纺织工业、电信工业和农业。这些企业应在远东超前发展区和符拉迪沃斯托克自由港境内成立，同时获得优先权和税收优惠。俄罗斯公民占企业工人比例不能低于80%。

2016—2017年远东地区吸引的亚太国家投资中，中国占80%。中资参与的28个项目开始实施，投资额约40亿美元②。跨境运输项目正在取得进展，其中最雄心勃勃的是国际运输走廊"滨海1号"和"滨海2号"。这些项目对中国和俄罗斯经济都有很大的乘数效应。

中国和俄罗斯正在贝加尔湖上建立一个现代化的世界级旅游集群，投资将达110亿美元，超过索契奥林匹克场馆建设的预算。

中国重庆天赐温泉集团计划在滨海边疆区建设可容纳200万人的休闲中心。中国企业还计划在萨哈林州建造若干浴疗度假村和酒店。

俄罗斯和中国之间也有高科技产业项目合作，特别是计划建立高科技园区、发展核电产业合作等。2030年前中国计划投产110个核电机组，以期降低温室气体排放，以及对油气进口的依赖。

俄罗斯是核技术市场的领导者之一，占世界核反应堆市场的14%，占世界核电厂核燃料供应市场的17%。田湾核电站是中俄两国最大的核能合作项目。两国在替代能源和其他领域的发展方面也进行了积极的合作。

东西伯利亚—太平洋运输管道，全线长约4000公里，年输油量8000万吨，将西西伯利亚和东西伯利亚的油田与俄罗斯滨海边疆区的港口连接起来，确保其进入亚太国家市场，首先是中国市场。2015年俄罗斯和中国开始建造跨亚洲天然气管道——"西伯利亚力量"，从雅库特和伊尔库茨克州向滨海边疆区和亚太地区国家输送天然气。这是俄罗斯天然气工业股份公司与中国石油天然气集团公司的合作项目。计划将西伯利亚电力天然气管道与萨哈林—符拉迪沃斯托克天然气输送系统连接起来。与此同时，计划在阿穆尔州开发生产氦

---

① Селищева Т. А. Проблемы устойчивого развития экономики в странах Евразийского экономического союза// Проблемы современной экономики. – 2018. – No 2. – C. 15 – 22.

② Гаврилова В. А. Российско - китайское сотрудничество в области атомной энергетики// Россия – Китай: стратегическое взаимодействие в XXI веке. – Новосибирск, 2015. – C. 48.

气的天然气化工厂,这将创造新的就业机会,并使俄罗斯在全球氦气市场中占据领先地位。还将合作建造生产乙烯和聚乙烯的工厂,以及其他天然气和化学工厂。这些项目将有助于西伯利亚和远东地区的新工业化。

中国和俄罗斯在农业、林业等领域开展积极合作。

俄罗斯与亚洲国家的贸易额中,中国排名第一,占俄对外贸易总额的14.7%。2017年,中俄贸易从653亿美元增长到848亿美元,同比增长30%。同年,俄罗斯超过沙特阿拉伯,成为中国最大的石油供应国。俄罗斯从中国主要进口机器和设备①。

丝绸之路经济带同时也与蒙古的"草原之路"进行对接,该项目规定:发展与中国和俄罗斯连接的基础设施;建设997公里的高速公路;建造一条长1100公里的电气化铁路;建设油气管道和天然气管道;为俄中两国提供过境运输服务。计划总投资约为500亿美元②。

在俄罗斯、中国和蒙古之间建立一条交通—经济走廊,三国元首已签署协议,涵盖约30个项目,促进形成统一的欧亚经济空间。这条走廊使得从中国南部到俄罗斯欧洲部分的距离缩短1.4万千米,时间减少4天③。

目前,蒙古和俄罗斯的商品贸易占其对外贸易总额的10%。其中,对俄出口占比仅为5%,而从俄罗斯进口的比例高达95%,存在很大的贸易逆差④。

根据专业评级机构(Expert RA)制定的投资环境评级,2017年西伯利亚和远东地区投资环境占据低位:潜力—非常低、很低、低;风险—适中、高、极端(见表1)。

表1　　　　2017年俄罗斯跨境地区投资环境排名情况

投资环境排名	地区
潜力非常低—风险适中(3B2)	阿穆尔州
潜力很低—高风险(3C1)	后贝加尔边疆区
潜力低—高风险(3C2)	犹太自治州

---

① Степной путь соединит Монголию с Китаем и Россией. URL: https://riss.ru/smi/11512/(дата обращения: 20.07.2018).

② Оюунтэгш Э.: Мы хотим выйти на российский рынок. URL: http://asiarussia.ru/news/19818/(дата обращения: 21.07.2018).

③ Инвестиционный климат регионов – 2017. URL: https://raexpert.ru/ratings/regions/2017/att1(lfnf (дата обращения: 10.09.2018).

④ Самсонов Н. Ю., Крюков Я. В., Яценко В. А. (2017). О возможности участия капитала стран АТР в горнорудных проектах российского Дальнего Востока и Забайкалья//Проблемы Дальнего Востока. – 2017. – № 1. – С. 87.

续表

投资环境排名	地区
潜力非常低—极端风险（3D）	伊尔库茨克州
潜力很低—风险适中（3B1）	布里亚特共和国、滨海边疆区、哈巴罗夫斯克边疆区、萨哈林州

资料来源：Рейтинг социально－экономического положения субъектов РФ. Итоги 2017 года. URL：http：//vid1. rian. ru/ig/ratings/rating_ regions_ 2018. pdf（дата обращения：10. 12. 2018）.

与此同时，这些地区的大多数资源型投资项目都超出了俄罗斯对特定矿产资源的需求。这就是为什么要吸引拥有投资资源和科技基础的外国企业参与难以开发的矿区，首先是来自中国和其他亚太国家的企业。然而，对于进入西伯利亚和远东矿产和原材料开发的外国投资者，无法保证良好的投资条件。还应考虑到俄罗斯东部地区矿产资源开发的资本密集型特征和难以进入，与俄罗斯西伯和中部市场相距甚远；西伯利亚和远东境内生产的高度分散；低居住率和低劳动力流动性；人口大量流出。这些因素都降低了外国投资者的积极性。

表2显示了"RIA评级"对2017年西伯利亚和远东跨境地区经济表现的评估，主要包括两个指标。西伯利亚和远东所有跨境地区的第一个指标"人均生产的商品和服务"，都远低于俄罗斯平均水平。以下地区第二个指标"人均固定资本投资"低于全国平均水平：犹太自治州为1/2.3，哈巴罗夫斯克边疆区为1/1.9，滨海边疆区为1/2.5，雅库特共和国为1/2.6。也就是说，这些地区的投资难以保障。

表2　　2017年俄罗斯西伯利亚和远东跨境地区的经济表现指标

俄联邦主体	人均生产的商品和服务（万卢布）	人均固定资本投资（万卢布）
阿穆尔州	42.29	23.33
犹太自治州	26.21	6.41
哈巴罗夫斯克边疆区	45.27	8.81
后贝加尔边疆区	21.34	8.48
伊尔库茨克州	55.43	10.68
滨海边疆区	29.92	6.56
雅库特共和国	19.72	4.22
俄罗斯联邦	61.90	16.08

资料来源：同表1。

俄罗斯西伯利亚和远东跨境地区在与中国的互动过程中，经济结构正在逐步改变，中国也是一样。2004—2013 年中国跨境省份第三产业的绝对值增加，服务业（包括金融业）增长。在与中国接壤的俄罗斯跨境地区，初级部门的绝对值有所增加①。

这是由于西伯利亚和远东矿产资源部门的增长，导致生态状况恶化，并遏制了这些地区可持续发展。为了降低生态风险，有必要协调俄罗斯与接壤的欧亚国家进行环境立法。

俄罗斯和中国跨境地区的合作越来越具有计划性，并逐渐从地区项目转向跨境联合。因此，在 2016 年底，成立了俄罗斯远东和中国东北地区发展政府间委员会，旨在为跨境地区生产经营活动和具体项目实施创造有利条件。远东中国投资者和企业家支持中心也已成立。目前，中国正在远东地区落实价值 40 亿美元的 28 个项目。

为了提高与欧亚国家的跨境合作效率，俄罗斯应合法保障外国和本国投资者良好的投资环境，使其进入西伯利亚和远东跨境地区的原材料和高新技术行业。

参考文献

[1] Селищева Т. А. Проблемы устойчивого развития экономики в странах Евразийского экономического союза// Проблемы современной экономики. – 2018.

[2] Гаврилова В. А. Российско – китайское сотрудничество в области атомной энергетики// Россия – Китай：стратегическое взаимодействие в XXI веке. – Новосибирск, 2015.

[3] Степной путь соединит Монголию с Китаем и Россией. URL：https：//riss. ru/smi/11512/（дата обращения：20. 07. 2018）.

[4] Оюунтэгш Э.：Мы хотим выйти на российский рынок. URL：http：//asiarussia. ru/news/19818/（дата обращения：21. 07. 2018）.

[5] Инвестиционный климат регионов – 2017. URL：https：//raexpert. ru/ratings/regions/2017/att1（lfnf（дата обращения：10. 09. 2018）.

[6] Самсонов Н. Ю., Крюков Я. В., Яценко В. А. (2017). О

---

① Забелина И. А., Клевакина Е. А. Оценка структурных сдвигов в экономике регионов трансграничного взаимодействия РФ и КНР// Проблемы Дальнего Востока. – 2017. – № 1. – С. 40.

возможности участия капитала стран АТР в горнорудных проектах российского Дальнего Востока и Забайкалья// Проблемы Дальнего Востока. – 2017. – № 1.

［7］Забелина И. А. , Клевакина Е. А. Оценка структурных сдвигов в экономике регионов трансграничного взаимодействия РФ и КНР// Проблемы Дальнего Востока. – 2017. – № 1.

国家规划视角下的俄罗斯住房政策发展评析

丁超

摘要：住房政策是俄罗斯社会政策的重要组成部分。为社会弱势群体提供住房保障，无论对联邦中央来说，还是对各联邦主体和地方政府来讲，都是一项复杂而艰巨的任务。近年来，俄罗斯不断强化顶层设计，突出住房规划的引领作用。俄罗斯政府通过规划体系的构建、内容的完善以及对实施进程的监督、机构设置的优化等，不断对住房规划进行修订，使之更加切合实际，更有针对性地解决居民的住房问题。居民住房可获得性的提高在一定程度上证实了住房政策的有效性，凸显了政府在居民住房保障中的作用。但在目前西方持续制裁、经济结构矛盾加剧的条件下，俄罗斯经济未来发展前景不明，住房领域的财政支出也极大缩减，住房规划的实施效果必然大打折扣。解决资金困境将成为俄罗斯住房政策发展的最大难题。

关键词：住房政策；国家规划；政府职能；财政支出

[作者简介] 丁超，中国社会科学院俄罗斯东欧中亚研究所助理研究员，经济学博士。

俄罗斯学界对于政府住房保障职能的认知

  俄罗斯学者对于住房政策的研究主要集中在政府职责的履行、居民住房分配的模式、住房可获得性评估、房地产市场发展预测和住房建设融资方式等方面。Г. В. Коняхин 指出，无论是苏联，还是解体后的俄罗斯，历届政府均致力于发展住房建设，住房存量虽逐年在增长，但居民的住房问题依然十分严峻①。俄罗斯住房政策在不同历史时期都受到了诸多内外部因素的影响，但他认为住房问题存在的最重要原因在于住房政策与国家政治意识形态密切相关。住房危机产生的本质不在于住房的稀缺，而是几十年来政府对住房系统的绝对控制。住房政策作为俄罗斯社会经济政策的一部分，是国家领导集团政治活动的重要工具，政府在规定住房建设规模与速度、居住条件与标准的同时，也使居民产生了严重的社会依赖，他们不再为改善居住和生活条件而努力，只是单纯地依赖国家的政策和资金支持②。О. А. 茹奇科夫提出，在俄罗斯市场化改革之前，满足居民的住房需求被视为一种特权，由国家的住房政策决定。向市场经济转型的过程中，俄罗斯实施了"自由民主型"的住房政策，其结果是私有化住房比例从1990年的32.6%增加到2016年的95%。然而，住房问题并未有效解决，住房私有化进程也一再拖延。2005年只有9%的家庭可以凭借自有收入和借款购买资金，2012年增至26.6%，至2020年有望达到50%。但其中，仅约10%的低收入家庭可以获得国家的住房保障③。

  В. П. Мирской 则认为，国家对住房市场的宏观调控是市场经济发展的客观要求。即使在经济发达的国家，住房市场的运行也离不开政府从宏观和微观层面上对住房融资机制提供的支持。他指出，国家住房政策的目标首先是最大限度地筹集资金，从而保障住房市场的有效供给④。Л. А. Гузикова 提出，住房政策在俄罗斯政治进程中的地位不仅由数量指标确定，还取决于各级政府住

---

 ① Коняхин Г. В. Жилищная политика в России в XX веке: аналитическая ретроспектива. – М. : Изд – во МГОУ, 2011. – 130 с. – 8, 25 п. л.

 ② Коняхин Г. В. Государственная жилищная политика в России: сущность, проблемы, пути решения // Ориентир: Сб. науч. трудов кафедры социальных наук и государственного управления МГОУ. Вып. 12. – М. : Изд – во МГОУ, 2011. – С. 27 – 38 (0, 75 п. л.).

 ③ Жучков О. А., Тупикова О. А. Объективные перемены в стратегии развития жилищного строительства. Технические науки, январь, 2017. № 1 (34).

 ④ Мирской В. П. Особенности разработки и реализации государственной политики в жилищной сфере. // Гуманитарные и социальные науки № 6, 2010.

房政策机构之间的互动。俄罗斯通过《宪法》和《住房法》构建了公民住房权保障的法律框架,也划分了对各级政府的住房保障职责,这有利于解决弱势群体的安居问题,缓解社会矛盾①。但无论是宪法,还是住房法,均未对"住房政策"的概念予以界定,也未确定各级政府部门住房保障的战略重点,未指明具体的负责机构名称②。

М. В. Бондаренко 提出,俄罗斯在制定区域发展政策和规划时,保障国家各地区的平衡发展是联邦政府的主要任务之一,而这种平衡更多地体现在公共物品和服务的供给方面。在住房领域,政府部门应以各地区居民保障性住房的可获得性、住房的保障程度和住房建设积极性为评估标准,将各联邦主体的住房市场分为先锋型和赶超型两类,并据此制定具体的差别化的住房保障政策,最终促进整个保障房市场的均衡发展③。О. И. Столбова 指出,俄罗斯实施国家住房政策分为联邦和地区两个层面。从联邦层面看,俄罗斯政府制定联

---

① 俄联邦《宪法》指出:"俄罗斯联邦是社会国家,其政策目的在于创造保证人的体面生活与自由发展的条件。在俄罗斯联邦,人的劳动与健康受到保护,规定有保障的最低限度的劳动报酬,保证国家对家庭、母亲、父亲、儿童、残废人和老年公民的支持,发展社会服务系统,规定国家退休金、补助金和社会保护的其他保障措施"。而住房保障作为社会保障的组成部分,也是俄罗斯社会政策发展的重要内容,公民的住房权理应受到宪法的规范和保护。第四十条规定:"(1)每个人都有获得住宅的权利。任何人不得被任意剥夺住宅;(2)国家权力机关和地方自治机关鼓励住宅建设,为实现住房权创造条件;(3)向贫困者或法律指明的其他需要住房的公民无偿提供住宅,或者根据法律规定的条例由国家的、市政的和其他住宅基金廉价支付。"也就是说,在俄罗斯,住房权属于公民的基本权利,即使在紧急状况下也不能受到限制或制约;俄联邦、各联邦主体政府和自治机关在住房领域的职能在于,从法律上协调并满足公民的住房需求,明确社会弱势群体所需的社会住房数量,鼓励并促进住宅建设发展。《住房法》第三条规定,"公民住宅不受侵犯,住房权不可随意剥夺"。任何人无权不经允许擅自进入住宅,特殊情况除外(解救公民生命和财产,发生事故、自然灾害、民众骚乱或在其他紧急状况时为保障个人或社会安全等),任何人不得限制公民享受住房及公用服务的权利。《住房法》规定,俄联邦及各联邦主体、自治机关应在其权限范围内保障公民的住房权:(1)促进住房不动产市场的发展,为满足居民住房需求创造必要条件;(2)运用预算基金及其他合法货币基金改善居民住房条件,按规定程序提供购房和建房补贴;(3)根据国家及地方政府所属住房和租赁合同,为居民提供社会住房;(4)刺激住宅建设;(5)建立和保障住宅基金使用和监督机制;(6)及时在国家住房公用事业信息系统中发布相关法律消息等。其中,联邦政府负有的责任主要在于,制定和完善住房保障制度,为不同社会群体设计有针对性、差异化的保障政策和保障房供给模式,对全俄范围内的存量住房进行清算,并对各联邦主体和自治机关住房保障义务的履行进行监督。而地方政府的责任主要在于住房保障政策的具体执行,包括制定联邦主体和自治机关的住房发展规划,确定符合家庭收入和资产状况的房产税征收规模,遴选符合联邦法律规定应获得住房保障的居民家庭,对辖区内存量住房进行清算,等等。

② Гузикова Л. А., Плотникова Е. В., Колесников А. М. Оценка эффективности реализации жилищной политики в регионах. Научный журнал НИУ ИТМО. Серия Экономика и экологический менеджмент. No 4, 2017. Стр. 3 – 15.

③ Бондаренко М. В. Государственная жилищная политика: повышение уровня доступности жилья. // Научный журнал Вестник Ассоциации Вузов Туризма и Сервиса. № 2, 2010.

邦住房专项规划对部分按揭住房进行补贴。该项规划包括《保障年轻家庭的住房》和《履行国家为联邦宪法规定的特殊群体保障住房的义务》等子规划。从地区层面来说，常见的国家支持形式包括刺激按揭市场参与主体、对按揭贷款进行利率补贴、以优惠的贷款价格出售公有住房等[1]。

Ю. А. Омарова 也从区域住房政策的角度分析了国家住房政策的实施原则和作用机制。她认为，现代俄罗斯住房政策的发展是一个独特的政治进程，它受到国家经济和社会改革等多重因素的制约，而国家住房政策的复杂性和多面性又在很大程度上影响了国家社会经济的稳定。在住房政策与社会经济政策相互作用的进程中，国家处理中央政府与地方政府、非营利社会组织和商业机构之间关系的能力，决定了俄罗斯住房保障机制运作的稳定性和公民负担得起的舒适住房的保障程度。她指出，保障公民的住房权属于俄罗斯政府的职能范畴，因此，即使住房政策（包括住房建设发展战略等）的制定和实施主要由俄罗斯联邦建设和住房公用事业部负责，如果缺乏政府——非营利机构——商业机构的积极互动，或市场机制运行不很完善等，政府依然无法确保居民住房权的实现[2]。

俄罗斯住房政策体系中的国家规划

所谓规划，按照俄罗斯经济学家 Б. А. Райзберг 的解释是："规划是由内容一致、空间和时间相协调的多个要素组合而成，它们以目标为导向，旨在解决某种特定的社会经济问题。"2011 年，俄罗斯联邦政府划分了五大支出方向，包括提高生活质量、经济创新与现代化、保障国家安全、平衡地区发展和建设高效国家，并在这五个方向设立了 41 项国家规划。经过多次政策调整，目前

---

[1] Столбова О. И. Ипотечное кредитование в рамках реализации государственных жилищных программ. // диссертация, 2012 г.

[2] Омарова Ю. А. Региональная жилищная политика в современной России. ФГБОУ ВПО, 《Тульский государственный университет》, диссертация, Москва: 2014.

俄罗斯国家规划的数量已增至 43 个[①]。俄罗斯住房领域的预算拨款主要通过住房规划予以实现。住房规划反映了俄联邦住房政策的优先发展方向，相应地，各联邦主体和自治机构也据此制定地区住房发展规划。

苏联解体以来，俄罗斯政府颁布了若干住房发展规划，根据其内容的不同可以划分为三个阶段。

（一）第一阶段（1991—2000 年）

1993 年颁布《联邦住房专项规划》，提出至 1995 年，俄罗斯应将联邦住房建设面积和实际居住面积提高至 0.50 亿—0.56 亿平方米。尽管该目标并未如期完成（延至 2001 年），但该规划开创了一项先例：每三至五年根据社会发展状况，以定量的方式制定住房发展规划，充分体现了俄联邦政府保障公民住房的态度和决心。1995 年，俄罗斯又制定了《保障每个家庭拥有独立单元房或独栋住宅计划》。1996 年 3 月颁布《关于俄罗斯联邦住房专项规划实施的新阶段》的总统令，指出要提高中低收入家庭通过获得长期贷款改善居住条件的可能性，要为住房建设事业的发展提供政策优惠和支持，要扩大宜居面积并提高住房建设质量，拓宽联邦主体和地方政府在保障居民住房方面的行政权限等，同时还推出了《自有住房计划》。以此为基础，俄罗斯开始大规模拆除赫鲁晓夫时期大力发展的五层楼（"赫鲁晓夫筒子楼"），翻建高层建筑。1998 年 1 月，俄罗斯制定了联邦专项规划《国家住房证书》，计划在五年内为已退役或正在服役的军人家庭提供住房保障，以帮助这些家庭直接在住房市场上购得住房，或通过信贷机制支持其建房或购房。该项目的资金来源于国家预算为公民提供的无偿补贴部分、商业银行的住房建设融资资金，以及银行的长期住房贷款机制。

---

① "提高生活质量"领域的国家规划包括教育、医疗、社会保障、养老、环境美化、提高住房和公共事业服务质量、促进就业、维护社会秩序和打击犯罪、打击贩毒、消除极端事故影响、发展文化和旅游、环境保护、发展体育 13 项；"建设高效国家"领域的国家规划包括"联邦财产管理""发展金融和保险市场，建设国际金融中心""维护司法系统"和"对外政治活动"4 项；"保障国家安全"领域包括"增强国家国防能力"和"保障国家安全"2 项；"平衡地区发展"领域的国家规划包括"地区政策和联邦关系""北高加索联邦区发展""加里宁格勒社会经济发展""远东和贝加尔地区发展""克里米亚联邦区社会经济发展""北极地区社会经济发展""为建设高效、负责任的地区和地方财政创造条件，提高联邦主体预算稳定性"6 项；"经济创新与现代化"领域的国家规划包括"发展国防工业综合体""科学技术发展""经济发展与创新经济""发展工业、提高工业竞争力""发展航空工业""发展船舶制造工业""发展电子和无线电工业""发展医药工业""俄罗斯空间活动""发展原子能工业综合体""信息社会""发展交通体系""发展农业，调节农产品、原材料和食品市场""发展渔业综合体""开展对外经济活动""自然资源再生利用""发展林业""能源效率和能源开发"18 项。

(二) 第二阶段 (2000—2010 年)

根据经济发展水平的提高及国内需求的增长，2001 年俄罗斯第 675 号政府决议通过了《住房专项规划 (2002—2010 年)》，首次提出要在 5—7 年实现保障房 100% 覆盖，并规定"54 平方米标准公寓的平均售价，应控制为中等收入水平的三口之家三年收入的总和"；倡导大力发展住房公用基础设施建设，为新婚家庭及从边远地区迁至大城市的居民，提供一定的政策倾斜，保障他们居住权利的实现[1]。根据该规划可以看出，俄罗斯住房政策借助"两条腿"走路：一是发展计划经济模式，即国家依法保障低收入群体享受社会住房和优惠的住房公用服务，二是促进住房市场机制运行，创造条件保障居民运用自有资金和抵押贷款获得住房并改善居住条件，这就为保障所有社会阶层都能获得"应有住房"[2] 提供了组织、法律和资金基础。2004 年，俄总统普京提出"居民住房的质量和可负担程度是涉及每个公民和家庭的重要问题，是关系社会经济发展的头等大事"[3]。据此，2006 年俄罗斯启动了国家优先项目"俄罗斯居民负担得起的舒适住房 (2006—2012)"。该项目主要包括以下内容：(1) 扩大住房按揭信贷的范围；(2) 提高居民住房的可支付性；(3) 加快住房建设，提高住房公用基础设施的现代化程度；(4) 在履行国家义务的基础上，实现公民的居住权利。

(三) 第三阶段 (2010 年至今)

2014 年 4 月，根据第 323 号政府决议，俄罗斯通过了住房规划《保障俄

---

[1] Фаршатов И. А. 《Жилищное законодательство. Практика применения, теоретические вопросы》М.：Инфра – М, 2001. С. 49.

[2] "应有住房"是指以不干涉公民私人生活为基础，居住面积适宜，保证安全，配备必须的公用基础设施，并具有一定舒适度的住房。俄罗斯住房政策的目标在于使所有居民都能获得"应有住房"，即保障劳动人民及其家庭均能获得相对满意的住房及生活条件，从而保证他们享有宪法赋予的居住权并能够维持最低的生活水平。

[3] В Послании Президента России В. В. Путина Федеральному Собранию Российской Федерации 2004 г.

罗斯公民优惠舒适的住房和公用服务》①，规定了 2012—2020 年国家在住房保障领域的主要任务，其中包括：(1) 通过实施《俄罗斯家庭住房》(жилье для российской семьи)② 规划，加快经济型住房建设；(2) 在住房建设和建筑材料生产过程中采用现代化和资源节约型技术；(3) 发展住房和公用基础设施建设信贷机制，并提高居民按揭贷款的可获得性；(4) 促进适用于低收入群体租赁房和社会性住房市场的形成，完成国家为联邦法律规定的公民保障住房的义务，并为年轻家庭获得住房提供支持；(5) 通过吸引长期私人投资等方式提高公用资源供给效率、质量和可靠性；(6) 保证饮用水安全无污染，符合卫生要求③。

《保障俄罗斯居民舒适优惠的住房和公用服务》已成为俄罗斯住房领域的纲领性文件，它既反映了国家住房政策的发展方向，又明确规定了资金来源及其额度，并拥有一整套评估指标体系，便于对住房规划的运行状况进行实时监控。规划由俄联邦建设与公用事业部全权负责监督执行，其宗旨在于提高居民住房可支付性和住房保障水平，提高住房公用服务供给的质量和可靠性。值得注意的是，自 2018 年 1 月 1 日起，联邦住房专项规划也正式纳入该规划。与此同时还设置了其他四个子规划，分别为《创造条件保障俄罗斯居民负担得起的舒适住房》《创造条件保障俄罗斯居民优质的住房公用服务》《保障国家规划的实施》和《联邦专项规划"纯净水"(2011—2017)》。根据 2017 年 3 月第 393 号政府决议，联邦专项规划《2009—2018 年提高俄联邦地震区住宅建筑、基础设施和生命维持系统的可持续性》也被纳入，作为第五个子规划。俄罗斯通过实施这些子规划，有效协调了与居民住房相关的各个领域的共同发展。

2013—2025 年为规划实施的第一阶段，联邦预算拨款 1.12 万亿卢布，其中每个子规划分别为 5782 亿卢布、2018 亿卢布、256 亿卢布、3089 亿卢布和 39 亿卢布。预期通过这些资金投入可取得如下成效：(1) 年均新增住房面积达到 1.2 亿平方米，至 2025 年新建 198 万套住宅；(2) 为俄联邦居民创造条件，使其 15 年可以至少改善一次居住条件；(3) 形成发达的住房租赁市场，并促进低收入群体非商业住房市场的发展；(4) 住宅应符合现代化的能源效率和环境要求，以及某些群体的特定需求（如残疾人、老年人、多子女家庭等）；(5) 将 54 平方米典型住宅的平均市场价格降至三人之家年均收入的 2.3

---

① Новая редакция госпрограммы утверждена Постановлением Правительства Российской Федерации от 15.04.2014 № 323 《Об утверждении государственной программы Российской Федерации 《Обеспечение доступным и комфортным жильем и коммунальными услугами граждан Российской Федерации》》.

② http://программа-жрс.рф/about/general_condition/.

③ http://base.garant.ru/70643486/#friends.

倍(将住房可支付性水平降至2.3年);(6)提高俄联邦居民对住房公用服务的满意度①。

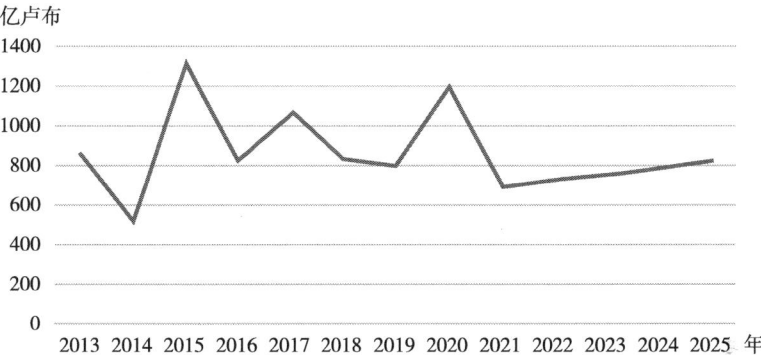

图1 《保障俄罗斯居民舒适优惠的住房和公用服务》预算拨款规模
资料来源:https://programs.gov.ru/Portal/programs/passport/05.

通过对俄罗斯政府制定的国家住房发展规划可以看出,联邦住房专项规划几乎贯穿了住房政策发展的始终。针对不同时期的社会经济发展状况,俄罗斯联邦住房专项规划的基本目标、任务、项目融资及预期成果有了进一步的发展(见表1)。

表1　　俄罗斯联邦住房专项规划特征及指标对比情况

衡量指标	2002—2010年("规划1")	2011—2015年("规划2")	2015—2020年("规划3")
协调者	俄联邦地区发展部	俄联邦地区发展部	俄联邦建设和住房公用事业部
制定者	俄联邦地区发展部、联邦建设和住房公用事业机构、俄联邦经济发展和贸易部、"城市经济机构"基金②	俄联邦地区发展部	俄联邦建设和住房公用事业部

---

① https://programs.gov.ru/Portal/programs/passport/05.
② 城市经济机构基金,于1995年成立于莫斯科,它是一家非国有非商业经济研究中心,主要任务是分析市政机关发展过程中出现的社会经济问题,制定切实可行的方案和建议,并实施具体项目。房地产市场是其业务发展的主要方向之一,制定并审查住房公用事业和房地产开发市场法律法规草案。它不仅参与了俄联邦住房法典、城市建设法、住房按揭贷款及证券、税收和预算等法律法规的制定和修改,2010-2012年还制定了全套的住房建设行政障碍的评估方法,提高了俄联邦政府对降低行政障碍的重视度;2011年开始实施《俄罗斯住房公用事业改革》项目,并对参与该项目的市政机关在该领域的主要问题提供咨询服务;2012年在欧洲复兴发展银行项目《提高俄联邦城市住房的能源效率—制定法律模式和基础》框架下,创建了公寓楼资本维修融资模式;目前,正制定公私合作联邦法律在经济型住房建设方面,以及非商业租房法案。http://www.urbaneconomics.ru/。

续表

衡量指标	2002—2010 年（"规划 1"）	2011—2015 年（"规划 2"）	2015—2020 年（"规划 3"）
基本目标	全面解决住房部门的稳定运行和发展过程中产生的问题，保障公民的住房可支付性	形成符合节能和环保要求的经济型住房市场；实现国家对特定社会群体的住房保障义务	形成符合节能和环保要求的经济型住房市场；实现国家对特定社会群体的住房保障义务
主要任务	为住房和公用事业经济发展创造条件；通过增加住房市场金融信贷机构的规模提高居民的住房保障水平；保证住房和住房公用基础设施符合质量保准，提高舒适度；根据公民的有效需求和住房标准，保障住房和住房公用服务的可支付性	大规模建设经济型住房；通过增加住房市场金融信贷机构的规模提高居民的住房保障水平；根据公民的有效需求和住房标准，保障住房和住房公用服务的可支付性	大规模建设经济型住房；通过扩大住房建设规模提高居民的住房保障水平；为联邦法律规定的特定社会阶层提供住房保障；为需要改善居住条件的公民提供社会支持，首先是年轻家庭
基本指标	新增住房面积（亿平方米）		
	0.53	0.90	—
	符合联邦法律规定、需改善居住条件的家庭数量（万个）		
	11.89	8.69	5.40
	受俄联邦、联邦主体和地方预算支持改善居住条件的年轻家庭数量（万）		
	17.59	17.20	15.74
	子规划		
	《国家住房证书（2004—2010）》《俄联邦从危旧住房迁出的公民安置》《俄联邦住房公用综合体改革和现代化》《参与消除辐射事故和灾害的工作人员的住房保障》《从拜科努尔迁出的俄联邦公民住房保障》《俄联邦难民和流离失所者住房保障》《年轻家庭住房保障》《住房公用基础设施建设用地保障》《公用基础设施项目现代化》《完成国家对联邦法律规定社会群体的住房保障义务》	《年轻家庭住房保障》《公用基础设施项目现代化》《完成国家对联邦法律规定社会群体的住房保障义务》《刺激俄联邦主体住房建设发展》	《年轻家庭住房保障》《完成国家对联邦法律规定社会群体的住房保障义务》《刺激俄联邦主体住房建设发展》《特殊社会群体住房保障》《公用基础设施项目现代化》

续表

衡量指标		2002—2010 年（"规划 1"）	2011—2015 年（"规划 2"）	2015—2020 年（"规划 3"）
融资渠道及规模	项目融资规模（亿卢布）			
		9277	6207	6981
	其中：联邦预算（亿卢布）			
		3540	2916	3579
	联邦主体和地方预算（亿卢布）			
		740	1100	1053
	预算外资金（亿卢布）			
		4997	2196	2286
预期成果	住房保障水平（人均住房面积增长）（平方米）			
		20—21.7	22.4—24.2	提高
	住房可支付性（获得住房所需时间）			
		三年之内	四年之内	—
	运用自有资金或贷款可以获得住房的家庭数量比重增长			
		9%—30%	12%—30%	—

资料来源：根据俄罗斯政府颁布的 2002—2010 年、2011—2015 年和 2015—2020 年联邦住房专项规划相关资料整理。

通过对三个规划的对比可以看出，俄罗斯联邦住房专项规划的发展具有如下特点。

（一）规划的制定和协调主体逐步减少，专业性不断增强

在规划 1 中，俄联邦地区发展部、联邦建设和住房公用事业署（Федеральное агентство по строительству и жилищно-коммунальному хозяйству，现建设和住房公用事业部）、经济发展和贸易部（现经济发展部）以及"城市经济机构"（фонд "Институт экономики города"）基金作为规划的制定和协调主体，共同对规划及其各项子规划的实施负责，然而由于各主体之间缺乏明确的职责分工，该规划的实施效率十分低下。

规划 2 将俄联邦地区发展部确定为唯一的制定和协调主体，全权负责住房专项规划的实施及监督工作，而不再引入其他机构，但由于地区发展部的职能涵盖俄联邦政治、经济、社会、文化和高科技等诸多方面，住房和公用事业发

展只是其职能中的极小一部分，使住房和公用事业发展无法获得相应的重视。为此，2013年11月1日，在建设和住房公用事业署的基础上，经俄罗斯总统批准成立了俄联邦建设与住房公用事业部，专门负责管理住房建设发展基金，制定和落实住房建设、城市规划、住房公用事业改革等领域的政策法规。自此，俄联邦建设及公用事业部便成为规划3的制定和协调主体。俄联邦建设与住房公用事业部的优先任务为：（1）为需要改善居住条件的特定公民提供支持；（2）为住房市场的发展完善创造条件；（3）危房拆除；（4）吸引私人投资，实现住房公用事业项目现代化，提高能源利用率；（5）完善建筑业的法律基础；（6）改善住房条件，提高舒适度；（7）扩大住房建设规模。

（二）在衡量公民住房保障程度的"新增住房面积"等指标的规定方面更加务实

规划1中规定，"新建住房面积"为0.53亿平方米，而规划2实施期间，该指标需增长70%，达0.90亿平方米。但是由于受到诸多因素限制，如土地划拨程序不透明、许可文件的制定时间长且程序复杂、住房建设中缺乏新工业技术、住房公用基础设施项目对私人投资的吸引力较低、缺乏针对开发商的优惠贷款机制等，该指标的完成情况并不理想。2014年以后，西方经济制裁导致油价下跌、卢布贬值，俄罗斯财政陷入困境之中，因此在规划3中并未对2020年前应完成的"新增住房面积"指标进行规定，仅在其子规划《刺激俄联邦主体住房建设发展》中规定，至2020年新建住房规模为7330万平方米。

（三）住房规划的受益群体不断扩大

联邦住房专项规划的受益主体主要是低收入群体和特殊职业群体。规划1集中于解决从拜科努尔迁出的居民、参与消除辐射事故和灾害的工作人员等住房问题，属于特殊情况下的临时安置，而有权获得国家住房保障的公民与所有需要改善居住条件的公民数量相比，比重很小。此外，规划1和规划2还调动大量资金用于军人的住房保障。但自2011年起，建设经济型住房、促进住房公用设施现代化成为俄罗斯住房领域的主要发展方向，其目的在于不断扩大住房专项规划的受益群体，使更多符合联邦规定的居民都能够尽早获得住房，并改善居住条件。

应该说，尽管规划的完成度并不十分理想，但通过对三个规划的主要目标、任务等的对比可以看出,俄罗斯在住房保障领域的工作是极其务实的。俄政府根据住房规划发展状况的跟进与分析,不断对其修订,使之更加切合实际,更有针对性地解决居民的住房问题。2018年在实施住房规划的框架下,俄罗斯政府将其主要任务设定为:(1)吸引住房抵押贷款、母亲资本、公民储蓄等用于购买经济型住房;(2)通过吸引地区和市政投资,增加在建住房(公寓)数量;(3)改善公民居住条件,完善住房公用事业的结构;(4)将经济型住房的价格降至市场价格的80%,不超过4万卢布/平方米(不设下限)①。

俄罗斯住房政策的未来发展

在当前俄罗斯面临经济危机和西方经济制裁,政府财政收入大幅度缩减,住房财政支出被大大压缩的情况下,俄罗斯政府以何种方法和手段来促进住房市场建设与消费环境的改善,履行保障低收入群体住房的义务,实现对住房市场的有效调节,成为横亘在俄罗斯政府面前的一大难题。

未来经济发展前景不明。乌克兰危机后,俄罗斯可谓是内外交困。欧美制裁期限不断延长且愈加严厉,经济社会问题相互交织、互相影响,延长退休年龄导致的民众支持度首次大幅下滑等,都使得普京总统距离执政目标的实现相去甚远。虽然目前俄罗斯经济呈现复苏迹象,经济指标表现良好,但高油价背后隐藏的结构性矛盾日益凸显。俄国内外学者对于经济未来发展各持己见,但较为一致的观点是,俄罗斯经济正深陷发展困局。

正如O. A. 茹奇科夫指出的那样,俄罗斯住房建设的未来发展还要依靠长期复杂化的社会经济危机背景下国家的住房政策反应②。在目前条件下,俄罗斯住房建设和按揭对资金来源极其有限的预算外养老基金、大型保险公司及其他机构投资者的依赖不断加大,但这些投资者显然更青睐于长期的、低风险、有稳定资金回报的金融工具。此外,住房建设投资的另一大来源——居民投资的增长前景也不乐观,俄联邦居民实际可支配收入的降低(见图2)和国家继续紧缩的货币政策将使居民住房建设投资缩减。可以预见的是,在未来一段时期,俄罗斯的住房市场发展前景相对暗淡。

---

① Кто может воспользоваться жилищными программами. https://posobie.net/subsidii/gosudarstvennye-zhilishhnye-programmy-na-2018-god.html.

② Жучков О. А., Тупикова О. А. Объективные перемены в стратегии развития жилищного строительства. Технические науки, январь, 2017. № 1 (34).

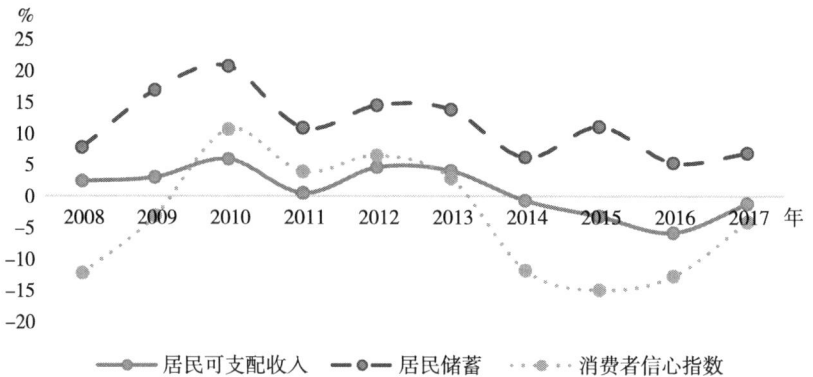

图 2　2008—2017 年俄罗斯居民可支配收入、居民储蓄和消费者信心指数变化情况

资料来源：俄罗斯国家统计局，http://www.gks.ru/wps/wcm/connect/rosstat_main/rosstat/ru/statistics/population/level/#。

国家住房财政支出大幅下降。俄罗斯住房政策的制定和财政保障机制改革道路的选择受到两个因素影响：其一是国家预算资金的充裕度，其二是国家对住房保障问题的重视程度。俄罗斯住房领域的预算拨款来源于联邦预算和联邦主体汇总预算，预算支出方向为住房经济、公用经济以及住房公用经济领域的应用研究等。俄罗斯联邦汇总预算支出的主要方向为全国性问题、国防、环境保护、教育、社会政策、医疗和体育、住房公用经济和国民经济等方面。随着联邦汇总预算收入的逐年增长，各类预算支出也随之有所增加，反之亦然。如表 2 所示，近年来俄罗斯社会民生领域的预算支出基本呈下降趋势，政府将增长的大部分预算收入用于国防建设投资。2007—2017 年的 10 年间，住房公用经济支出占联邦汇总预算支出的比重跌幅最大，从 9.7% 降至 3.7%，下降了 6 个百分点。

表 2　俄联邦预算主要科目占联邦汇总预算支出的比重　　　　单位:%

	2007 年	2009 年	2011 年	2013 年	2015 年	2017 年
全国性问题	10.29	8.19	6.79	6.03	6.27	6.03
国防	7.33	7.42	7.59	8.33	10.86	8.81
环境保护	0.23	0.18	0.19	0.19	0.24	0.36
教育	11.8	11.11	11.16	11.42	10.35	10.08
社会政策	25.06	29.4	32.57	34.63	34.31	37.11
医疗和体育	12.14	10.3	10.48	10.03	10.63	9.72
住房公用经济	9.69	6.27	5.98	4.16	3.34	3.73
国民经济	13.69	17.34	13.97	12.98	12.88	13.37

资料来源：根据俄联邦财政部数据整理。

此外，由俄罗斯联邦预算直接拨款而实施的各项住房规划在一定程度上改善了群众的居住条件，但也存在诸多不足：（1）住房领域的财政支出有限，预算拨款往往不能满足住房规划实施的所有阶段的资金需求；（2）对住房按揭贷款利率进行补贴，导致了俄罗斯联邦预算支出的扩大，但对广大居民的实际福利影响并不大，因为限制住房市场发展的主要因素不是贷款利率，而是居高不下的房价；（3）在实施住房规划时，俄罗斯的按揭住房贷款利率远低于市场平均水平，不利于吸引私人投资参与，极大地降低了住房领域的私人投资积极性，限制了住房规划的实施规模；（4）住房按揭市场的参与主体主要是俄罗斯住房按揭贷款股份公司及其子公司，而住房市场的其他主体，如各类信贷机构、房地产经纪公司、评估和保险公司，参与的积极性不高。

为此，俄罗斯政府将从以下几个方面入手，完善住房顶层制度设计、促进住房规划功能的充分发挥：一是推动改革发展。俄罗斯住房制度改革的深入发展、居民住房保障水平的提高是住房规划发展的最终目的。因此，俄政府制定住房规划时，首先要评估现行保障机制中存在的问题和未来可能面临的挑战，并基于此制定下一阶段的具体发展目标；此外，住房规划中要求的住房政策优先发展方向，包括各类保障性住房的建设与发展等，必须充分考虑居民的住房需求，以确保政策施行的有效性。二是解决资金困境。住房规划的未来发展将以公私合作为原则，并有效处理政府与私人部门之间的关系：在公私合作中，政府负责制定住房建设、按揭贷款、公用事业等方面的战略和专项规划，并确定各个规划的优先发展目标；而私人部门在具体执行过程中，负责确保资金的充足性。当然，政府部门还需提供长期资金担保，包括税收和其他优惠政策等。三是促进住房金融发展。目前，虽然在某些住房规划中涉及了住房按揭、基础设施抵押债券、抵押贷款池等相关金融工具的运用与发展，但并不系统和完善。在未来发展中，俄罗斯将通过住房按揭贷款股份公司制定更加适宜的专项规划，推出更具创新性、更高效率的住房金融产品。

参考文献

[1] Коняхин Г. В. Жилищная политика в России в XX веке: аналитическая ретроспектива. – М.: Изд-во МГОУ, 2011.

[2] Коняхин Г. В. Государственная жилищная политика в России: сущность, проблемы, пути решения //Ориентир: Сб. науч. трудов кафедры социальных наук и государственного управления МГОУ. Вып. 12. – М.: Изд

– во МГОУ, 2011.

［3］Жучков О. А., Тупикова О. А. Объективные перемены в стратегии развития жилищного строительства. Технические науки, январь, 2017. № 1 (34).

［4］Мирской В. П. Особенности разработки и реализации государственной политики в жилищной сфере. //Гуманитарные и социальные науки№ 6, 2010.

［5］Гузикова Л. А., Плотникова Е. В., Колесников А. М. Оценка эффективности реализации жилищной политики в регионах. Научный журнал НИУ ИТМО. Серия Экономика и экологический менеджмент. No 4, 2017.

［6］Бондаренко М. В. Государственная жилищная политика; повышение уровня доступности жилья. // Научный журнал Вестник Ассоциации Вузов Туризма и Сервиса. № 2, 2010.

［7］Столбова О. И. Ипотечное кредитование в рамках реализации государственных жилищных программ. // диссертация, 2012 г.

［8］Омарова Ю. А. Региональная жилищная политика в современной России. ФГБОУ ВПО, 《Тульский государственный университет》, диссертация, Москва: 2014.

［9］Фаршатов И. А. 《Жилищное законодательство. Практика применения, теоретические вопросы》М.: Инфра – М, 2001.

俄罗斯养老基金改革：启示与借鉴

田雅琼

摘要： 随着人口老龄化趋势不断加剧，"养老"已成为俄罗斯政府与民众共同关注的社会问题。受费率偏高、监管缺失、附加职能繁重等多重因素影响，俄罗斯养老基金收入严重短缺，政府补贴占基金总收入的比重接近50%，使养老基金收入明显偏离保险原则。随2015年联邦财政赤字增大，巨大的财政压力迫使政府无法继续保持对养老基金的大幅度补贴，俄养老基金赤字问题愈加严峻。为维持养老基金平稳运行，俄于2018年推出延迟退休政策，此举引发民众强烈反对。为使政策顺利实施，俄计划以提升养老金水平等方式减缓改革对民众福利的冲击。对于同样面临养老保险巨额赤字的中国来说，俄在养老基金的统筹管理、充分保障退休公民权益等方面的改革举措具有一定的参考与借鉴意义。

关键词： 俄罗斯；养老基金；赤字危机

［作者简介］田雅琼，中央财经大学财经研究院博士研究生。

引 言

2018年6月14日,俄总理梅德韦杰夫宣布俄罗斯男性退休年龄将从60岁提高到65岁,女性退休年龄将从55岁提高到63岁。消息一出,立即引发俄罗斯民众的强烈反应。面对民众抗议和支持率的显著下滑,俄罗斯总统普京8月29日极为罕见地作出让步,将俄罗斯女性的最终退休年龄由"63岁"改为"60岁",并表示:"俄罗斯的养老保障资金体系即将出现裂缝,如果不改革,就会面临崩溃。"①

据俄罗斯统计局数据显示,2014年,俄罗斯联邦养老基金赤字为310亿卢布,2015年赤字额达到5436亿卢布。随后两年俄养老基金赤字额虽有所降低,但更多是基于政府增大对养老保险转移支付的结果。2017年,俄联邦政府对养老保险转移支付36803亿卢布,占当年俄罗斯GDP的4.0%,相比于2015年上升了0.3个百分点。但这一模式显然不可持续,受国际社会制裁以及国内经济影响,俄联邦财政收支并不乐观:自2012年以来俄罗斯联邦财政已连续六年出现赤字,最高时赤字额占GDP的比重达到3.5%。逐年上升的财政缺口,使俄联邦财政无法继续保持对养老保险庞大的转移支付。

反观中国现状,统筹账户入不敷出,个人账户"空账"严重,养老保险基金整体赤字运行。早在2008年,中国人社部社会保障研究所负责人就已提出延迟退休的设想,该话题一度引发社会热议。2013年中国人民网所做的一项问卷调查显示,国内近七成受访者反对延迟退休。显然,这是一项不得人心的改革方案。如今,面临同样的养老困境,亦同样是在民众强烈的反对声中,俄罗斯小心翼翼地推进落实延迟退休政策,并尽最大努力向民众解释其中原因,同时积极采取措施减缓该政策对劳动者福利的冲击。这些改革思路与做法对我国的养老保险改革显然具有一定的启示与借鉴意义。

文献综述

关于俄罗斯的养老保障,国内外学者进行了较为深入的探索,主要内容是

---

① 资料来源:https://www.vesti.ru/videos/show/vid/765246/#.

围绕以下几个方面展开的。

第一，关于俄罗斯养老保障制度的改革，Кучерков Н. С.（2001）[①] 认为 21 世纪初俄罗斯的养老保障制度处于最为严重的危机中，人口老龄化加剧，保险缴费不足，现收现付制养老保障制度无法继续运行，俄养老保障制度需向累积制过渡。Борисенко Н. Ю.（2010）[②] 指出俄养老保障制度从 2002 年起开始向部分累积制过渡，其结构由三个系统组成：国家养老金、强制养老金以及补充养老金，且强制养老保险是养老保障体系的重要组成部分。Сухорукова Е. В.（2010）[③]、Чернышова О. Н.，Полунин Л. В.（2013）[④] 从理论层面对俄养老保障制度的调整进行了阐述，指出俄罗斯从 2002 年开始引入保险原则，并征收统一社会税，联邦养老基金被分为基本养老金、养老保险金与养老储蓄金三个部分；2010 年重新缴纳养老保险费，提升费率，大力发展自愿储蓄养老保险。李炜（2004）[⑤]、肖来付（2007）[⑥]、童伟和伊戈里·戈尔基（2013）[⑦]、高际香（2017）[⑧] 均对俄罗斯养老保障的改革历程进行了梳理，认为俄罗斯养老保障制度改革的最主要原因是人口危机，经济危机导致劳动人口数量下降，养老负担加重，使得养老基金面临财政困境。

第二，关于俄罗斯联邦养老基金存在的问题，Андреева О. В.，Суховеева А. А.（2007）[⑨] 对俄养老基金改革的结果进行了量化分析，分别梳理了基本养老金、养老保险金和养老储蓄金的运行情况，指出这三部分资金均处于赤字

[①] Кучерков Н. С. Пенсионная система России: состояние и пути реформирования//Финансы: Теория и Практика. 2001. № 4.

[②] Борисенко Н. Ю. Этапы реформирования пенсионной системы России//Финансы и кредит. 2010. № 3.

[③] Сухорукова Е. В. Пенсионная система России: проблемы и перспективы реформирования//ЭТАП: экономическая теория, анализ, практика. 2010. С. 122 – 138.

[④] Чернышова О. Н, Полунин Л. В. Современная пенсионная реформа в России: мотивации и цели//Социально - Экономические Явления и Процессы. 2013. № 12.

[⑤] 李炜：《俄罗斯的老年问题及退休金制度》，《中国人口科学》2004 年第 1 期。

[⑥] 肖来付：《普京时期俄罗斯养老保险制度改革的新进展及其启示》，《市场与人口分析》2007 年第 5 期。

[⑦] 童伟、[俄] 伊戈里·戈尔基：《俄罗斯养老保障制度改革：现状、问题及前景》，《俄罗斯东欧中亚研究》2013 年第 1 期。

[⑧] 高际香：《俄罗斯养老保障制度改革困境与前景展望》，《俄罗斯学刊》2017 年第 3 期。

[⑨] Андреева О. В. Суховеева А. А. К вопросу о сбалансированности бюджета пенсионного фонда Российской федерации//Финансовые Исследования. 2007. № 14.

运行的状态，且逐年恶化。Сухорукова Е. В.（2010）①、Федотов Д. Ю.（2013）② 也认为俄联邦养老基金的运行状况堪忧，并指出"税改费"不会缓解联邦养老基金的赤字状况：一方面，税负的增加会降低雇主参与企业养老金计划的积极性，从而减少缴费；另一方面，仅仅改变强制性支付的名称是不够的，应突出保险模式固有的内在属性。Мамий Е. А.、Новиков А. В.（2013）③ 称，俄罗斯财政对联邦养老基金的转移支付已超过3万亿卢布，达到俄罗斯养老保障预算的50%，养老保障资金系统已不再平衡。且现有数据显示，刚退休的职工在前五年内，有80%—90%的人选择了继续工作。造成这种现象的主要原因在于养老金水平低，但也凸显出了这样一个问题：多数公民在这个年龄段仍然是具备工作能力的。柳如眉（2018）④ 则运用OLG模型对俄罗斯养老基金的收支均衡进行实证分析，指出在俄罗斯少子高龄化的背景下，提高退休年龄将有助于提高劳动力参与率和改善养老金长期收支均衡。

第三，关于俄罗斯联邦养老基金所承担的职能，Васильева А. С.，Васильев П. А.（2012）⑤、Чалаев Х. З.（2017）⑥ 指出俄罗斯联邦养老基金履行着许多具有社会意义的职能，如提供国家养老保障资金、家庭孕产资金、社会福利资金，以及各分支机构的援助资金等。Соколов Р. А.（2014）⑦ 则指出俄罗斯联邦养老基金的服务项目太多，以至于其无法为基本的养老保障提供充足的资金，并提出对联邦养老基金的职能进行重新划分的必要性。

综上所述，国内外学者对俄罗斯养老保障制度的改革、联邦养老基金的资金平衡问题、联邦养老基金的职能等方面都有研究，这些成果为本文的研究奠

---

① Сухорукова Е. В. Пенсионная система России: проблемы и перспективы реформирования//ЭТАП: экономическая теория, анализ, практика. 2010. C. 122 – 138.

② Федотов Д. Ю. Исполнение пенсионных обязательств российскими работодателями//Известия Уральского государственного экономического университета. 2013. C. 69 – 74.

③ Мамий Е. А. Новиков А. В. Анализ эффективности функционирования рынка негосударственного пенсионного обеспечения//Финансовая аналитика: проблемы и решения. 2013. № 46.

④ 柳如眉：《俄罗斯为什么要提高退休年龄？——基于OLG模型的实证分析》，《俄罗斯东欧中亚研究》2018年第6期。

⑤ Васильева А. С. Васильев П. А. Функции пенсионного фонда Российской федерации в современных условиях//Социальные финансы. 2012. № 18. C. 39 – 48.

⑥ Чалаев Х. З. Нормотворческие полномочия пенсионного фонда Российской федерации//Вестник Уральского института экономики. 2017. C. 80 – 86.

⑦ Соколов Р. А. Необходимость реорганизации пенсионного фонда Российской федерации на основе разграничения его функций//Пробелы в российском законодательстве. 2014. № 3. C. 237 – 240.

定了良好的基础。鉴于此,本文将以俄罗斯养老基金的资金筹集状况作为研究的重点,以"税费"改革为突破口,梳理俄罗斯养老基金的缴费模式与费率调整历程,并从费率水平、缴费情况、服务范围等方面分析俄养老基金所面临的困境,探索俄养老基金出现赤字危机的深层原因。在此基础上,对俄政府所采取的延迟退休等改革措施进行剖析,以发现其在解决各方利益冲突方面所采取的成功经验及被民众所抵制的负面教训,这些对于正在艰难进行中的中国养老保险改革具有明显的启示意义。

以费率调整与职能扩展为核心的俄罗斯养老基金改革

随着俄罗斯养老保障制度的发展,俄罗斯养老基金的资金筹集模式发生了一系列改变。在这一过程中,俄养老保险的费率与征缴模式几经调整,养老基金的服务领域也不断得到扩展。

(一)以"税费"调整为主线的费率改革

独立之初,俄罗斯政府即设立了联邦养老基金,专门为养老保障提供可用资金,并规定了养老保险的缴费群体与相应的保险费率。但俄罗斯养老保险缴费体系在运行10年后因无法维持,于2001年被"统一社会税"取代。2009年,俄统一社会税的征收又出现种种问题,税务机构、养老基金管理委员会与社会企业等各方矛盾难以协调,俄又废除统一社会税,重新征收养老保险费。在这一过程中,俄罗斯养老保险的费率历经多次调整,联邦养老基金的收入结构也因此发生巨大变化。

1. 缴费严重短缺,俄"养老保险费"难以为继。1991年,俄罗斯对养老保险的缴费群体与相应费率予以明确规范,即俄罗斯企业与组织缴纳强制性养老保险的费率为28%。同时,少数群体能够享受优惠费率,如集体农场主的费率为20.6%,农民个人的费率为5%,拥有特权的企业雇主的费率为26%,残疾人服务协会等特殊组织不需缴纳养老保险费。

然而,经历了激进式改革后的俄罗斯经济极其脆弱,1998年金融危机的冲击更是雪上加霜,俄企业与居民再也无力承担如此高额的保险缴费,使21世纪初的俄罗斯养老基金面临一系列危机:(1)俄罗斯国内经济形势持续低迷,失业现象严重,过高的保险费率加重了企业负担,大大降低了企业的投资活力与运营效率;(2)企业拖欠缴费现象严重,2000年俄罗斯参与缴费的工资收入仅占社会工资总收入的35.8%;(3)基于养老基金基础较弱,再加上缴费不足导致的收入大幅度下滑,使俄居民的养老金替代率水平下降:1996年俄罗斯雇员的养老金替代率约为30.7%,2000年降至25.4%,四年间下降了21%①。

2. 以强制性税收代替缴费,俄"养老保险费"转变为"统一社会税"。为简化被保险人缴费程序、提高俄罗斯养老基金运作效率,同时解决缴费不足等方面问题,俄政府决定于2001年开始征收统一社会税②,以取代保险缴费。

依据2001年联邦法《俄罗斯联邦强制性养老保险法》(第167-Ф3号)以及《俄罗斯联邦劳动退休法》(第173-Ф3号)的规定,俄养老基金被划分为三个部分:基本养老金、养老保险金与养老储蓄金。其中,基本养老金直接进入俄联邦预算,用于支付当期退休人员的养老金。养老保险金与养老储蓄金则被转入职工养老基金个人账户,用于退休后养老金的发放。与养老保险金不同的是,养老储蓄金可由国家进行投资取得收益。2001年,俄统一社会税税率被确定为35.6%,虽然与此前的保险费相比降低了3个百分点,但转入养老基金的比例保持不变,仍为28%③。之后的九年间,俄罗斯养老保险的费率发生了数次调整。

(1)降低统一社会税税率,减轻企业税负,提高企业纳税积极性。2005年,俄将统一社会税税率大幅降至26%,养老保险的费率随之降至20%。费率的下调使得俄养老基金缴费收入大幅下滑,由2004年的9325亿卢布下滑至2005年的6356亿卢布,下降了32%。基金收入的下降迫使联邦财政增大转移支付,最终导致俄养老基金收入结构发生改变,联邦财政对养老保险的转移支付额由605亿卢布陡增至6931亿卢布,其占基金总收入的比重由6%上升至51.4%,增长了约7.6倍,缴费收入占基金总收入的比重则由91.8%下降至47.1%,下降了48.7%(见表1)。

(2)基本养老金、养老保险金和养老储蓄金缴费比率多次调整。俄养老保险费率发生改变的同时,其间的基本养老金、养老保险金和养老储蓄金缴费比率也随之多次调整。虽然俄罗斯不同年龄阶段的男性与女性职工享受不同的保险费率,但总体而言,俄基本养老金的费率持续下降,养老储蓄金的费率不

---

① 数据来源于俄罗斯联邦统计局官方网站。
② 《俄罗斯联邦税法典(第二部分)》规定,统一社会税旨在实现俄公民享有养老保障、医疗救助和社会保险的权利,统一为俄罗斯联邦养老基金、强制医疗保险基金和社会保险基金筹集资金。
③ 此处仅指适用于多数雇主缴纳的一般费率。

表1　2004—2005年俄罗斯联邦养老基金收入变化情况

联邦养老基金收入		2004年	2005年
缴费收入	费率（%）	28	20
	绝对额（亿卢布）	9325	6356
	占GDP比重（%）	5.5	2.9
	占基金总收入的比重（%）	91.8	47.1
联邦政府养老保险转移支付	绝对额（亿卢布）	605	6931
	占GDP比重（%）	0.4	3.2
	占基金总收入的比重（%）	6.0	51.4

资料来源：俄罗斯联邦统计局官网，http://www.gks.ru/。

断上升，养老保险金的费率基本保持稳定（见表2）。

表2　基本养老金、养老保险金、养老储蓄金的费率变化情况　　　单位：%

年份	基本养老金	养老保险金	养老储蓄金
2002	14	14①	2②3③
		12②	
		11③	
2004	14	14①	2②4③
		12②	
		10③	
2005	6	14④	4③
		10③	
2008	6	14④	6③
		4③	

注：①1952年之前出生的男性和1956年之前出生的女性；②1953—1966年出生的男性、1956—1966年出生的女性；③1967年及之后出生的公民；④1967年之前出生的公民。

资料来源：Н. Ю. Борисенко. Этапы реформирования пенсионной системы России. 2010.

3. 养老金收入失控，"养老保险费"再次取代"统一社会税"。2008年的金融危机给俄罗斯经济带来显著冲击，受其影响，俄罗斯养老保障也进入新的改革阶段。2010年，俄罗斯的统一社会税再次被强制性社会保险缴费所取代，其主要原因为：

（1）统一社会税的征税程序与税率由俄罗斯联邦税法规定，这意味着增加养老基金收入和改变税率的决定涉及养老保险基金会、联邦政府和税务总局等多个部门，而这些部门的目标并不总能达成一致，部门间利益的争斗使俄统一社会税的决策效率明显下降。

（2）俄政府原打算通过降低税率减少纳税人的影子收入，增加税收，但遗憾的是，这一目标并未实现，俄罗斯养老基金赤字问题愈加严重，迫使联邦财政不断加大对养老基金的转移支付。

（3）统一社会税的课征使俄养老基金会失去了对养老资金的控制权，其旗下的个性化养老金会计账户无法发挥应有的作用。

有鉴于此，2009年俄罗斯出台联邦法《关于俄罗斯联邦养老基金，社会保险基金，强制医疗保险基金保险缴款的规定》（第212-Ф3号），规定养老保险缴费的计算与征收由俄联邦养老基金管理委员会负责，雇主仍是保险费的主要承担者。与统一社会税相比，这一阶段俄罗斯的改革措施主要包含：

（1）提升强制性养老保险费率水平，将基本养老金部分累加至养老保险金。为避免危机中俄罗斯企业财务负担进一步加剧，2010年，俄养老保险的费率仍保持在20%的水平，养老基金的缴费收入为19290亿卢布。2011年，此费率上调至26%，俄养老基金缴费收入随之上升至28339亿卢布，与2010年相比增长约47%，其占基金总收入的比重也由4.2%增至5.1%。2012年，俄养老保险费率下调4个百分点，降至22%，其间养老基金缴费收入虽因工资基数增长绝对额上升至30404亿卢布，但其占GDP以及基金总收入的比重仍持续下降，分别降至4.5%、51.6%。

与此同时，俄联邦财政补贴的规模则随着费率水平的升降而反向运行。2011年，俄联邦财政对养老保险的转移支付规模随费率的提升由2010年的26484亿卢布减少至23842亿卢布，占基金总收入的比重由57.4%下降至45.4%；2012年随费率的下降上升至28195亿卢布，增长了18%，占基金总收入的比重增长到47.9%（见表3）。

表3　　　　2010—2012年俄罗斯联邦养老基金收入变化情况

联邦养老基金收入		2010年	2011年	2012年
缴费收入	费率（%）	20	26	22
	绝对额（亿卢布）	19290	28339	30404
	占GDP比重（%）	4.2	5.1	4.5
	占基金总收入的比重（%）	41.8	53.9	51.6
联邦政府养老保险转移支付	绝对额（亿卢布）	26484	23842	28195
	占GDP比重（%）	5.7	4.3	4.1
	占基金总收入的比重（%）	57.4	45.4	47.9

资料来源：俄罗斯联邦统计局官网，http://www.gks.ru/。

(2) 设置养老保险最高缴费限额。为防止退休人员养老金差距过于悬殊，俄罗斯于 2011 年开始设置养老保险最高缴费限额，并将最高缴费限额定为 41.5 万卢布，即该限额以下的年收入费率为 22%，超过该限额年收入费率为 0。2012 年此规定略有调整，即低于缴费限额的年收入部分按照 22% 的费率缴纳，超过缴费限额的年收入部分按照 10% 的费率缴纳，且缴费限额增加至 52.1 万卢布。之后，缴费限额逐年提升（见表 4）。

表 4　　　　　　　俄罗斯联邦养老基金缴费限额变化　　　　　　单位：万卢布/年

	2011 年	2012 年	2013 年	2014 年	2015 年	2016 年	2017 年	2018 年
缴费限额	41.5	51.2	56.8	62.4	71.1	79.6	87.6	102.1

资料来源：http://mvf.klerk.ru/spr/spr39_10.htm。

(3) 不再强制公众缴纳养老储蓄金。对于养老基金而言，设置养老储蓄金是为了更好地发挥养老资金的保值增值作用。但 2004 年至 2013 年，俄罗斯养老储蓄金每年的平均投资收益率为 6.94%，低于同期年均通胀率 2.4 个百分点[①]，使俄养老储蓄金基本不具有保值增值作用。为此，俄罗斯于 2015 年取消养老储蓄金的强制性缴费，即 1967 年及之后出生的职工不再必须为养老储蓄金缴纳养老保险费，可以自由选择是否参与养老储蓄金的积累。

（二）明确基本职能，扩展服务领域

进入 21 世纪后，俄养老基金的服务范围得到进一步拓展。2001 颁布的《俄罗斯联邦强制养老保险法》（第 167 - Φ3 号）将俄养老基金的基本职能确定为：为俄罗斯养老保障提供必要的资金来源，与非国有养老基金合作共同安置养老储蓄金等。但随着改革的深入，俄养老基金的服务领域得到一定程度的扩展，包括为其他社会付款提供资金、提供孕产（家庭）基金，具体如下。

1. 负责其他社会福利的资金供给。除提供养老资金以外，俄罗斯养老基金还负责其他社会福利的资金供给，比如养老基金每月发放的货币给付（ЕДВ）。依据俄罗斯 2004 年联邦法《关于俄罗斯联邦主体权力执行机构管理方面的一般原则》（第 122 - Φ3 号），由俄养老基金管委会各联邦主体分支机构负责每月对联邦受惠人的相关福利进行核定和发放，这些受惠人群包括俄罗斯退伍军人、残疾人和因辐射事故和核试验而接触辐射的公民等。

2. 发放孕产（家庭）基金（МСК）。孕产（家庭）基金（МСК）是俄罗

---

① 数据来源：俄罗斯联邦统计局官方网站，http://www.gks.ru/。

斯养老基金对俄罗斯家庭发放的另一补助。俄罗斯 2006 年出台的《关于有孩子家庭国家支持的补充措施》规定，自 2007 年起，对于具有俄罗斯公民身份的家庭来说，生育第二、第三及其后子女的家庭可得到孕产（家庭）基金资助，用于改善其住房状况、为子女提供教育经费，以及补充家庭中母亲养老金的累积资金。

据俄罗斯联邦养老基金官方网站统计显示，2017 年俄享受养老基金服务的养老金领取者超 4300 万名，超过俄经济活动人口（超 7600 万人）的一半。有 700 多万有子女家庭享受了家庭（孕产）基金资助，其中 90% 以上家庭使用该一次性补助改善住房条件。

四

收入不足致使俄罗斯养老基金问题丛生

实行"统一社会税"期间，俄罗斯养老基金的收入水平非但没有像预期那样大幅度提升，反而收不抵支，出现了较大规模的赤字。"统一社会税"因之被取消，"养老保险费"被重新推出。但是，由"税"转"费"并未使俄养老基金的困境获得立竿见影的摆脱，相应的缴费不足、收入结构偏离保险原则、支出负担沉重、养老储蓄金成"摆设"等问题依然存在。

（一）"影子收入"庞大，使养老基金赤字严重

根据 ACCA① 对全球影子经济发展的评估和预测研究报告，俄罗斯当前已进入全球最大影子经济五国②之列。2016 年俄罗斯影子经济③的规模达 336000 亿卢布，约为当年国内生产总值的 39%。庞大的影子经济对俄罗斯养老保险的足额缴费产生了极为不利的影响。

从总体规模来看，俄联邦养老基金出现赤字的频率并不高，除 2002 年出现过一次赤字外，再次出现赤字的时间为 2014 年。俄养老基金在 2014 年的赤字规模为 310 亿卢布，2015 年达到顶峰，为 5436 亿卢布；2016 年和 2017 年赤字规模有所降低，分别为 2044 亿卢布、593 亿卢布（见图 1）。但若刨除联邦财政转移支付，则自 2005 年起俄养老基金就一直处于赤字之中，且规模逐

---

① ACCA：英国特许公认会计师公会。
② 其他四个国家分别为阿塞拜疆、尼日利亚、乌克兰和斯里兰卡。
③ 影子经济是指一种经济活动，从中获得的收入被称为"影子收入"，这种收入不处于国家调控、税收或是国家监管体系中。

年扩张（见表5）。

与此同时，俄影子收入呈不断上升态势，带来的缴费损失也不断扩大。2011年，俄影子收入造成的基金收入损失约为15570亿卢布，比当年养老基金赤字还要高出3097亿卢布；2014年，由影子收入造成的养老基金收入损失达到最大值23174亿卢布，超出当年养老基金赤字6054亿卢布。2015年后，俄养老基金赤字进一步扩大，2016年为24588亿卢布，同年影子收入造成的基金损失几乎与其相当，为22743亿卢布。显然，俄罗斯影子收入对养老基金带来的影响不容忽视，倘若这一问题能够得到一定程度的解决，则不仅能弥补大量养老基金赤字，还能明显缓解联邦财政支出压力。

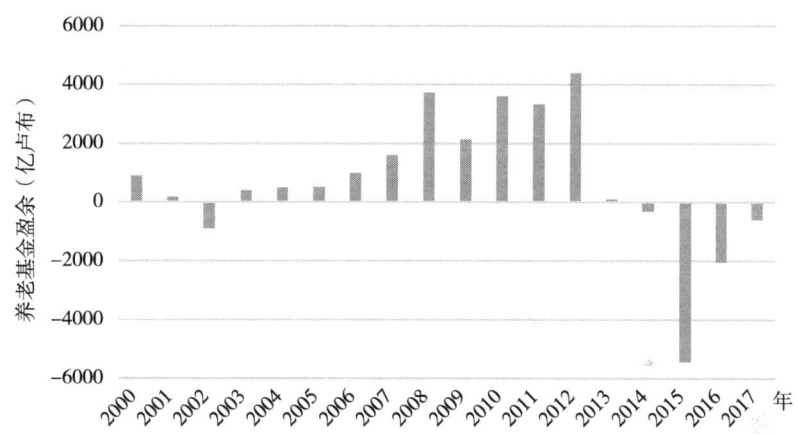

图1　俄罗斯养老基金资金盈余情况

资料来源：俄罗斯联邦统计局，http://www.gks.ru/。

表5　　　　　俄罗斯隐性收入对养老基金收入的影响　　　　单位：亿卢布

年份	强制养老保险缴费收入	支付养老金的支出	盈余（+）/赤字（-）	俄罗斯隐性收入占GDP的比重	影子收入导致的养老基金收入短缺估计
2011	28339	40812	-12473	10.7%	15570
2012	30404	45240	-14836	11.3%	16946
2013	34590	52500	-17910	12.1%	19468
2014	36940	54060	-17120	13.3%	23174
2015	38644	62006	-23362	11.6%	21280
2016	41449	66037	-24588	12.0%	22743

资料来源：根据俄罗斯联邦统计局、俄罗斯联邦养老基金年度报告相关数据整理与计算得出。

(二)政府补贴近半,养老基金收入偏离保险原则

俄罗斯《预算法典》规定,俄罗斯联邦养老基金的预算收入包括强制性养老保险费、附加保费等①九项收入。在近20年的改革进程中,俄政府始终强调,养老保障制度要充分遵循保险原则,俄养老基金的收入应以保险收费为主。2001年,俄养老保险缴费收入占养老基金总收入的比重为94%②。但2005年费率调整后,俄政府转移支付占养老基金总收入的比重逐步增大。2017年,俄政府养老保险转移支付占养老基金总收入的比重为44.56%,达到近五年最大值(见图2)。

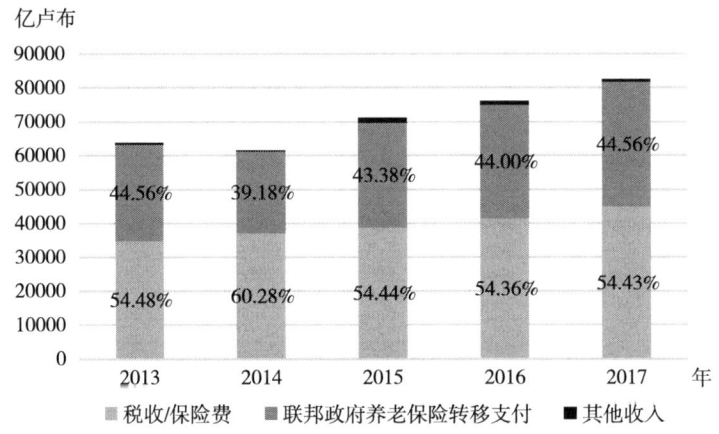

图2 俄罗斯联邦养老基金收入组成

资料来源:俄罗斯联邦统计局,http://www.gks.ru/。

在缓解俄养老基金赤字方面,俄联邦财政转移支付发挥了巨大作用。2017年,俄养老保险缴费收入占GDP总额的比重仅为4.9%,而养老基金支出占GDP总额的比重为9.1%,其中约90%的基金收支缺口是依靠财政转移支付予以弥补的,俄联邦财政对养老保险的转移支付达到GDP的4%,使俄养老保障

---

① 《预算法典》第一百四十六条规定了俄罗斯联邦养老基金预算收入的项目:(1)强制养老保险费;(2)累计部分养老金的附加保费以及雇主对支付附加保费的被保险人的补偿款项;(3)民用航空飞机机组人员的缴费记入俄罗斯联邦养老基金;(4)对俄罗斯联邦养老基金形成的欠款、罚款以及滞纳金;(5)组织或个人的无偿捐助;(6)被转移到俄罗斯联邦养老基金的联邦预算的政府间转移;(7)非国家养老基金的转移款项;(8)煤炭行业支付的款项,用于支付这些行业某些特殊类别员工养老金的附加费;(9)其他资金来源。

② 数据来源于俄罗斯联邦统计局网站,http://www.gks.ru/。

明显偏离保险原则（见表6）。

表6　　　　　　　俄罗斯养老保障资金占GDP比重　　　　　单位:%

年份	养老基金收入			养老基金支出
	收入总额	税收/保险费	联邦政府养老保险转移支付	
2001	5.9	5.5	0.4	5.8
2005	6.2	2.9	3.2	6.0
2010	10.0	4.2	5.7	9.2
2011	9.4	5.1	4.3	8.8
2013	8.7	4.8	3.9	8.7
2015	8.5	4.7	3.7	9.2
2017	9.0	4.9	4.0	9.1

资料来源：俄罗斯联邦统计局，http://www.gks.ru/。

（三）服务领域扩大，养老基金支出负担沉重

对于任何一个国家而言，养老基金的主要目的就是为退休人员提供高水平的养老金，以减轻老年人的贫困程度、提高老年人生活的舒适度，对俄罗斯来说也是如此。但如今，俄罗斯养老基金的许多职能已超出养老范畴，例如给社会中特定类别公民的社会付款、为联邦主体社会服务组织提供资金援助等（见表7）。

表7　　　　俄罗斯联邦养老基金的社会服务职能

职能	服务项目	服务数量		支出额（亿卢布）	
		2013年	2016年	2013年	2016年
社会福利	每月现金支付（ЕДВ）：受益者为被任命为战争退伍军人、伟大卫国战争的参与者和残疾人以及他们的家庭成员，受辐射事故和核试验影响的公民、残疾人、残疾儿童和某些其他类别的公民； 照顾残疾公民的费用； 为卫国战争的参与者提供额外的物质支持（ДЕМО）； 对做出杰出贡献者的额外物质支持（ДМО）； 北方地区无工作养老金领取者的旅行费用和搬迁费用	1620万人	3980万人	3661	5720

续表

职能	服务项目	服务数量		支出额（亿卢布）	
		2013年	2016年	2013年	2016年
为各联邦主体分支机构的社会服务组织提供资金援助	社会服务机构的建设与重建费；修复社会服务机构的费用；为社会服务机构购置设备和耐用品的费用；为社会服务机构购买车辆的费用；养老金领取者的计算机培训费；对养老金领取者因遭受自然灾害与紧急情况造成的损害进行赔偿	—	—	10.0	11.1
孕产（家庭）基金	当一个俄罗斯家庭中的第二个或任何下一个孩子自2007年1月1日出生或领养时，联邦养老基金作为孕产（家庭）基金的管理者，颁发国家孕产（家庭）基金证书，并根据家庭的选择，将资金用于改善生活条件、儿童教育和母亲养老金的形成	78.6万份	92.48万份	2375	3129

资料来源：俄罗斯联邦养老基金年度报告，Годовой отчет пенсионного фонда России。

由表7可以看出，2013年，俄养老基金管理委员会为1620万人提供了社会福利支持，接受了78.6万份孕产（家庭）基金证书申请；至2016年，领取社会福利的人数增加到3980万人，孕产（家庭）基金证书的申请数量也上升到92.48万份，这些工作直接导致基金会工作量上升一倍，基金会工作负担明显加重。

此外，这些社会服务职能的支出额也在不断增加，将其与养老资金的正常支出区分开来，可发现，俄养老基金的财政补贴压力有相当一部分来自于这些附加服务职能。如图3所示，2017年，在俄联邦财政向养老基金转移支付的36773亿卢布中，用于支付社会服务职能的占到22.3%。也就是说，对于俄罗斯养老基金来说，大约1/4的财政压力来自于其附加的社会服务职能。从表7所列具体支出项目来看，这些职能只有极少数与改善俄罗斯公民老年生活有关，若是剥离这部分附加职能，则俄养老基金的支出压力会明显减轻。

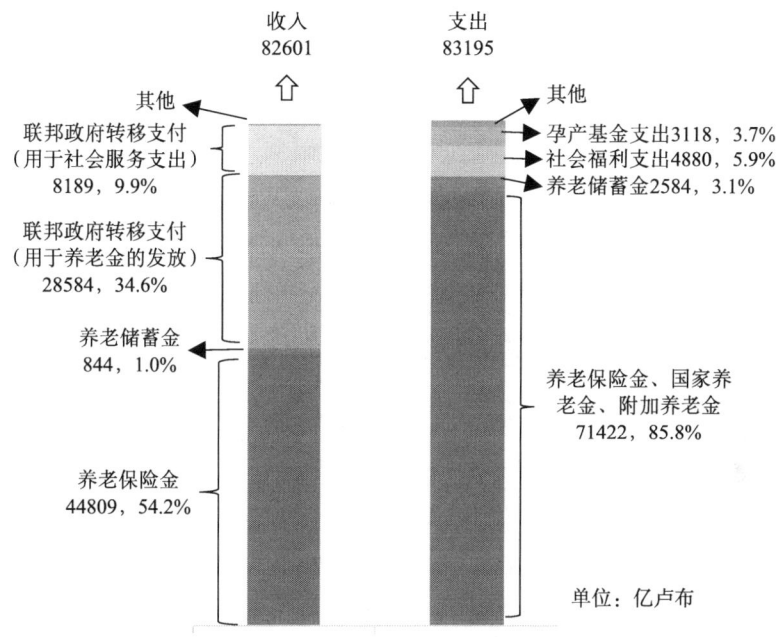

图 3　2017 年俄罗斯联邦养老基金预算收入与支出结构

资料来源：俄罗斯联邦养老基金年度报告，Годовой отчет пенсионного фонда России。

（四）公众参与度骤降，养老储蓄金沦为"摆设"

俄罗斯的"养老储蓄金"经历多次调整，由最初的强制性参与到之后的国家共同出资计划①，再到非强制性自愿参与，虽然倍受重视，但其对俄养老基金发挥的资金累积作用并不明显。

1. 养老储蓄金规模偏小。近三年来，俄养老基金养老储蓄资金占 GDP 的比重仅上升 0.4%。截至 2017 年底，俄罗斯的累积养老资金约占当年 GDP 总量的 6.1%（见图 4），与同样实行累积养老保障制度的发达国家相差较大，仅为英国水平的 1/17，为加拿大水平的 1/14。即使与一些新兴市场经济国家相比，也存在一定差距，为墨西哥水平的 1/3，为韩国水平的 1/2。虽然俄罗斯

---

① 俄罗斯养老保障制度的共同筹资体系是在 2008 年开始实行的，旨在鼓励俄罗斯公民积极参与建立自己的养老金积累，并获得未来养老金的经济利益。根据第 56 - Ф3 号《关于给劳动退休金积蓄部分的补充保险缴费和对建立养老金积蓄的国家支持》联邦法，若被保险人在一年内自愿缴纳 2000 卢布及以上的养老储蓄金以资助累积部分的养老金，那么国家会以同样的数额资助其养老储蓄金，但补助金额不能超过每年 12000 卢布。

养老基金的筹资模式一直沿着由现收现付制向部分积累制的方向改革,但就目前状况看,俄罗斯的养老基金仍然是以现收现付制模式为主。无论是与自身近几年状况的纵向对比,还是与其他国家的横向对比,都可以看出俄罗斯养老储蓄金发挥的作用极为有限,且提升的动力明显不足。

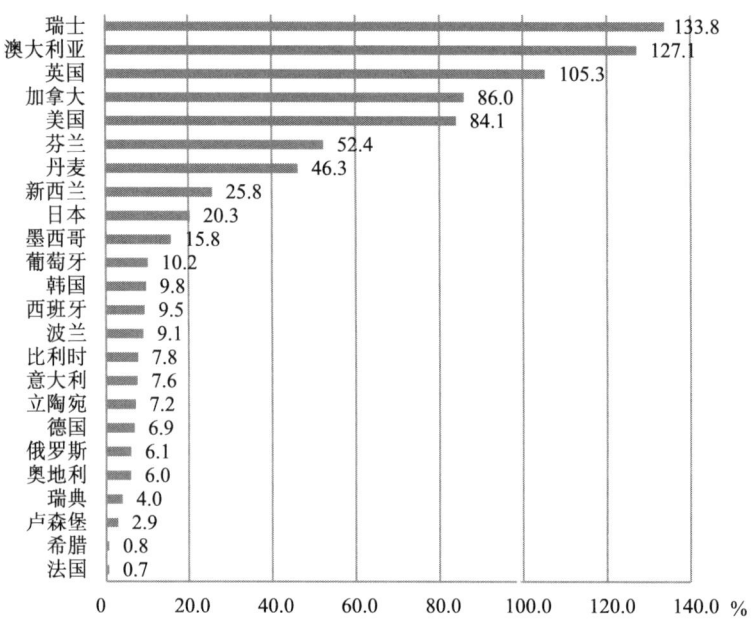

图 4　2017 年各国累积养老资金占 GDP 的比重

资料来源:OECD statistics,https://stats.oecd.org/.

2. 俄罗斯居民参与养老储蓄金积累的积极性大幅降低。截至 2013 年底,俄罗斯强制性养老储蓄金的参与人数为 7900 万人,2014 年达到 8020 万人。但自 2015 年俄当局宣布养老储蓄金可自愿参加后,其参与人数在之后的两年开始下滑。2017 年底,养老储蓄金的参与人数降至 7670 万人,与 2014 年相比减少了 350 万人。

以解决筹资问题为重点的俄罗斯养老基金改革方向

依据 2018 年联邦法《关于俄罗斯联邦养老基金某些立法的修正案》(第 350 - Φ3 号),俄罗斯将于 2019 年至 2028 年间开始逐步提高劳动者的退休年龄。俄罗斯期望提升退休年龄会使俄养老基金的收入增长 7.8 万亿卢布,至

2030 年，俄政府将不再需要向养老基金拨付补贴①。此外，取消养老储蓄金将成为俄罗斯下一步改革的趋势，以进一步减轻俄联邦财政负担。

（一）坚持保险原则，增加基金收入

针对养老基金收入不足的问题，俄政府的解决方案可分为以下三个方面。

1. 提高费率水平，提升缴费收入。从理论上来看，解决养老基金收入不足问题最直接的办法就是提高养老保险的费率水平，但这是一项极不得人心的方案，原因在于，与世界上大多数国家相比，俄罗斯养老保险费率偏高，但给付水平偏低。以 OECD 成员国为例，2018 年 OECD 成员国平均养老保险费率为 19.1%，较俄罗斯 22% 的费率水平平均低近 3 个百分点，其中部分国家，如韩国、澳大利亚、加拿大的养老保险费率分别为 9.0%、9.5%、9.9%，则远低于俄罗斯的费率水平（见表 8）。

表 8　　　　2018 年部分国家强制性养老保险费率　　　　单位：%

国家	养老保险费率	国家	养老保险费率
墨西哥	6.5	日本	17.5
韩国	9.0	法国	18.3
澳大利亚	9.5	德国	18.9
加拿大	9.9	瑞士	22.3
英国	11.4	瑞典	22.9
美国	12.4	意大利	33
丹麦	13.4	OECD 国家平均值	19.1
比利时	16.4	俄罗斯	22

注：鉴于数据的可获得性，该表仅列出了部分 OECD 成员国以及俄罗斯强制养老保险费率。
资料来源：OECD 官方网站，http://www.oecd.org/。

在保险费率偏高的情况下，俄罗斯居民的养老金给付水平却明显偏低。（1）养老金替代率与目标值存在显著差距。2012 年 12 月 25 日，俄联邦政府《俄联邦养老体系长期发展战略》（2524 号令）将俄罗斯养老金替代率目标定为 40%，但截至 2016 年，俄罗斯居民的养老金替代率仅为 33.7%。（2）与 OECD 成员国相比，俄养老金替代率明显偏低。2016 年 OECD 国家的养老金替

---

① 童伟、马胜楠：《俄罗斯政府稳定运营的财税基础：规模与结构》，《欧亚经济》2019 年第 1 期。

代率平均水平为58.7%，约为俄罗斯的两倍。OECD成员国中仅有四个国家的养老金替代率低于俄罗斯，其余80%的OECD国家均高于俄罗斯（见图5）。

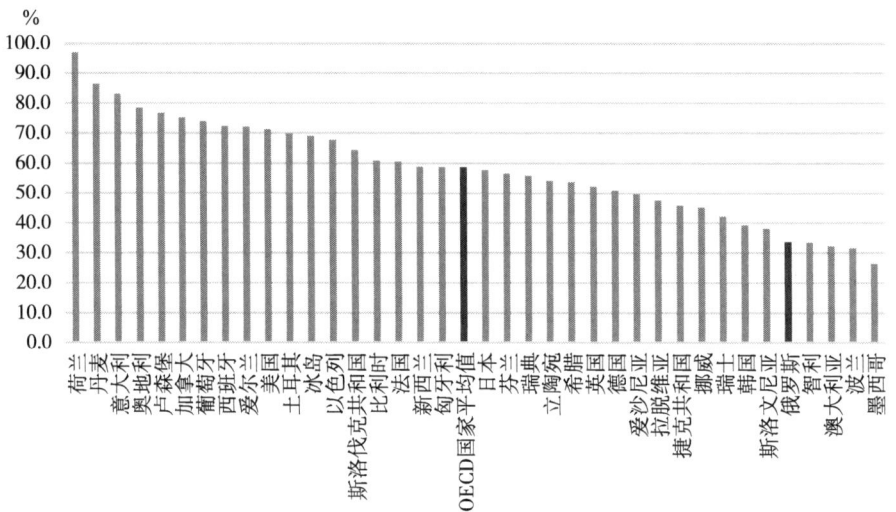

图5　2016年OECD各国与俄罗斯联邦养老金替代率对比

资料来源：OECD statistics, https://stats.oecd.org/.

由以上分析可以发现，俄罗斯养老保障的低水平和高费率，使俄养老基金面临巨大压力，提高养老金水平与降低费率的矛盾越来越尖锐。

由此，在费率偏高、养老保障水平偏低的情况下，提高费率会明显加重居民负担，损害公众利益，该方案显然不得人心，这一改革方案也因此难被接受。

2. 加强监管力度，克服缴费短缺。俄罗斯养老保险费的少缴与漏缴已成为养老基金面临的严峻问题，这一问题不仅造成养老福利的低水平，还迫使养老基金面临严峻的收支失衡，因此加强监管，减少影子收入是一项十分必要又十分艰巨的任务。2016年，俄罗斯颁布联邦法案《关于俄罗斯养老保险费、社会保险费以及强制医疗保险费的管理权移交给税务机关的俄罗斯联邦税法第一部分和第二部分修正案》（第243-Ф3号），规定从2017年1月1日起，俄税务机构接收养老保险费的缴费报告，监控保险费的正确计算与及时支付，但养老基金会旗下的个性化养老金账户仍然发挥作用。该措施的主要目的是加强俄保险费的征收力度，缓解缴费不足的困境。

3. 延迟退休年龄，增加缴费人群。为了增加缴费收入在养老基金总收入中的比重，自2019年起，俄罗斯开始逐步延迟退休年龄，改革将在10年的过渡期内分阶段进行。2028年，俄罗斯职工的退休年龄将分别提高5岁，男性提高到65岁，女性提高到60岁（见表9）。在俄实行新政策的前两年内，即在2019年和2020年退休的职工（1964年至1965年出生的女性、1959年至1960年出生的男性）可以享受适应期的特殊福利——在新的退休年龄（女性为55.5岁、男性为60.5岁）到来之前的6个月，提前预约养老金。

表9　　　　　　俄罗斯退休职工延迟退休年龄的过渡阶段

性别	出生年份	退休条件		
		年龄	年份	缴费年限
女性	1964（上半年）	55.5	2019（下半年）	10
	1964（下半年）	55.5	2020（上半年）	11
	1965（上半年）	56.5	2021（下半年）	12
	1965（下半年）	56.5	2022（上半年）	13
	1966	58	2024	15
	1967	59	2026	15
	1968	60	2028	15
男性	1959（上半年）	60.5	2019（下半年）	10
	1959（下半年）	60.5	2020（上半年）	11
	1960（上半年）	61.5	2021（下半年）	12
	1960（下半年）	61.5	2022（上半年）	13
	1961	63	2024	15
	1962	64	2026	15
	1963	65	2028	15

资料来源：俄罗斯联邦养老基金官方网站，http://www.pfrf.ru/。

与此同时，俄罗斯还将提高居民的养老金水平。自2019年1月1日起，俄罗斯居民的养老金平均每月增加1000卢布。其中，无正式工作的居民养老金水平达到每年1.2万卢布，有工作的居民养老金水平为每年1.54万卢布。

（二）取消养老储蓄金，建立个人养老金

面对养老储蓄金运行的低效率，俄联邦养老基金管理委员会于2014年宣布暂时冻结养老储蓄金。2018年11月，俄罗斯国家杜马批准继续冻结养老储蓄金法案，并指出冻结措施已经为联邦节省了约2万亿卢布的财政资金，且在其后持续至2021年的冻结期内还会继续节省6000亿卢布。可见，俄养老储蓄金已经有名无实，且有可能成为历史。

2016年,俄罗斯提出建立个人养老金体系(ИПК),即个人工资的一定比例将被自动划分至非国有养老基金中,若不愿参加该计划,则需提交申请。最初,俄罗斯财政部计划于2019年启动个人养老金体系,然而由于社会集团强烈反对,加上政府内部的分歧,该启动计划没有成功。2018年,俄政府再次提出希望于2021年开始实施个人养老金计划。

(三)进一步明确养老基金服务范围

当前,不少俄罗斯学者指出,俄罗斯联邦养老基金同时承担着提供养老保障资金、家庭孕产基金、社会福利资金、为各分支机构提供援助资金等方面的服务,其中包含了许多超出其直接授权的职责,这些服务严重影响了俄养老基金职能的正常发挥。对此,部分学者认为,附加的社会服务资金应由特定的组织或机构进行管理,俄养老基金的附加职能应当被剔除,因为职能的重新分配不仅能大大减轻俄养老基金的财务负担,还能够在一定程度上提升基金的运行效率。

六

俄罗斯养老基金改革的思考与启发

我国实行社会统筹与个人账户相结合的养老保障制度以来,养老保险基金的发展取得了一定成绩,保障覆盖面不断扩大、养老基金累计结余逐年上升。但是,在人口老龄化的背景下,我国的养老保险基金仍然存在一些不容忽视的问题:个人账户"空账"现象严重、养老保险基金的管理主体混乱、法律基础薄弱等。梳理俄罗斯养老基金改革历程,本文认为可以借鉴如下几点经验。

(一)明确养老基金的使用目标、提升统筹层次,提升资金管理效率

2016年,我国基本养老保险基金在社会保险基金中所占的比重约为71%①。但管理效率低下使如此庞大的养老资金运营状况问题重重。目前,我国养老保险基金存在统筹层次低、保费的征缴与各项管理分散等方面的问题,

---

① 数据来源:《中国劳动统计年鉴2017》。

加上部分地区多头管理,导致养老保险费缓缴、漏缴甚至挪用现象严重。这些问题对养老基金本身的财务状况与退休职工的合法权益都造成了严重损害。

反观俄罗斯,在养老基金的管理方面,俄政府建立了俄罗斯联邦养老基金管理委员会,明确了养老资金的性质,并颁布禁令,严禁从联邦养老基金预算中拨出资金用于其他目的。因而,无论是养老保险的"收费"阶段还是"征税"阶段,俄养老基金管理委员会都享有负责俄罗斯养老资金运作的全权,大大提升了养老基金的管理与运行效率。

(二)新退休政策的实施应当充分考虑职工权益

我国现行的退休政策延续的是1978年制定的标准,即男性职工的退休年龄为60周岁,女性职工为50周岁,女性干部则为55周岁。与OECD国家的退休年龄相比,我国职工的退休年龄整体较低。虽然我国没有正式实施延迟退休政策,但已有不少学者提出延迟退休年龄的必要性。不过,有相关调查显示,绝大多数职工并不支持延迟退休政策。

因此,在充分考虑多数职工权益的基础上推行该政策还是很有必要的。例如,在迫不得已的形势紧逼下,俄罗斯政府提出了多项建议,以减缓延长退休年龄对劳动者福利和情绪的冲击:第一,退休年龄分阶段延长;第二,采取强制措施高度保障即将达到退休年龄的劳动者的就业权;第三,对于矿工、化工厂工人等特殊工种,保留原先的优惠措施;第四,之前规定的退休者享受不动产和土地税优惠,以及各地区退休者享受的交通费、住房和公用事业费、药品价格等优惠,依然从男性60岁、女性55岁起算,直到退休制度改革完成;第五,提高退休居民的养老金水平,保障老年人的养老金权益。

(三)重视法律的颁布与实施

到目前为止,我国尚无专门的养老基金法,政府出台的多数是实施办法与细则。仅有2010年发布的《社会保险法》涉及养老保障,但也只是停留在较为宏观的层面,对于基金管理的许多细节并无涉及。而在俄罗斯强制性养老保险改革的过程中,总统先后签署了10多部联邦法规,如在独立初期,俄出台了专门对联邦养老基金进行规范的《俄罗斯联邦养老基金条例》。又如在俄养老保险的征税时期,统一社会税通过《税法典》予以规范;在养老保险缴费时期,俄政府又出台了联邦法《关于俄罗斯联邦养老基金,社会保险基金,强制医疗保险基金的保险缴款》。这些法律为俄联邦养老基金的发展与保费的征收提供了详细的准则与规范，推动了改革的深入。

在当前社会人口结构大幅变化、国际形势起伏不定的大环境下，对于"养老"这一世界性难题，俄罗斯联邦养老基金仍然面临诸多挑战。而对中国来说，养老基金的改革既艰难又紧迫，俄罗斯的做法虽不适合被我国全盘吸收，但完全可以借鉴其经验，取其优处、避其不足，使我国在改革过程中少走弯路，加快养老保险改革的步伐。

参考文献

[1] 高际香：《俄罗斯养老保障制度改革困境与前景展望》，《俄罗斯学刊》2017年第3期。

[2] 李炜：《俄罗斯的老年问题及退休金制度》，《中国人口科学》2004年第1期。

[3] 李新、А. Е. Карлик：《中俄社会保障制度问题：比较分析》，北京交通大学出版社2010年版。

[4] 柳如眉：《俄罗斯为什么要提高退休年龄？——基于OLG模型的实证分析》，《俄罗斯东欧中亚研究》2018年第6期。

[5] 陆南泉：《俄罗斯经济二十年》，社会科学文献出版社2013年版。

[6] 童伟、[俄] 伊戈里·戈尔基：《俄罗斯养老保障制度改革：现状、问题及前景》，《俄罗斯东欧中亚研究》2013年第1期。

[7] 童伟、马胜楠：《俄罗斯政府稳定运营的财税基础：规模与结构》，《欧亚经济》2019年第1期。

[8] 肖来付：《普京时期俄罗斯养老保险制度改革的新进展及其启示》，《市场与人口分析》2007年第5期。

[9] Андреева О. В. Суховеева А. А. К вопросу о сбалансированности бюджета пенсионного фонда Российской федерации//Финансовые Исследования. 2007. № 14.

[10] Борисенко Н. Ю. Этапы реформирования пенсионной системы России//Финансы и кредит. 2010. № 3.

[11] Васильева А. С. Васильев П. А. Функции пенсионного фонда Российской федерации в современных условиях//Социальные финансы. 2012. № 18. С. 39 – 48.

[12] Ерофеева С. С. Институциональные проблемы реформирования системы пенсионного обеспечения в России//Известия Российского государственного педагогического университета им. А. И. Герцена. 2010. С. 290 – 294.

[13] Кучерков Н. С. Пенсионная система России: состояние и пути реформирования//Финансы: Теория и Практика. 2001. № 4.

[14] Мальцев Д. Б. Эффективность администрирования страховых взносов и перспективы развития пенсионной системы//Вестник Томского государственного университета. Экономика. 2014. № 1. С. 104 – 114.

[15] Мамий Е. А. Новиков А. В. Анализ эффективности функционирования рынка негосударственного пенсионного обеспечения//Финансовая аналитика: проблемы и решения. 2013. № 46. С. 31 – 38.

[16] Соколов Р. А. Необходимость реорганизации пенсионного фонда Российской федерации на основе разграничения его функций//Пробелы в российском законодательстве. 2014. № 3. С. 237 – 240.

[17] Сухорукова Е. В. Пенсионная система России: проблемы и перспективы реформирования//ЭТАП: экономическая теория, анализ, практика. 2010. С. 122 – 138.

[18] Федотов Д. Ю. Исполнение пенсионных обязательств российскими работодателями//Известия Уральского государственного экономического университета. 2013. С. 69 – 74.

[19] Чалаев Х. З. Нормотворческие полномочия пенсионного фонда Российской федерации//Вестник Уральского института экономики. 2017. С. 80 – 86.

[20] Чернышова О. Н, Полунин Л. В. Современная пенсионная реформа в России: мотивации и цели//Социально – Экономические Явления и Процессы. 2013. № 12.

[21] Yermo, J. The role of funded pensions in retirement income systems: Issues for the Russian Federation. OECD Working Papers on Finance, Insurance and Private Pensions, No. 27, 2012.

俄罗斯医疗卫生资金筹集：问题、改革与启示*

宁小花

摘要： 全民健康覆盖是近年来国际卫生组织以及世界各国在卫生运动和卫生政策领域的热词，更是"可持续发展目标"下的全球承诺。一个国家的医疗卫生筹资体系作为医疗卫生系统中最核心的组成部分，是实现全民健康覆盖的重要基础条件。俄罗斯作为一个财政收入并不十分充裕的国家，却能在促进经济发展的同时，不断加大公共医疗卫生投入，将有限的财力优先用于全民健康覆盖，走出一条全民免费医疗之路，并取得良好的医疗卫生服务普惠效果，其在医疗卫生服务的顶层设计、制度建设、多渠道筹资等方面的经验及教训值得深思。文章基于全民健康覆盖视角，希望通过对俄罗斯医疗卫生保障的发展历程、组织管理、筹资体系及其公平性进行全面剖析，为我国基本医疗卫生服务均等化的实现提供可资借鉴的思考。

[作者简介] 宁小花，中央财经大学财经研究院博士研究生，助理研究员。

* 本文受教育部区域与国别研究中心"俄罗斯东欧中亚研究中心"、教育部哲学社会科学研究重大课题攻关项目"中国经济发展新常态的内涵、特征及其演变逻辑研究"（15JZD011）、中央财经大学"一带一路"专题研究项目支持。

关键词： 全民健康覆盖；俄罗斯卫生筹资；公平性

引言

促进与保护健康对于经济与社会持续发展不可或缺，也是世界各国一直在努力追求的人类福祉。早在 70 年前，《世界卫生组织宪章》就明确提出健康是人人应该享有的基本权利。1978 年，《阿拉木图宣言》指出，"人人享有卫生保健"不仅有利于提高生活质量，同时也有利于世界和平与安全。2005 年在第 58 届世界卫生大会上，WHO 各成员国以健康人权与全民健康策略为基础，首次正式提出了全民健康覆盖（Universal Health Coverage，UHC）的概念，并提议通过建立更加公平有效的筹资体系，促进全民健康覆盖的实现（WHO，2005）。2010 年，世界卫生报告《卫生系统筹资：实现全民覆盖的道路》对全民健康覆盖的现状和实现途径进行了阐述，并指出要探索适合各国的卫生筹资体系以更快地实现全民健康覆盖这一目标（WHO，2010）。2012 年第 65 届世界卫生大会以"走向全民健康覆盖"主题，指出全面覆盖是公共卫生能够提供的一个最强有力的概念，是所有政策选择最有力的社会均衡器之一，也是社会公平性的最终体现。2013 年世界卫生报告《全民健康覆盖研究》呼吁各国根据实际情况制定符合国情的全民健康覆盖体系，促进确保其公民得到所需的卫生服务，不会因支付费用而遭受财务困难（WHO，2013）。2017 年，世界银行和世界卫生组织联合发布的《2017 年全球监测报告：跟踪全民健康覆盖》报告敲响了世界健康的警钟，指出没有全民健康，2030 年世界就无法实现消除贫困的目标。2018 年，第 69 个世界卫生日再次强调"全民健康覆盖"的主题，旨在引起世界各国对卫生、健康工作的关注。可以说，40 年来，在"所有人都应当享有所需要的有质量的卫生服务，并且不因利用这些服务出现经济困难"这一全民健康覆盖的信念支持下，全民健康覆盖（UHC）已经成为国际卫生组织以及世界各国在卫生运动和政策领域的热词，甚至成为"可持续发展目标"下的全球承诺。

根据 2010 年世界卫生报告《卫生系统筹资：实现全民覆盖的道路》中关于全民健康覆盖的阐述，全民健康覆盖主要涵盖三项内容：覆盖多少人口，包含多少服务，需要多少费用（见图 1）。相对应地，当前对 UHC 测量引用最多的也是世界卫生组织提出的指标：人口覆盖、服务覆盖和费用覆盖。而实现全民健康覆盖的两个关键要素就是获得关键卫生服务的经济可及性以及为使用卫生服务的人们提供经济风险保护的程度，也就是卫生筹资体系（WHO，

2010)。不同收入水平国家的卫生筹资体系不同,从而对其卫生服务的公平性、可及性以及健康产出都会产生一定影响。正如诺贝尔经济学奖得主阿玛蒂亚·森(2006)所说,健康实际上是一种能力,又是发展的手段。一个国家的医疗卫生筹资体系及其提供的医疗卫生服务不仅与百姓健康密切相关,而且直接关系到国家的人力资本、经济发展和社会稳定。

近年来,我国政府逐渐意识到全民健康覆盖的重要性,不断扩大政府卫生支出(见图2),采取了一系列措施切实提高医疗卫生服务的公平程度,并在2018年第71届世界卫生大会上提出将全民健康覆盖置于优先发展的战略地位。然而,相对于快速增长的GDP来说,我国在公共卫生服务方面的发展明显滞后,诸多问题依然突出:政府卫生支出占财政支出总额的比重还比较低,相当一部分医疗支出依然由社会和个人承担;"看病贵、看病难"仍是老百姓最为关注的社会民生问题;各地区公共卫生投入不平衡,公共卫生服务均等化难以实现,提高医疗卫生服务的公平性、可及性、便利性任重而道远。

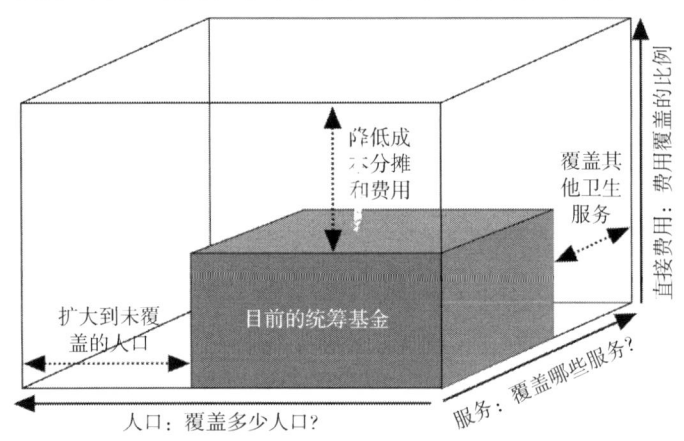

图1 实现全民覆盖需要考虑的三个方向

资料来源:2010年世界卫生报告《卫生系统筹资:实现全民覆盖的道路》。

事实上,有着相似发展背景、相近发展历程的中国和俄罗斯,两国公共卫生投入都承袭苏联模式下的医疗保障制度,但随着两国改革发展路径的不同选择,中俄两国对医疗卫生服务体系也开展了一系列截然不同的改革。中国以先试点再扩大的方式渐进式推进改革,而俄罗斯采取的则是"小步快跑"的激进式改革(汪金峰、申凯、张克泽,2014),尤其是普京开始的"医疗优先"改革,彻底改变了俄罗斯的基本医疗卫生服务面貌。2013年10月8日,俄罗斯卫生部长在一个医疗媒体论坛上再次重申,俄罗斯公民在俄罗斯联邦境内将可永远免费享受医疗服务,而且医疗服务项目每年都会增加。尽管外界存在对

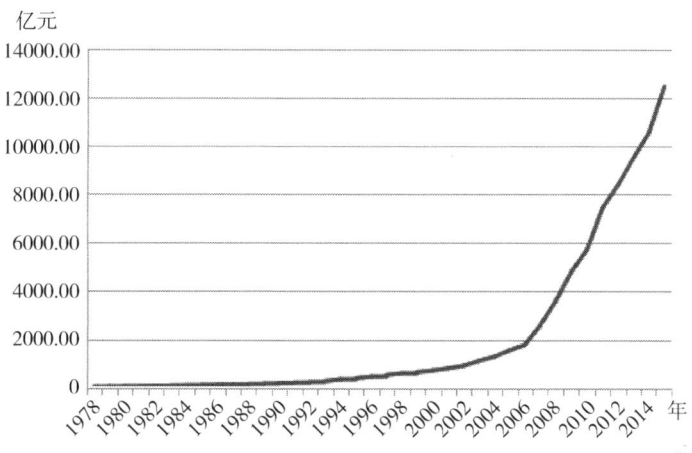

图 2　近年来我国政府卫生支出情况

资料来源：《中国统计年鉴》。

俄罗斯"免费医疗"的诸多质疑，但总体来看，经过 20 多年的改革与发展，俄罗斯人均预期寿命已从 20 世纪 90 年代初的 63.8 岁提升到 2015 年的 71.4 岁，人口自然增长率由 2000 年的 -0.0066% 提高到 2015 年的 0.003%，婴儿死亡率也由 1993 年的 0.0199% 下降到 2017 年的 0.0052%，孕产妇死亡率自 2011 年以来几乎减半……在这些数据面前我们必须承认，俄罗斯在医疗卫生服务领域的财政投入已取得了良好成效，其国民医疗水准得以快速提高。

那么，俄罗斯的医疗卫生服务改革究竟是如何发展的？卫生筹资是如何实现的？其公平性、普惠性到底如何？对我国未来基本医疗卫生服务体系建设以及全民健康覆盖目标的实现具有哪些启示？本文希望通过对俄罗斯医疗卫生筹资体系的分析、总结，为我国基本医疗卫生服务均等化的实现提供一个可资借鉴的思考。

俄罗斯医疗卫生保障体系的建立与发展

一个运作良好的医疗卫生保障体系是实现全民健康覆盖的基础和前提，因此了解俄罗斯医疗卫生保障体系的发展历程、组织管理架构、筹资来源是非常必要的。经过 20 多年的改革发展，俄罗斯医疗卫生体系已从集中、综合、分层的管理模式逐渐过渡到分散、竞争、以保险为基础的管理模式，为提高俄罗斯医疗卫生服务的可及性和公平性奠定了良好的基础。

(一) 俄罗斯医疗卫生保障体系的发展历程

苏联解体后，随着社会经济体制的根本性变化，俄罗斯医疗卫生保障体系也开始了一系列改革，其经过了以下几个阶段的发展和改革。

1. 苏联时期。苏联时期的医疗系统采取的是一种高度集中的社会主义模式，各医疗机构由苏联卫生部统一领导，医疗卫生事业各项政策由国家统一落实。医疗卫生经费主要来自于国家预算与企业、社会团体及集体农庄的缴费，其中以国家预算拨款为主。虽然当时的医疗制度在保障广大居民获得基本医疗服务方面也取得了一定成效，但各阶层居民享受的医疗服务范围与质量有极大的差别（陆南泉，2013）。

2. 叶利钦执政时期。苏联解体后，面对复杂的社会形势和严峻的经济形势，一方面，国家财政已无法维持苏联时期的国家医疗卫生体系；另一方面，原来的医疗制度已不能适应市场化的经济体制。在这种大背景下，俄罗斯进行了一系列医疗体制改革。

1991年6月，俄罗斯通过了《俄罗斯联邦公民医疗保险法》，该法的出台为俄罗斯新型医疗保险体系的构建奠定了基础。该法规定：俄罗斯境内所有居民必须参与强制医疗保险，保险费由政府和企业共同负担，从业者由其所在单位按照工资收入的一定比例缴纳，无业者由国家财政为其支付，实现强制医疗保险的全覆盖。除强制医疗保险外，还设立自愿医疗保险，企业和个人可视情况参保，由非国有保险公司承担其免费医疗服务之外的医疗服务。强制医疗保险缴费和自愿医疗保险缴费成为俄罗斯医疗保障体系的主要资金来源。政府在强制医疗保险范围内向所有居民提供免费医疗服务，其服务范围和标准按照政府批准的强制医疗保险基本纲要执行，实行多缴多得、少缴少得的医疗保险给付制度。

为保证《俄罗斯联邦公民医疗保险法》的顺利实施，增强联邦主体[①]强制医疗保险体系的财务稳定性，提高各地区医疗服务水平和质量，俄罗斯在1993年和1996年分别通过了《关于建立联邦和地方强制性医疗保险基金会的规定》和《俄罗斯联邦公民强制性医疗保险法》（陆南泉，2014）。

---

① 所谓联邦主体是指俄罗斯的一级行政区的统称，这一概念是1993年俄罗斯联邦宪法引入司法体系的。截至2014年3月，具体包括85个联邦主体：22个共和国、9个边疆区、46个州、3个联邦直辖市（自治市）、1个自治州、4个自治区。各联邦主体一律平等，各有不同的国家法律地位。有的按照民族地域原则构成，如共和国、自治区和州，有的按照地域原则，如边疆区、州和直辖市。

1999年7月,俄罗斯通过了《国家社会救助法》,旨在通过强制医疗保险计划保证公民平等获得免费医疗服务,确保公民获得免费医疗的宪法权利,整个计划包含了由强制医疗保险资金所覆盖的全部医疗服务和药物援助,并且对俄罗斯联邦所有地区都是强制性的。

叶利钦执政时期采取的一系列医疗体制改革为俄罗斯医疗保障体系的发展奠定了基础,但由于这一时期出现了严重的经济转型危机,很多医疗卫生改革政策并没有得到很好的贯彻与落实,这也使医疗卫生改革的成果未能完全显现出来。

3. 普京执政时期。普京非常重视医疗卫生服务的发展,在不同时期采取了多项措施深化医疗体制改革,以保证叶利钦执政时期建立的医疗制度有效运转。其具体的改革措施分为以下几个阶段。

(1) 2000—2004年调整发展改革期。普京执政后,首先对俄罗斯税制进行了大刀阔斧的改革,并在2001年12月31日通过了俄罗斯联邦《税法典》。该法典的第二部分确立了统一社会税的开征,并将统一社会税的一部分纳入强制医疗保险基金。2001年,俄罗斯强制医疗保险基金的缴费率还是和之前《关于建立联邦和地方强制性医疗保险基金会的规定》所规定的一样:为工资总额的3.6%,其中0.2%分配给联邦保险基金(FFOMS),3.4%分配给地方保险基金(TFOMS)。2005年,当社会保险税被削减时,缴费率被调整为2.8%,其中0.8%分配给联邦FFOMS,2%分配给地方TFOMS。由于2005年底《税法典》被修订,从2006年开始,强制医疗保险的缴费率为工资总额的3.1%,其中1.1%分配给了联邦FFOMS,2%分配给了地方TFOMS(William Tompson,2006)。2011年,俄罗斯取消统一社会税,并以单独的社会保险基金缴费取而代之,强制医疗保险的缴费率因此从3.1%调整为5.1%,为全民免费医疗奠定了必要的财力基础。

(2) 2005—2010年优先发展改革期。2005年后,俄罗斯的医疗改革开始以预防为主,并在2006年提出了"国家优先发展计划",医疗、教育、住房、农业成为国家优先发展计划的四大领域,普京亲自担任国家优先发展计划委员会主席。其中,国家医疗优先发展计划主要通过增加政府医疗支出、改善医疗系统基础设备、提高医疗基金使用效率、促进医疗领域公平竞争、稳定居民药物保障、关注弱势群体健康状况、提高医务人员工资等措施来进一步推进俄罗斯医疗体系改革,提高免费医疗卫生服务水平。2008年,为了结束区域卫生委员会和医疗保险基金之间的混乱竞争,俄罗斯在19个地区启动了"单一渠道融资"试点计划,以摆脱卫生部门以投入为基础的粗放管理的医疗融资模式，引入基于卫生产出和质量的绩效管理模式。2009年，俄罗斯制定了《2020年俄罗斯制药工业发展战略》，以保证基本药品的供应。2010年11月，为进一步使医疗保险制度与市场化、现代化改革相适应，俄罗斯颁布了《俄罗斯联邦强制医疗保险法》，开始启动新一轮医疗保险体制改革。该法的主要内容为：赋予被保险人自主选择医疗保险公司的权利，扩大强制医疗保险给付范围，取消私人医疗机构进入强制医疗保险体系的限制，同时将强制医疗保险缴费率提高到工资总额的 5.1%。

（3）2011 至今规划发展改革期。2011 年，普京再次担任总统后，继续推进医疗体制改革，并承诺在此后 5 年间增加 100 亿美元政府医疗支出。2012年10月，俄罗斯颁布《2013—2015 年俄罗斯联邦医疗发展规划》，指出通过加大医疗财政支出、发展初级保健、改善专业医疗服务、创新治疗方法、增加医疗人员配备、加强医疗领域监控、强化医疗保险基金支出绩效等措施提高俄罗斯医疗卫生服务水平和质量。此后颁布的《俄罗斯联邦 2020 年前医疗体系发展构想草案》《俄罗斯 2020 年前经济社会长期发展战略》也对俄罗斯未来医疗体系的发展作出了长远规划。

（二）俄罗斯医疗保障体系的组织和管理

俄罗斯医疗保障体系基本继承了苏联的组织架构和管理模式（见图3）。目前，俄罗斯医疗卫生服务主要由四类机构提供：公共卫生部门、部署平行卫生系统、私人部门和非政府组织（Popovich L 等，2011）。

公共卫生部门由中央至地方四个不同层级的医疗服务机构组成，分别是卫生与社会发展部以及其相关的联邦机构（包括联邦卫生与社会发展监督局、联邦医学生物署、联邦消费者权益保护和公民权益监督局和联邦强制医疗保险基金等机构）、地区卫生局（地区卫生机构）、市卫生局（市级卫生机构）、农村医疗机构。联邦机构层级中的各级医疗机构向直属国家机构报告；地区卫生局负责监管区域内的卫生机构（综合医院、专科医院、门诊机构、急救机构等）和督导市级（俄罗斯没有市级政府，俄罗斯的地方指区级）卫生部门及相应的机构；市卫生局监管各自的市级卫生机构；而农村医疗机构网络一般由综合医院（中心区医院）、区医院和小型村医院构成，农村的基层医疗由医院门诊和农村卫生站提供。

部署平行卫生系统包括卫生与社会发展部以外部委运营的医疗机构，主要为相关部委为本部门职工及其家属提供的医疗卫生服务，如总统办公厅、国防

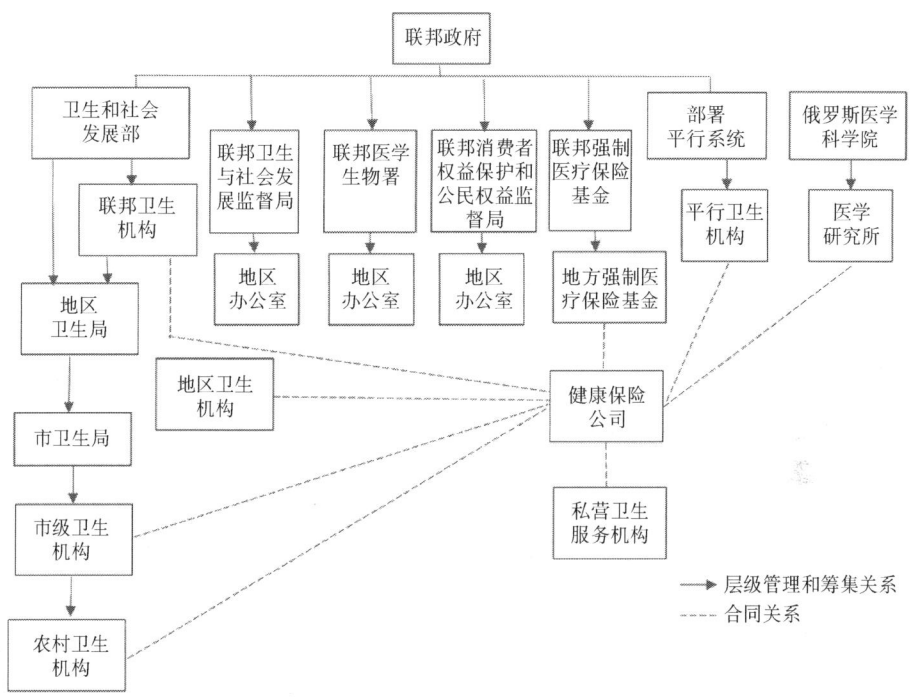

图 3 俄罗斯医疗卫生体系结构图①

部、内务部、经济部及其他部委就有自己的综合医院、门诊和疗养院。这些平行卫生系统的资金主要来自财政部给各部委的预算。

如前所述，2010年俄罗斯颁布的《俄罗斯联邦强制医疗保险法》取消了私营医疗机构进入强制医疗保险体系的限制，使私营医疗机构数量快速增加，由2010年的124家发展到2016年的2540家，为公民提供的免费医疗服务达到总量的29%，民私营医疗机构的加入为公共卫生机构创造了必要的竞争环境②。

非政府组织主要包括一些科学和专业协会以及志愿者部门，它们在直接提供医疗护理服务和卫生政策倡导方面发挥一定作用，主要在传染病，特别是艾滋病领域发挥宣传和政策倡导作用。

（三）俄罗斯医疗卫生保障体系的筹资来源

卫生系统的筹资来源和方式是实现全民健康覆盖的一个关键因素，决定着

---

① 资料来源：Popovich, L., E. Potapchik, S. Shishkin, E. Richardson, A. Vacroux, and B. Mathivet, 2011. "Russian Federation: Health System Review." Health Systems in Transition. 13 (7): 1 - 190.

② https://iz.ru/610013/elina - khetagurova/tret - besplatnykh - uslug - okazyvaet - chastnyi - sektor.

人们是否能够提供卫生服务和是否可以使用卫生服务,以及可否在需要时负担得起卫生服务。在卫生服务筹资的道路上,各个国家实现全民健康覆盖的方式各有特色,每个国家都会根据其社会、经济等背景来综合构建符合国情的卫生筹资体系(PAHO,2014)。

俄罗斯的卫生筹资系统随着其国内政治、经济、社会环境的变革也在不断演变:(1)苏联时期,国家主要沿袭萨马什科系统,围绕全民免费医疗组织筹资体系,主要以税收为基础,在联邦政府、地区政府层级实现高度集中化管理。在这种筹资系统下,俄罗斯医疗卫生服务是广泛覆盖并且全民免费的,保证了医疗卫生系统的公平,但是效率比较低下(Popovich L等,2011)。(2)随着苏联解体,俄罗斯开始进入市场经济过渡时期,社会也经历各种变革,国内通货膨胀严重,卫生保健资金严重短缺。在这种背景下,俄罗斯不得不进行卫生筹资改革,以确保稳定的卫生资金来源。俄罗斯强制医疗保险系统应运而生,并出台了《俄罗斯联邦公民医疗保险法》,该法规定的新筹资系统包含以下内容:一是建立非预算收入来源,由雇主为雇员购买保险,在增加可用卫生资金总量的同时不损害其他现有资金来源。二是由地区政府和地方政府出资覆盖非就业人口的医疗卫生服务。三是建立了联邦和地区级的强制医疗保险基金,明确规定强制医疗保险基金的主要资金来源:强制医疗保险缴费,保险缴费的费率为工资总额的3.6%,其中的0.2%上缴联邦强制医疗保险基金,3.4%上缴地方强制医疗保险基金;专门用于完成国家强制医疗保险计划的联邦预算拨款;企业和个人的自愿缴款;基金资本运营所得(童伟等,2012)。地方强制性医疗保险基金会及其分支机构可以同医疗保险公司签订医疗保险合同,履行承保人的职能,并拥有监督和管理医疗保险公司、医疗机构业务活动的权力(肖来付,2015)。四是建立了强制医疗保险福利包,联邦政府规定福利包囊括所有基本医疗服务,而地区卫生局有权在此基础上根据本区实际情况增加其他服务。五是规定自愿健康保险有权覆盖强制医疗保险包以外的服务(Popovich L等,2011)。(3)虽然强制医疗保险系统的启动给俄罗斯医疗卫生服务供给带来了很大改善,在其最初运行的几年也确实增加了卫生资金总额。然而,由于在实施过程中出现的官僚、财务管理等方面的问题,强制医疗保险系统的推进并不均衡,1994—1995年,一些地方政府以医疗机构能够从保险机构获得收入为由开始削减公共财政医疗卫生预算,到1997年,俄罗斯公共财政医疗卫生预算与1993年相比降低了27%(Shishkin,S.,1998),有的地区医疗卫生支出甚至面临严重的困难,大大削弱了医疗保险筹资的补充效应。此后,俄罗斯一直在朝着以保险为基础的卫生筹资方向改革,并经过不断演变发展成当前的混合卫生筹资体系,即强制资源(一般性税收和强制医疗保险基金)① 和自付资金相结合的筹资体系。具体分为以下几类筹资来源(见图4)。

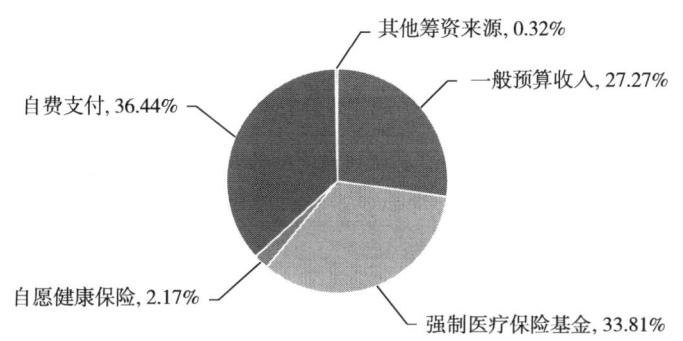

图4　2015年俄罗斯各筹资来源占卫生支出总额比例

资料来源:全球卫生观察站数据库,http://apps.who.int/gho/data/node.main.HEALTHFINANCING?lang=en。

1. 一般预算收入。主要指通过预算的方式划拨给医疗卫生领域的资金,这些预算资金主要来自联邦、地区、地方的税收收入,须经俄联邦政府和议会批准,一旦批准必须强制执行。值得一提的是,俄罗斯预算系统内有一些平等化的机制促使联邦为地区提供医疗补贴,这种筹资均等化主要通过计算各地区纳税能力指数和预算支出指数,并考虑各地区的客观因素和条件进行。一般来说,财政部的一般预算转移支付没有指定用途,地区可以将其用于任何项目。同样,地区在向地方预算转移支付时也存在均等化系统,这些转移支付与联邦类似,没有特别的指定用途,地方政府可以自由支配。

2. 强制医疗保险基金。强制医疗保险基金是除政府预算外的另一大筹资来源,当俄罗斯最开始引入强制医疗保险时,强制医疗保险基金主要通过独立的专项税收进行征收,即工资总额的3.6%,其中3.4%上缴地方强制医疗保险基金,0.2%分配给联邦强制医疗保险基金用以解决地区间医疗经费的不平等。随着医疗体制改革的深入,强制医疗保险基金的来源和缴费率也发生了变化(见表1)。当然,以上主要是针对就业人口的强制医疗保险,对于失业人员、残疾人、儿童以及退休人员等非就业人口,2005年之前都由地区和地方当局出资覆盖。从2005年开始,只有地区一级负责非就业人口的医疗保险资金。

---

① 这也是俄罗斯卫生系统公共筹资的两个主要渠道:由联邦、地区和地方卫生部门管理的预算(或一般收入);联邦与地方强制医疗保险基金。

表1　俄罗斯近年来强制医疗保险基金缴费率变化及分配

年份	来源	强制医疗保险税税率	分配	
			联邦强制医疗保险基金	地方强制医疗保险基金
1993	独立的专项税收	3.6%	0.2%	3.4%
2001	统一社会税	3.6%	0.2%	3.4%
2005	统一社会税	2.8%	0.8%	2.0%
2006	统一社会税	3.1%	1.1%	2.0%
2011	社会保险	5.1%	2.1%	3.0%
2012	社会保险	5.1%	5.1%	0.0%

资料来源：Popovich, L., E. Potapchik, S. Shishkin, E. Richardson, A. Vacroux, and B. Mathivet, 2011. "Russian Federation: Health System Review." Health Systems in Transition. 13 (7): 1–190.

3. 自费支付。自付费用主要包括服务和药品的直接支付和非正规支付，这种付费现象主要发生在州级和市级卫生机构。其中，直接支付主要是指患者为接受非免费医疗服务或者私人医疗机构服务所支付的费用。非正规支付主要是指人们为了得到更好的、更高质量的医疗服务而支付的"小费"。根据世界卫生组织网全球卫生观察站最新统计数据，2015 年，俄罗斯私人卫生支出已占卫生总支出的 38.9%。

4. 自愿健康保险。自愿健康保险实质上是俄罗斯强制医疗保险的补充保险，一般会覆盖强制医疗保险负面目录中的项目或者更多。这种保险主要由雇主购买，个人很少购买。

5. 其他筹资来源。目前大部分国家以及包括世界银行、世界卫生组织在内的国际组织有很多卫生援助项目，援助领域包括卫生筹资改革、初级保健、妇幼卫生等。目前，该筹资来源占俄罗斯卫生总支出的比例不大。

可以说，近 20 多年来，俄罗斯的医疗卫生筹资模式已经发生了巨大变化（见图5），政府通过不断改革调整，旨在建立一个多渠道的医疗卫生资金筹资系统，以确保公民获得大致均等的免费医疗服务（В. С. Назаров、Н. А. Авксентьев，2017）。随着强制医疗保险的进入以及俄罗斯市场经济的发展，一般预算收入已不再是国家医疗卫生筹资的主要资金来源，强制医疗保险基金和自愿医疗保险基金在卫生筹资中的比例逐渐上升。因此，俄罗斯国内也有一些专家建议，在人口老龄化现象不断加剧、现代医疗技术价格不断上涨的背景下，俄罗斯应逐渐探索一种新的卫生筹资体系——共同筹资体系来应对这些变化，即国家继续提供最基本的免费医疗服务，其他则向公众引入额外的自愿付费以提供更好的医疗服务，从而形成患者、雇主、政府共同参与的卫生筹资模式①。

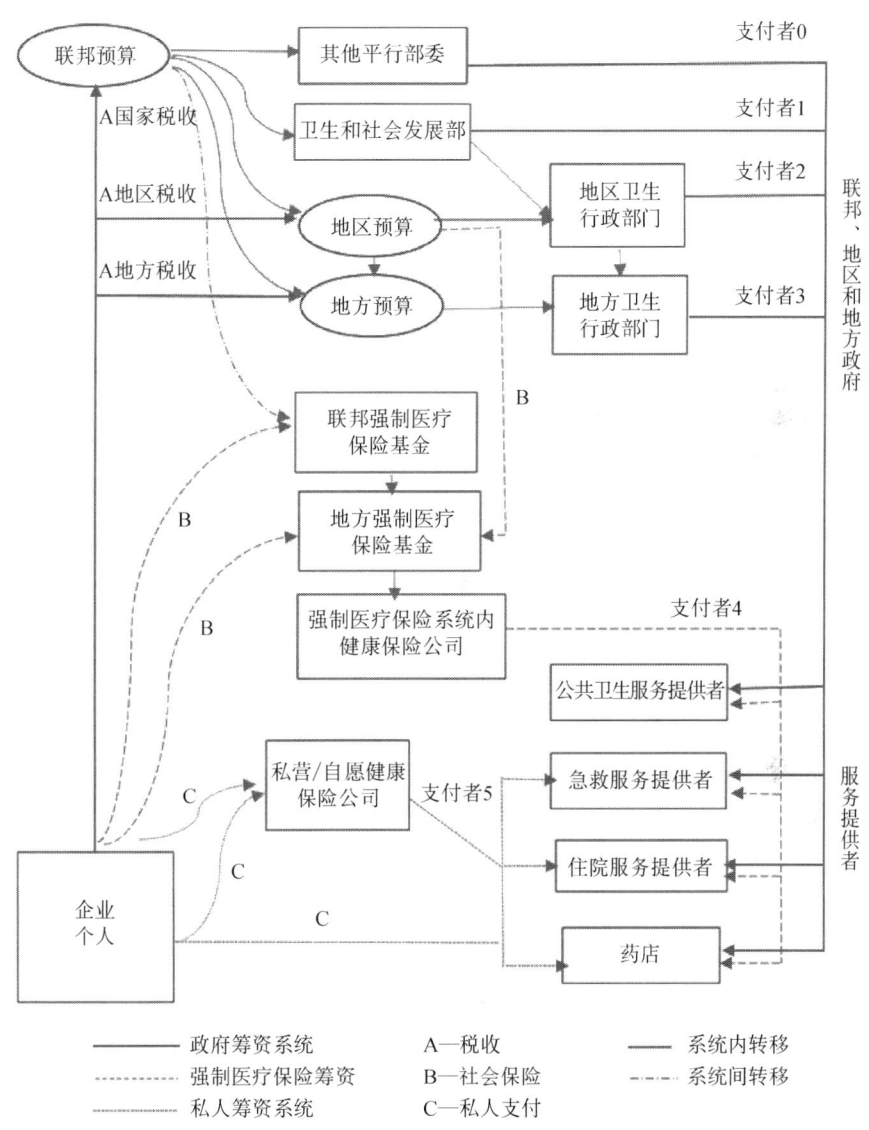

图 5　俄罗斯卫生资金流向图②

---

① 资料来源：俄罗斯医务人员门户网站，https：//www.zdrav.ru/articles/4293658164 - 18 - m01 - 06 - finansirovanie - zdravoohraneniya。

② 资料来源：Popovich, L., E. Potapchik, S. Shishkin, E. Richardson, A. Vacroux, and B. Mathivet, 2011. "Russian Federation: Health System Review." Health Systems in Transition. 13 (7): 1 - 190.

俄罗斯医疗卫生筹资公平性分析

资金筹集是医疗卫生系统中最核心的组成部分,也是实现全民健康覆盖的重要基础条件。世界卫生组织对卫生筹资的界定为"实现足够的、公平的、有效率和效果的卫生资金的筹集、分配和利用活动的总和"。卫生筹资公平则指卫生筹资应该在不同经济水平人群中实现风险的共同承担,即每个人对卫生服务的贡献大小应当与经济状况结合起来(WHO,2000)。作为医疗卫生公平的重要组成部分,卫生筹资公平一直受到各国卫生部门及世界卫生组织的关注,其内涵和测量方法也成为学者们的研究重点。这些测量指标有的是从微观层面来考量,认为评价卫生筹资公平性不但要反映一个家庭在医疗卫生方面花费的金额,更重要的是要反映医疗卫生支出对家庭的影响,这是一种以家庭为单位负担医疗费用的概念(姜垣、王建生、金水高,2003)。世界卫生组织最早在其《2000年世界卫生报告》中首次通过样本家庭的卫生筹资负担贡献率(HFC)(家庭卫生总支出占家庭可支付能力的比重)来评价一个国家或地区的卫生筹资公平性高低。也有一些机构和学者在研究中通过集中曲线法(魏众,2005)、Kakwani 指数法(Wagstaff、Doorslaer,1992;万泉,2003;李斌,2006)、洛伦兹曲线与基尼系数法(尹冬梅,1999;Mellor,2001;朱伟,2001;李斌,2006)、卫生服务受益公平指数(Wagstaff、Doorslaer,1992)、泰尔指数(龚相光、胡善联,2005)等指标或方法来测量卫生筹资公平性。

但是,这些微观测量方法也存在一些不足:一方面,就卫生筹资公平指数而言,如何获取真实、有效的微观数据是研究者们面临的一大难题,而且这些指数的科学计算、界定还需解决许多技术上的问题(姜垣、王建生、金水高,2003);另一方面,筹资公平指数只是一个比值,适用于不同国家或地区之间的比较研究,但是很难从中得出筹资的不公平性究竟来自于何处。因此,部分学者主张从宏观角度来研究卫生筹资公平,认为卫生筹资公平性主要指资金来源的公平性,主张通过卫生支出的总量、人均、构成比例等指标来评价医疗卫生服务的筹资公平性(赵建国、苗莉,2008)。在其看来,卫生支出总额是一个地区 GDP 的组成部分,对卫生支出的整体及其结构进行分析能够全面反映一个地区或国家的卫生筹资水平及其利用程度(王昕,2013;王力男、李芬,2017)。随着卫生支出总额核算体系的建立和发展,卫生支出总额正被国际社会视为一种确保人人享有、充分可及、符合质量标准的卫生服务的政策分析工具,并用来监测和评价"全民健康覆盖"政策目标的实现程度(黄冠,2011)。鉴于此,本文主要基于宏观视角对俄罗斯卫生支出总额的筹资公平性进行分析,具体分析俄罗斯卫生筹资的绝对公平性和相对公平性。

(一)俄罗斯卫生支出总额总体公平性评估

1. 俄罗斯卫生支出总额分析。卫生支出总额主要反映一个国家或地区在一定时期内全社会用于医疗卫生服务的资金总和(黄冠,2011),它包括公共卫生支出(政府卫生支出、社会保障支出等)和私人卫生支出(私人现金卫生支出、自愿健康医疗保险等)两大部分。据世界卫生组织统计,2015年俄罗斯卫生支出总额为45925.58亿卢布,按可比价格计算比上一年增长了12.14%,而且从2000年开始这一数据一直呈现持续走高的态势(见图6)。2015年,俄罗斯卫生支出总额占国内生产总值的比重为5.56%,比2006年增长9.02%,总体呈增长态势(见图7)。此外,俄罗斯政府卫生支出占财政支出总额的比重近几年虽然增长速度较慢,但总体也呈现上升态势。因此,从绝对公平来看,俄罗斯政府和社会对医疗卫生服务以及居民健康是非常重视的,国家卫生投入公平性正朝着良性方向发展。

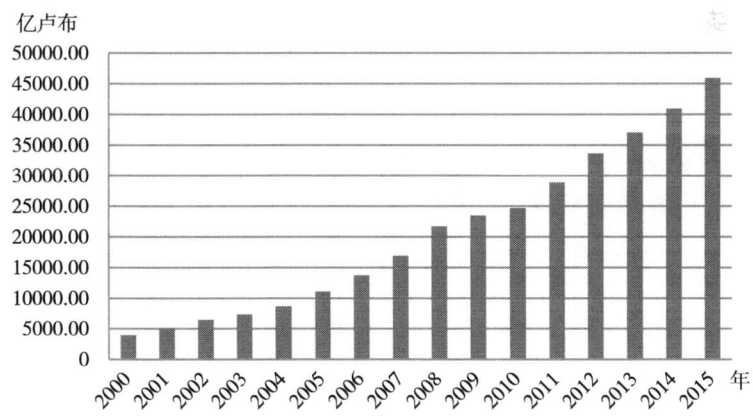

图6 俄罗斯卫生支出总额趋势图

资料来源:全球卫生观察站数据,http://apps.who.int/gho/data/node.main.HEALTHFINANCING?lang=en。

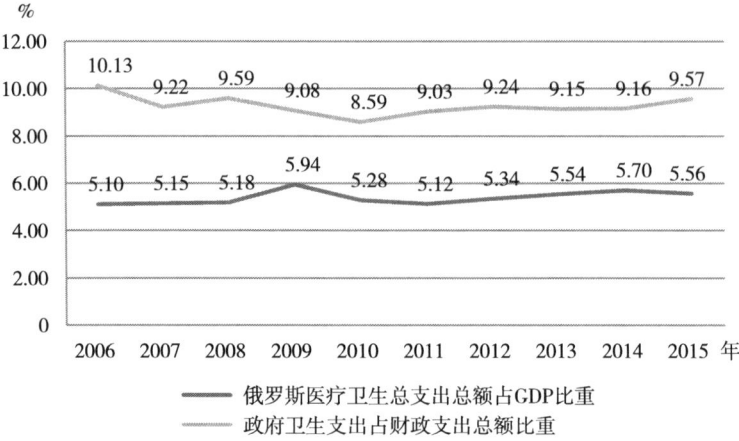

图7 俄罗斯卫生支出总额占GDP比重、政府卫生支出占财政支出总额比重变化图(2006—2015年)

资料来源:全球卫生观察站数据库,http://apps.who.int/gho/data/node.main.HEALTHFINANCING?lang=en。

从相对公平角度来看,2006—2015年,美国、日本、英国、巴西、俄罗斯、中国、印度卫生支出总额占国内生产总值的比重分别增长了14.87%、39.56%、33.88%、7.87%、9.02%、27.88%、7.16%,美国、日本、英国、巴西、中国、印度较高的医疗卫生支出增长速度,使其卫生支出总额占国内生产总值的比重与俄罗斯相比,由2006年的2.87倍、1.53倍、1.44倍、0.81倍、0.71倍,提高到2015年的3.03倍、1.96倍、1.77倍、1.60倍、0.96倍、0.69倍(见表2),俄罗斯与其他国家医疗卫生投入的差距正在不断拉大。

表2 各国2006—2015年卫生支出总额占国内生产总值的比重 单位:%

国家	2006年	2007年	2008年	2009年	2010年	2011年	2012年	2013年	2014年	2015年
美国	14.66	14.90	15.29	16.34	16.40	16.36	16.36	16.32	16.52	16.84
日本	7.81	7.89	8.20	9.06	9.16	10.62	10.79	10.79	10.84	10.90
英国	7.38	7.49	7.74	8.58	8.51	8.46	8.48	9.85	9.80	9.88
巴西	8.26	8.21	8.02	8.42	7.97	7.82	7.82	7.99	8.43	8.91
俄罗斯	5.10	5.15	5.18	5.94	5.28	5.12	5.34	5.54	5.70	5.56
中国	4.16	4.00	4.26	4.60	4.46	4.62	4.79	4.87	4.96	5.32
印度	3.63	3.52	3.51	3.49	3.27	3.25	3.33	3.75	3.63	3.89

资料来源:全球卫生观察站数据库,http://apps.who.int/gho/data/node.main.HEALTHFINANCING?lang=en。

2015年，美国、日本、英国、俄罗斯、中国、巴西、印度政府卫生支出占财政支出总额的比重分别为23%、23%、19%、10%、10%、8%、3%，俄罗斯公共卫生财政投入为这些国家的43.48%、43.48%、52.63%、100%、125%、333.33%。显然，俄罗斯对公共卫生的财政投入与发达国家还存在一定的差距，就其卫生公平性来说还有较大的提升空间。

从地区公平性来看，根据《2017年俄罗斯卫生统计年鉴》数据显示，2016年俄罗斯各地区公共卫生支出中，85个联邦主体的平均公共卫生支出为150.72亿卢布，其中公共卫生支出最少的地区为涅涅茨自治区，只有16.41亿卢布，公共卫生支出最多的为莫斯科地区，达到1957.97亿卢布，两者相差118倍。从表3可以看出，2013—2015年，俄罗斯各地区的公共卫生支出均值不断增大，标准差逐渐降低，表明俄罗斯各地区公共卫生支出的绝对数量在增加，总体差距在缩小。但2016年受西方制裁及国际石油价格大幅度下跌带来的财政赤字影响，俄罗斯各地区公共卫生支出均值下降，标准差扩大，表明财政投入的减少确实会影响俄罗斯国内卫生公平性问题的解决。

表3 俄罗斯85个联邦主体公共卫生支出平均值和标准差变化趋势

年份	均值（百万卢布）	标准差
2013	15070.26	24388.34
2014	15483.87	24064.28
2015	15949.97	22349.73
2016	15072.43	23516.08

资料来源：《俄罗斯2017年卫生统计年鉴》，http://www.gks.ru/wps/wcm/connect/rosstat_main/rosstat/ru/statistics/publications。

2. 人均卫生支出分析。人均卫生支出是卫生支出总额除以总人口数量得出的数值，它既不是公共卫生支出的平均数，也不是私人卫生支出的平均数，而是两者之和的平均数。人均卫生支出不是越低越好，也不是越高越好，而是要既能保证人民享受到需求的医疗卫生服务，个人又能够承担得起相应的卫生费用。从人均卫生支出的增长速度来看，也要综合考虑政府与私人的承受能力，一般来说，人均政府卫生支出增长率高于人均卫生支出增长率，表明人均卫生支出增长是偏向公平的。

从绝对数量来看，俄罗斯人均卫生支出从2006年的352.74美元上升到2015年的523.77美元，增长了48.49%（见图8）。2009年，受金融危机的影响，人均卫生支出比上年度降低了15.28%，此后随着2010年新一轮医疗保险体系的改革，政府提高了强制医疗保险缴费率，加大了公共卫生财政投入，人均卫生支出逐渐增加，人均卫生支出增长率、人均政府卫生支出增长率以及人均私人卫生支出增长率都呈上升趋势，人均卫生支出公平性得到改善。但从2013年开始，俄罗斯人均卫生支出出现了大幅下降，且人均政府卫生支出增长率开始低于人均卫生支出增长率（见图9），这使得俄罗斯人均卫生支出的公平性被削弱。

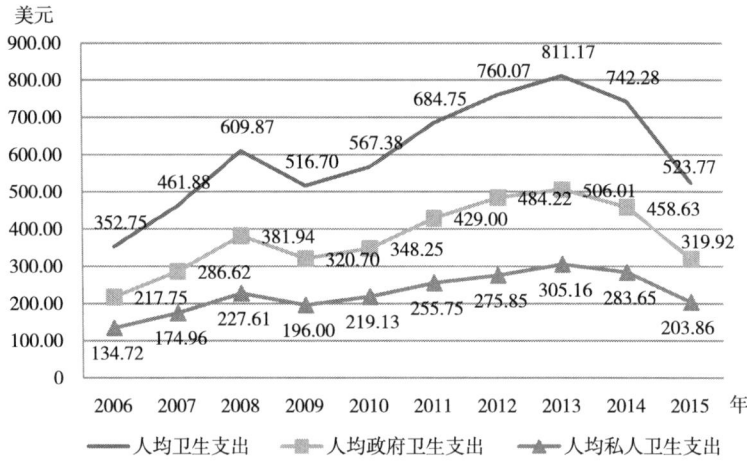

图8　俄罗斯人均卫生支出、人均政府卫生支出、人均私人卫生支出发展趋势图（2006—2015年）

资料来源：全球卫生观察站数据库，http：//apps.who.int/gho/data/node.main.HEALTHFINANCING?lang=en。

图9　俄罗斯人均卫生支出增长率、人均政府卫生支出增长率、人均私人卫生支出增长率情况（2006—2015年）

资料来源：全球卫生观察站数据库，http：//apps.who.int/gho/data/node.main.HEALTHFINANCING?lang=en。

从相对公平角度来看，2006年美国、英国、巴西、中国、印度的人均卫生支出分别是俄罗斯的19.33倍、9.25倍、1.37倍、0.25倍、0.08倍，而2015年这一数据分别是18.21倍、8.32倍、1.49倍、0.81倍、0.12倍（见表4）。2006—2015年，除英国与俄罗斯外，美国、巴西、中国、印度人均政府卫生支出增长率都高于人均卫生支出增长率，人均卫生支出公平性不断增强。由此看出，俄罗斯人均卫生支出公平性与其他国家相比还存在一定差距。

表4　各国人均卫生支出与人均政府卫生支出对比　　　　　单位：美元

国家	人均卫生支出		增长率	人均政府卫生支出		增长率
	2006年	2015年		2006年	2015年	
美国	6820.60	9535.95	40%	3158	4802	52%
英国	3262.57	4355.81	34%	2746	3500	27%
巴西	484.00	780.40	61%	208	334	61%
俄罗斯	352.75	523.77	48%	218	320	47%
中国	86.83	425.63	390%	32	254	695%
印度	29.65	63.32	114%	6	16	166%

注：日本2015年人均政府卫生支出数据尚未公布。
资料来源：全球卫生观察站数据库，http://apps.who.int/gho/data/node.main.HEALTHFINANCING?lang=en。

（二）俄罗斯卫生筹资结构公平性分析

1. 政府卫生支出分析。政府卫生支出一般是指广义上的概念，即由政府预算（狭义政府卫生支出）与社会卫生保障性支出（包括企业和个人缴费）两部分组成。政府卫生支出占卫生支出总额比重是反映一个国家或地区政府动用自身财政与动员社会保险资金支持卫生系统的能力。而社会卫生保障性支出作为政府卫生支出的一部分，主要体现政府在卫生方面的社会保障资金的动员能力，体现了政府的强制力（雷光和，2016）

从俄罗斯近10年的统计数据来看，随着国内生产总值的逐年增加，俄罗斯政府卫生支出总额也在一直上升（见图10），政府对医疗卫生事业发展逐步重视。而俄罗斯政府卫生支出占卫生支出总额的比重与私人卫生支出比重变化不是很大，一直处于比较平稳的状态。但近几年私人卫生支出占卫生支出总额比重的增长率略高于政府卫生支出，私人卫生负担不断加重（见图11）。

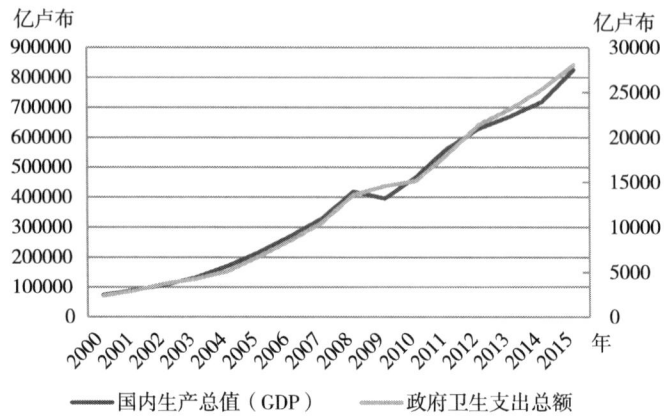

图 10　俄罗斯近年国内生产总值与政府卫生支出总额图

资料来源：全球卫生观察站数据库，http：//apps. who. int/gho/data/node. main. HEALTHFINANCING？lang＝en。

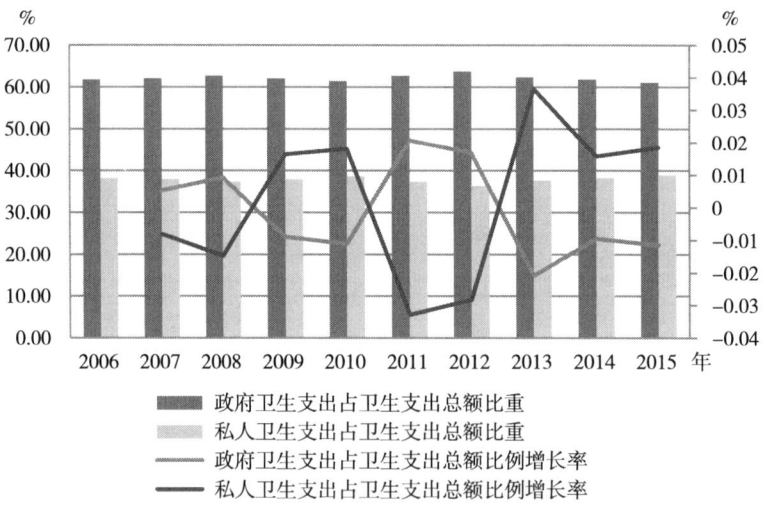

图 11　俄罗斯政府卫生支出、私人卫生支出占卫生支出总额比重
及变化图（2006—2015 年）

资料来源：全球卫生观察站数据库，http：//apps. who. int/gho/data/node. main. HEALTHFINANCING？lang＝en。

从政府卫生支出内部结构来看，近几年社会保障性支出占政府卫生支出总额的比重呈上升趋势，间接反映了俄罗斯政府在社会保障资金方面的动员能力逐渐增强（见图12）。

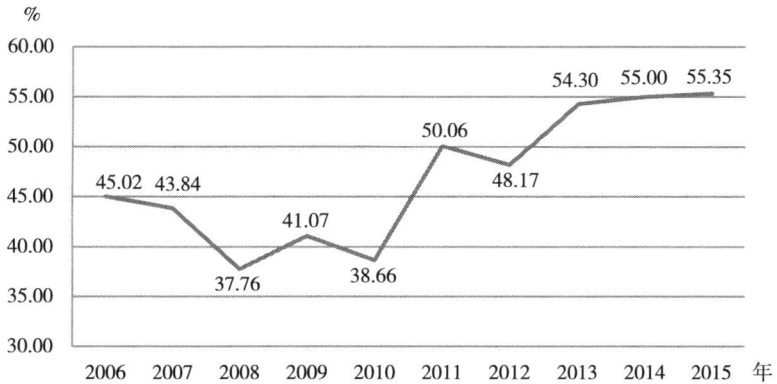

图12　俄罗斯社会保障性支出占政府卫生支出比重变化图（2006—2015年）

资料来源：全球卫生观察站数据库，http：//apps.who.int/gho/data/node.main.HEALTHFINANCING?lang=en。

从相对公平的角度来看，2015年，俄罗斯的财政收入仅为美国、日本、英国、巴西、中国、印度的6.6%、15.0%、19.6%、34.2%、8.9%、91.6%（见图13）。在本国财政收入并不十分充裕的情况下，其政府卫生支出占卫生支出总额比重在英国、中国、美国、巴西、印度、日本几个代表性国家中处于第三位，远远高于美国、巴西、印度等国家，并且高于全球平均水平（见表5）。由此可见，俄罗斯政府卫生支出的相对公平性还是比较令人满意的。

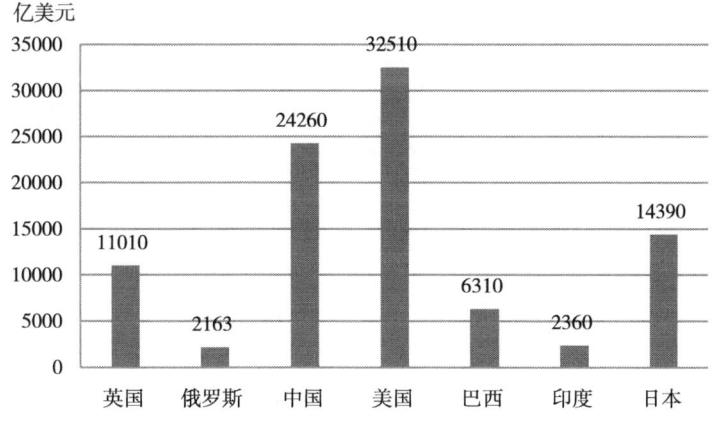

图13　各国2015年财政收入情况

资料来源：国际货币基金组织的《政府财政统计年鉴》，https：//www.imf.org/en/Publications/FM。

表5　各国政府卫生支出占卫生支出总额比重（2006—2015年）　单位：%

国家	2006年	2007年	2008年	2009年	2010年	2011年	2012年	2013年	2014年	2015年
英国	84.16	83.23	84.35	85.20	84.80	84.24	83.56	80.18	80.32	80.35
俄罗斯	61.73	62.05	62.63	62.07	61.38	62.65	63.71	62.38	61.79	61.08
中国	36.84	41.55	47.10	50.81	52.90	55.65	56.31	56.56	57.59	59.78
美国	46.30	46.37	47.39	48.30	48.53	48.59	48.49	48.87	49.98	50.36
巴西	42.88	42.45	43.69	44.05	44.86	44.35	42.94	44.52	43.99	42.75
印度	20.51	20.90	22.63	25.61	26.21	28.87	27.99	23.07	23.66	25.59
日本	80.32	81.25	81.17	81.29	81.93	83.74	83.93	84.26	84.12	—

资料来源：全球卫生观察站数据库，http://apps.who.int/gho/data/node.main.HEALTHFINANCING?lang=en。

2. 私人卫生支出分析。一般来说，私人卫生支出分析主要是指医疗卫生服务的获得是否会给居民造成财务上的压力或者是否会"因病致贫"，主要考察政府在医疗卫生服务供给中对居民的经济风险保护程度。私人卫生支出主要是指个人承担的直接支付或者商业保险中的私人预付计划等卫生费用，其占卫生支出总额的比重体现了公民在接受医疗卫生服务中的负担，该指标与灾难性卫生支出的发生率有很高的相关性。从绝对公平来看，近五年来，俄罗斯人均私人卫生支出有所下降，但私人卫生支出占卫生支出总额的比重不断上升，说明其居民卫生负担有所加重（见图14）。

图14　俄罗斯近年来私人卫生支出情况

资料来源：全球卫生观察站数据库，http://apps.who.int/gho/data/node.main.HEALTHFINANCING?lang=en。

从相对公平来看，2006—2015年，美国、英国、巴西、俄罗斯、中国、印度人均私人卫生支出分别增长了 29.23%、65.37%、60.36%、51.11%、210.91%、104.34%（见表6），比起其他国家来说，俄罗斯近10年来的人均私人卫生支出增幅并不是很大。2015年，俄罗斯人均私人卫生支出分别是美国、英国、巴西、中国、印度的 0.04 倍、0.24 倍、0.46 倍、1.19 倍、4.34 倍，说明俄罗斯国民的私人卫生负担处于中等水平。而从私人支出占卫生支出总额比重这一指标来看，尽管近几年来私人卫生支出占卫生支出总额比重不断上升，但从横向比较来看，2015年，俄罗斯的私人支出占卫生支出总额比重低于印度、巴西、美国、中国，在七个代表性国家中排名第三，俄罗斯在私人卫生支出方面的公平性与其他国家相比还是比较乐观的（见表7）。

表6　2006—2015年各国人均私人卫生支出情况　　　　单位：美元

国家	2006年	2007年	2008年	2009年	2010年	2011年	2012年	2013年	2014年	2015年
美国	3663	3849	3904	3979	4092	4195	4343	4415	4531	4734
英国	517	630	566	484	503	552	581	831	898	855
日本	542	520	605	689	734	827	838	682	651	—
巴西	275	344	395	400	489	568	537	538	563	441
俄罗斯	135	175	228	196	219	256	276	305	284	204
中国	55	62	77	86	93	113	130	147	159	171
印度	23	28	29	28	33	34	35	43	43	47

资料来源：全球卫生观察站数据库，http：//apps. who. int/gho/data/node. main. HEALTHFINANCING? lang = en。

表7　2006—2015年各国私人卫生支出占卫生支出总额比重　　　　单位:%

国家	2006年	2007年	2008年	2009年	2010年	2011年	2012年	2013年	2014年	2015年
印度	78.06	77.59	75.50	73.37	72.82	70.26	71.07	76.66	75.59	73.52
巴西	56.75	57.24	56.05	55.53	54.64	55.18	55.90	55.14	55.50	56.51
美国	53.70	53.63	52.61	51.70	51.47	51.41	51.51	51.13	50.02	49.64
中国	63.02	58.29	52.76	49.09	46.99	44.28	43.64	43.39	42.38	40.22
俄罗斯	38.19	37.88	37.32	37.93	38.62	37.35	36.29	37.62	38.21	38.92
英国	15.84	16.77	15.65	14.80	15.20	15.76	16.44	19.81	19.67	19.64
日本	19.68	18.75	18.83	18.71	18.07	16.26	16.07	15.74	15.88	—

资料来源：全球卫生观察站数据库，http：//apps. who. int/gho/data/node. main. HEALTHFINANCING? lang = en。

四

结论与启示

通过以上分析，我们可以看出，俄罗斯作为一个财政收入并不十分充裕的国家，却能在经济发展的同时，通过不断改革卫生筹资系统，拓宽卫生筹资渠道，加大医疗卫生投入，将有限的财力用在全民健康覆盖上，走出一条全民免费医疗之路，并取得良好的医疗卫生服务普惠效果，这其中有很多地方值得我们学习和借鉴。

（一）政府主导和支持是实现全民健康覆盖的基础

公共卫生是一种公共产品，政府对其发展有着不可推卸的责任，政府在公共卫生方面的财政支出力度和侧重点决定着公共卫生事业的发展速度及方向，影响着公共卫生服务提供的质量、可及性和公平性。俄罗斯从苏联时期就非常重视医疗卫生服务的提供，并实行免费医疗制度。苏联解体后，俄罗斯沿袭了之前的免费医疗制，并通过法律制度、国家长远发展规划、国家优先发展项目等各种方式加强医疗卫生服务供给的顶层设计，将有限的财政收入投入到民众最需要的医疗卫生服务中，让人们能够充分享受国家发展的成果，这为俄罗斯的医疗卫生服务公平奠定了良好的基础。在医改制度上，俄罗斯政府非常重视医疗保障制度的顶层设计。经过 20 多年的努力，根据宪法精神建立了覆盖不同区域、不同职业、不同群体、城乡统一的医疗保险制度（肖来付，2017），实现了基本医疗卫生服务的全民覆盖，为医疗卫生服务的公平性奠定了制度基础。在资金筹集上，俄罗斯建立了全民参与的强制医疗保险，政府"兜底"无业者和老人等弱势群体的医保费用，确保了医疗卫生服务的底线公平，同时鼓励自愿医疗保险，满足不同层次居民的医疗服务需求，增强了医疗保证制度的灵活性。此外，为了保证区域间的医疗卫生服务公平性，俄罗斯逐年增加强制医疗保险基金中分配给联邦基金的比例，并在 2012 年将全部强制医疗保险基金纳入联邦基金统一管理，增强了联邦政府在医疗卫生服务供给中的统一调控能力，为医疗卫生服务的公平性奠定了经济基础。

从我国当前的医疗制度来看，经过 10 多年的改革和发展，我国已确立了由城镇职工基本医疗保险、城镇居民基本医疗保险和新型农村合作医疗保险三种制度组成的基本医疗保险体系。这些医疗保险制度在具体实施时，仍然存在保障主体不同、覆盖范围不同、保障力度不同、地域分配不均等问题，多元医保制度的差异化和碎片化比较明显，严重影响了医疗卫生服务的公平性。因此，政府应加强医疗卫生管理的顶层制度设计，明确政府在公共卫生产品供给中的职责和角色定位，在国家层面加快医疗卫生改革，理顺管理机制，做好统筹协调，优化卫生资源配置，注重卫生公平。同时还应完善财政制度，增加政府医疗卫生支出，根据各地经济发展状况，加大中央对地方医疗卫生转移支付，关注弱势群体，重视政府在全民医保覆盖中的"兜底"责任，保障医疗卫生服务的公平性和可及性。国务院办公厅印发的《医疗卫生领域中央与地方财政事权和支出责任划分改革方案》（国办发〔2018〕67号），明确从公共卫生、医疗保障、计划生育、能力建设四个方面划分医疗卫生领域中央与地方财政事权和支出责任，让我们看到了中国政府在实现全民健康覆盖上作出的努力和改革的决心。

（二）法律健全是实现全民健康覆盖的前提

无论在苏联时期，还是解体后的叶利钦执政时期，以及后来的普京时期，俄罗斯都非常重视医疗卫生服务相关法律的建立和完善。《宪法》《俄罗斯联邦公民医疗保险法》《关于建立联邦和地方强制性医疗保险基金会的规定》《俄罗斯联邦公民强制性医疗保险法》《国家社会救助法》《俄罗斯联邦税法典》《俄罗斯联邦强制医疗保险法》等法律法规，从不同角度对医疗卫生服务的资金保障、服务范围、支出标准、支出程序等进行了较为详细的规定，使老百姓享受的医疗卫生服务有法可依，进而落到实处。我国虽然在医疗卫生领域的行政管理办法、决定和意见较多，但都处于低阶位，缺乏统领全局的法律法规，因此未来要从立法角度，围绕全民健康覆盖的多维度需求，不断完善我国医疗卫生服务法律，构建中国特色的公共卫生法律体系。

（三）重视基本医疗卫生服务是实现全民健康覆盖的关键

实现基本医疗卫生服务全民覆盖体系，坚持和保证基本医疗服务，一直被俄罗斯政府视为重要职责。这个体系基本上能全面覆盖到各类人群，任何人都不会因没有钱而被医院拒之门外。从1991年《俄罗斯联邦公民医疗保险法》规定国家为无业者支付医疗保险费，实现强制医疗保险的全覆盖，到1999年《国家社会救助法》强调通过强制医疗保险计划保证公民平等获得免费医疗服务，确保公民获得免费医疗的宪法权利，再到每年定期发布的国家免费医疗规划，对免费医疗服务各项细节作出详细规定，最后到2018年俄罗斯总统普京强调恢复最基本的就近便利医疗救助，可见俄罗斯对基本医疗卫生服务全民覆盖的重视程度和决心。从我国来看，随着城镇居民基本医疗保险制度的建立，我国覆盖全体居民的基本医疗保障制度框架虽然基本建成，但依然未达到100%覆盖，因病致贫、因病致困的现象依然严重。因此，加强政府在医疗卫生服务中的"兜底"责任，关注弱势群体，打破医疗卫生服务中的身份限制、地域局限，真正实现医疗卫生服务全民覆盖，能让更多群众享受到改革发展的成果，是未来我国促进医疗卫生服务公平的关键所在。值得欣慰的是，在2018年召开的第71届世界卫生大会上，中国国家卫生健康委员会主任马晓伟表示，中国未来将全民健康覆盖放在优先发展的战略地位，将建立优质高效的医疗卫生服务体系作为工作重点，将提高医疗卫生服务的可负担性作为工作的关键，将深化改革作为促进健康的强劲动力，逐渐探索和开辟了一条具有中国特色的发展道路。

（四）政府与市场适度结合是实现全民健康覆盖的保障

加大医疗卫生服务的供给力度，促进卫生公平，离不开强有力的财政支持和保障。为了在有限的财政收入条件下保证医疗卫生服务的有效供给，俄罗斯实行了政府与市场相结合的卫生筹资体系和医疗服务供给体系：在卫生筹资方面，除了国家一般预算外，通过建立强制医疗保险基金，构建多元化医疗保险机制，保证医疗卫生服务的资金来源；在医疗服务供给方面，打破政府垄断，引入非国有成分，放宽强制医疗保险体系准入门槛，取消私人医疗机构进入强制医疗保险体系的限制，赋予被保险人自主选择医疗保险公司的权利，在保证基本医疗卫生服务的同时，满足了不同社会阶层对医疗卫生服务的需求，从而保证医疗卫生服务的有效供给（童伟、庄岩，2014）。在新时期，我国也应充分认识到当前人民日益增长的健康需求与医疗卫生资源不平衡、不充分之间的矛盾，推进我国医疗卫生服务的供给侧结构性改革。如在法律法规范围内，通过市场化改革，鼓励社会资本兴办医疗机构，调动各方面的积极性，提供高层次、高质量的医疗卫生服务，实现医疗供给主体的改革；加强公立医院投入要素的改革和分配，优化医疗资源配置；进一步完善分级诊疗制度，提高基层卫生机构的服务能力，严格控制大型公立医院的过度膨胀，破除"以药补医"机制，减少医疗卫生体系的碎片化和资源浪费，促进基本医疗卫生服务的均等化（黄国武，2016）。与此同时，还应把握适度性、整体性、系统性原则，坚持公立医院的公益性，坚持合理的利益导向和激励机制，完善对非公医疗机构的监督和管理，警惕医疗卫生服务市场的过度市场化。

参考文献

［1］程晓明：《卫生经济学》，人民卫生出版社2012年版。

［2］龚相光、胡善联：《卫生资源配置的公平性分析》，《中华医院管理杂志》2005年第2期。

［3］黄冠：《建立卫生筹资公平性新视角》，《中国卫生经济》2011年第5期。

［4］黄国武：《供给侧改革视角下我国医疗卫生纵深改革的发展路径》，《国家行政学院学报》2016年第5期。

［5］姜垣、王建生、金水高：《卫生筹资公平性研究》，《卫生经济研究》2003年第3期。

［6］雷光和：《中国卫生系统公平性探析》，武汉大学，2016年。

［7］李斌：《黑龙江省卫生筹资累进性研究》，《中国卫生经济》2006年第1期。

［8］陆南泉：《转型以来俄罗斯的社保制度改革》，《经济观察报》2013年第12期。

［9］童伟等：《2012年俄罗斯财经研究报告》，经济科学出版社2012年版。

［10］童伟、庄岩：《俄罗斯医疗保障制度的启示与借鉴》，《中央财经大学学报》2014年第10期。

［11］汪金峰、申凯、张克泽：《医疗保障制度：比较中的路径探索——以中国和俄罗斯为例》，《江汉学术》2014年第6期。

［12］王力男、李芬、张晓溪：《我国卫生筹资制度建设进展及问题》，《中国卫生经济》2017年第9期。

［13］王昕：《我国卫生总费用筹资分析与建议》，《中国软科学》2013年第11期。

［14］魏众、古斯塔夫森：《中国居民医疗支出不公平性分析》，《经济研究》2005年第12期。

［15］肖来付：《俄罗斯医疗保险制度改革的新进展》，《欧亚经济》2015

年第 4 期。

［16］赵建国、苗莉：《中国医疗卫生支出公平性的实证分析》，《财政研究》2008 年第 7 期。

［17］阿玛蒂亚·森、让·德雷兹：《印度经济发展与社会机会》，黄飞君译，社会科学文献出版社 2005 年版。

［18］Carrin, G., C. James., and D. B. Evans, 2005. "Achieving Universal Health Coverage: Developing the Health Financing System." World Health Organization 2005.

［19］Назаров, В. С., and Н. А. Авксентьев, 2017. "Российское здравоохранение: проблемы и перспективы." Financial Journal. 4.

［20］PAHO, 2014, "Strategy for Universal Access to Health and Universal Health Coverage." 53rd Directing Council 66th Session of the Regional Committee of WHO for the Americas, Washington, D. C., USA, 29 September – 3 October 2014.

［21］Popovich, L., E. Potapchik, S. Shishkin, E. Richardson, A. Vacroux., and B. Mathivet, 2011. "Russian Federation: Health System Review." Health Systems in Transition. 13（7）.

［22］Shishkin, S., 1998. "Priorities of Russian Health Care Reform." Croatian Medical Journal, 39（3）.

［23］Wagstaff, A., E. vanDoorslaer, S. Calonge, T. Christiansen, M. Gerfin, P. Gottschalk, R. Janssen, C. Lachaud, R. E. Leu., and B. Nolan, et al., 1992. "Equity in the Finance of Health Care: Some International Comparisons." Journal of Health Economics. 11（4）.

［24］WHO, 2000. "Health Systems: Improving Performance." World Health Report 2000.

——2010. "Health Systems Financing: the Path to Universal Coverage." World Health Report 2010.

——2013. "Research for Universal Health Coverage." World Health Report 2013.

［25］William Tompson, 2006. "Healthcare reform in Russia: Problems and Prospects." Economics Department Working Papers.

［26］Хулукшинов Денис ЕгоровичС, 2016. "овременное состояние системы здравоохранения России: вопросы финансирования и проблемы развития." Экономические науки. 5.

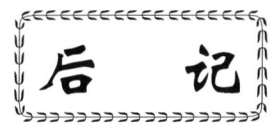

在中央财经大学建校 70 周年,中央财经大学与俄罗斯圣彼得堡国立经济大学建立正式合作关系 30 周年之际,《2019 年俄罗斯财经研究报告》以两国、两校学者密切合作的方式出版专辑,以示祝贺。

本书的写作得到教育部国别与区域研究中心,中央财经大学科研处、财经研究院的大力支持与帮助,在此一并表示感谢。

尽管已竭尽努力,但书中不足之处仍有很多,诚挚欢迎各位方家批评指正(通信邮箱:tongwei67@sina.com)。

中央财经大学俄罗斯东欧中亚研究中心
2019 年 10 月 8 日